DIE HITLERJAHRE
AUS DER SICHT EINES KINDES

DIE HITLERJAHRE

AUS DER SICHT EINES KINDES

Charlotte Hugues Self

MOUNTAIN PAGE PRESS

© 2019 Charlotte Hugues Self
Abdruck 2021
Alle Rechte vorbehalten

Mountain Page Press
Hendersonville, NC
www.mountainpagepress.com

Die Hitlerjahre aus der Sicht eines Kindes
ISBN: 978-1-952714-31-3
Printed in U.S.A.

Widmung

Dieses Buch ist meiner Mutter Dr. med. Anne Marie Hugues gewidmet.

Ihr Pflichtbewusstsein und ihre echte Menschlichkeit sind mir mein ganzes Leben lang ein Vorbild gewesen.

Inhalt

VON OSTPREUSSEN NACH MECKLENBURG 1

BERNSTEIN UND KREIDE 7

SCHWERIN, DIE HAUPTSTADT MECKLENBURGS 15

BEI MEINER GROSSMUTTER 19

EINE MERKWÜRDIGE MIETERIN....................................... 29

GEHEIMNISSE 35

VERWANDTSCHAFT.. 49

ZIGEUNER UND DER JAHRMARKT 61

DAS NEUE HAUS 71

DIE OLYMPISCHEN SPIELE IN BERLIN 81

BALLETT 87

ANSCHLUSS AN ÖSTERREICH 93

SCHULTAGE... 101

NAZI PROPAGANDA UND DAS WHW 111

KONZENTRATIONSLAGER - UND WAS ICH DAVON WUSSTE........... 119

KRISTALLNACHT ... 127

DER ÜBERFALL AUF POLEN ... 139

DER KRIEG GEHT WEITER ... 149

DIE LETZTE FAHRT NACH ÖSTERREICH ... 161

DIE WACHT AM RHEIN ... 173

ARBEIT IM LAZARETT ... 189

BOMBENANGRIFF AUF SCHWERIN ... 199

DIE FURCHTBARE WAHRHEIT ... 209

DIE ÜBERGABE VON SCHWERIN ... 217

DER AMI AUS OHIO ... 227

BRITISCHE BESATZUNG ... 237

DER SCHRECKEN IST HIER ... 243

FLUCHT AUS DER HEIMAT ... 257

IM LAGER – WO SOLL ICH HIN? ... 271

BEI SCHNOORS IN LANGENHORN ... 281

ICH SUCHE NACH TULA ... 287

HEIMATLOS IN HAMBURG ... 301

MEINE BRITISCHE VERBINDUNG 315

DER HUNGERWINTER 323

MAN MUSS ÜBERLEBEN 333

ABSCHIED VON DEUTSCHLAND 341

DANKSAGUNG 359

LOB FÜR DIE HITLERJAHRE AUS DER SICHT EINES KINDES....... 361

Von Ostpreußen nach Mecklenburg

Als wäre es gestern gewesen, so erinnere ich mich an den sonnigen Herbsttag, kurz nach meinem 5. Geburtstag im Jahre 1931. Meine Mutter und ich stiegen in einen Zug in Ortelsburg in Ostpreußen. Als die Bahn ganz langsam aus dem Bahnhof fuhr, dachte ich, es war doch sehr seltsam, dass mein Vater nicht auf dem Bahnsteig stand und zum „auf Wiedersehen" winkte. Als ich fragend zu meiner Mutter aufsah, starrte sie aus dem Fenster, so als ob sie überhaupt nichts sehen könne. Zwei Tränen rollten ganz langsam über ihr Gesicht. Ich stand auf, versuchte sie zu umarmen und fragte leise „Mutti, kommen wir jemals wieder zurück?" Und ohne ihren Kopf oder ihre Augen zu bewegen, flüsterte sie „Nein, niemals wieder".

Das erschreckte mich und verschlug mir den Atem. Es war gut, dass ich nicht ahnen konnte, dass vierzehn Jahre vergehen würden, bevor sie wieder einmal über meinen Vater sprach. Für einen Augenblick wusste ich überhaupt nicht, was ich sagen sollte, und so rollte ich mich neben meiner Mutter zusammen, legte meinen Kopf in ihren Schoß, und ließ das sanfte Rütteln der Bahn mich beruhigen.

Rattatam, niemals wieder. Rattatam, niemals wieder, rattatatam...
Ich war nicht eingeschlafen, war aber auch nicht richtig wach, und erinnere mich, dass ich den Schmerz nicht fühlte. Niemals wieder, niemals wieder, rattatatam.
Meine Gedanken wanderten zurück zu dem kleinen Sommerhaus in Passenheim, gelegen an einem der Masurischen Seen. Ich sah mich stundenlang in dem flachen Wasser stehen. Ich hatte eine Angel in der Hand, immer hoffend, dass kein Fisch anbeißen würde, weil ich ja nicht wusste, was ich dann mit dem Fisch machen sollte. Das Töten eines Fisches kam ja gar nicht in Frage, und der Gedanke, wie ein Fisch, der an der Luft ist, verzweifelt nach Luft schnappt, quältWW mich noch heute.

Eines Tages, als ich da träumend am Ufer stand und nur das Rauschen der Tannen hören konnte, tauchte hinter den Bäumen rechts eine riesige Zigarre am Himmel auf, die langsam dahinglitt und dann hinter den Bäumen links verschwand.

Ich behielt die Erinnerung als mein Geheimnis, bis einige Tage später jemand eine Zeitung ins Haus brachte und meine Mutter rief „Guck mal Löttken, Graf Zeppelin ist über Ostpreußen geflogen, und hier ist sogar ein Bild".

Man hätte mal den Ausdruck auf dem Gesicht meiner Mutter sehen sollen, als ich ganz gelassen sagte „Ja, weiß ich. Hab ich gesehen".

So lange ich mich erinnern kann, verbrachten meine Mutter und ich jeden Sommer in Passenheim. Wir wohnten in einem kleinen Wochenendhaus, das sie selber entworfen und hatte bauen lassen. Ich liebte unsere Monate in Passenheim, weil ich mich vollkommen frei und ungebunden fühlte. Es gab viele Beeren und Pilze zu sammeln, und ich baute Zäune aus Kiefernnadeln, sammelte Frösche und Käfer für meinen „Zoo", der sich allerdings nie länger als ein paar Stunden hielt. Die Käfer wollten gleich immer wegkrabbeln, und die Frösche zerstörten meine Zäune, indem sie darüber liefen, anstatt elegant darüber hinweg zu springen, was ich eigentlich gehofft hatte.

Alle zwei oder drei Tage kam ein Bauer und brachte eine Zeitung und die Post. Dann fuhr er uns mit seinem Leiterwagen in das Dorf, damit wir Besorgungen machen konnten, hauptsächlich aber, damit meine Mutter, die Ärztin war, bei kranken Menschen in der Gemeinde Besuche machen konnte. Sie nahm niemals Geld für ihre ärztliche Tätigkeit, und wir zwei waren hoch geachtet in der Dorfgemeinschaft.

Abgesehen von meinem Vater, der uns ab und zu an einem Sonntag besuchte, aber nie über Nacht blieb, war meine Großmutter unser einziger Besuch, und ich vergötterte sie.

Meine Großmutter, die ich immer Oma nannte, hatte fünf Kinder großgezogen, und ihre Geduld schien mir grenzenlos.

Wenn sie mir etwas beigebracht hatte, lobte sie mich, wenn ich es verstanden und richtig gemacht hatte. Es gab nichts, was ich nicht gerne für meine Oma getan hätte. Und so blieb es bis an ihr Lebensende.

Erst viele Jahre später erfuhr ich, warum Oma uns niemals in unserer Stadtwohnung in Ortelsburg besucht hatte. In Ortelsburg lebte und arbeitete mein Vater. Er war Kreisarzt beim Gesundheitsamt. Oma konnte den Gedanken nicht ertragen, dass mein Vater, der immerhin mit meiner Mutter studiert hatte, ihr nun nicht erlaubte, ihren Arztberuf auszuüben. Oma kannte sich selber gut genug, um zu wissen, dass sie ihre Einstellung dazu niemals hätte totschweigen können.

„Der Platz einer Frau ist im Haus bei ihrem Kind" sagte mein Vater, und darum saßen wir jetzt auch im Zug nach Mecklenburg. Meine Oma hatte uns dabei geholfen, diesen schweren Schritt zu machen.

Nach einiger Zeit im Zug fragte ich „Mutti, wo fahren wir denn hin?", und sie antwortete mit den mich beglückenden Worten „Zu Oma".

Das war besser, als wenn sie gesagt hätte „Direkt in den Himmel".

Rattatatam—wir fahren zu Oma—wir fahren zu Oma!

Nachdem meine Mutter und ich das letzte Mal aus Passenheim zurückgekommen waren, fühlte ich eine seltsame Spannung im Haus. Da waren keine lauten Argumente, aber viele geflüsterte Besprechungen mit Fräulein, unserer Haushälterin, die immer so gut zu mir war, und an deren Namen ich mich nicht mehr erinnere oder ihn vielleicht niemals wußte. Ich fühlte mich einsam und alleine, weil keiner mir sagte, warum alles auf einmal so anders war.

Meinen Vater sah ich nur sehr selten, denn er war immer im Gesundheitsamt; und wenn er dann mal da war, legte ich mein allerbestes Benehmen an den Tag. Ich konnte den ganzen Tag mit meiner Mutter und Fräulein vor mich hinplappern, aber wenn mein Vater da war, wusste ich einfach nicht, was ich sagen sollte. Er war auf seine Art liebevoll zu mir, und er brachte mir kleine Geschenke mit, aber in den Arm genommen hat er mich nie, und geredet hat er auch nie mit mir.

Eines Tages wurden grosse und kleine Koffer, und sogar ein schrankartiger Überseekoffer gepackt, und ganz kurz nach meinem fünften Geburtstag, am 17. September 1931, saßen meine Mutter und ich im Zug.

Die Bahn fuhr von Ortelsburg über Danzig nach Mecklenburg. Als wir durch den „Korridor" fuhren, wurden alle Zugtüren automatisch abgeriegelt und vom Schaffner nachkontrolliert.

Dieser Korridor war ein Resultat des Vertrags von Versailles, am Ende des ersten Weltkrieges. Deutschland musste laut dieses Vertrags den Teil Deutschlands an Polen abgeben, der sich vom Baltikum bis nach Schlesien erstreckte. Dadurch verlor Deutschland den wichtigen Ostseehafen von Danzig, und Ostpreußen wurde vom Deutschen Reich getrennt.

Ich erinnere mich nicht, wie lange die Bahnfahrt dauerte, aber es war eine sehr, sehr lange Zeit, und wir mussten mehrere Male umsteigen. Auch weiß ich nicht, wie der Transport des riesenhaften Berges von Gepäck vor sich ging.

Als unser Zug in den Rostocker Bahnhof einfuhr, stand da meine große, elegante Großmutter, und winkte mit einem riesigen, hauchdünnen, weißen Schal in der Luft. Da wusste ich, dass alles gut war, und sah nicht mehr zurück.

Meine Mutter musste in Rostock umsteigen, um nach Schwerin weiter zu fahren.

Da erst wurde mir klar, dass ich mit meiner Großmutter in ihr Fischerhäuschen nach Wustrow auf Fischland fahren würde.

Wir brachten meine Mutter an ihren Zug, und als Mutti und Oma sich zum Abschied umarmten, hörte ich meine Mutter flüstern „Bitte pass' gut auf sie auf. Sie hat ein Essproblem".

Das war das erste Mal, dass ich von einem Essproblem hörte, und ich beschloß, das genauso zu ignorieren, wie ich in der letzten Zeit so viele geflüsterte Gespräche ignoriert hatte.

Als der Zug langsam aus der Bahnhofshalle fuhr, schmiegte ich mich in Omas weiten, weichen, schwarzen Rock. Und obgleich ich natürlich winkte, war ich so glücklich, dass ich bei meiner Oma war, dass ich sogar vergaß, zu weinen.

Bernstein und Kreide

Vom Bahnhof in Wustrow bis zu dem kleinen, strohgedeckten Fischerhäuschen meiner Großmutter war es ein sehr langer Weg zu Fuß; daher hatte Oma einen einheimischen Fischer gebeten, uns abzuholen, und so fuhren wir mit Pferd und Wagen stilvoll nach Hause.

Eigentlich hätte ich nach der langen Reise sehr müde sein sollen, aber als wir bei Omas Häuschen ankamen, sprang ich sofort aus dem Wagen und rannte in den großen Garten. Woran ich mich am besten erinnere, sind all die Blumen.

Der Garten erschien mir riesengroß und war wie ein endloses Blumenfeld mit kleinen Wegen dazwischen. In der Mitte wuchs ein mächtiger Apfelbaum mit unzähligen, winzig kleinen, grünen, ungenießbaren Äpfeln, die nie richtig reif und essbar wurden. An andere Obstbäume oder Beerensträucher in Omas Garten erinnere ich mich nicht.

Hinter dem Apfelbaum stand ein kleines Gebäude, das ich sofort neugierig untersuchte. Zu meiner großen Freude entdeckte ich, dass es eine Toilette war, viel besser als das primitive Arrangement in Passenheim in Ostpreussen. Eine Toilette, die ich alleine benutzen konnte. Es war eine Holzbank mit einem Loch, über dem sich ein Deckel befand, und sogar einem kleinen Schemel. Da war tatsächlich eine Rolle Toilettenpapier, wie wir sie in Ortelsburg hatten, und keine Stückchen Zeitungspapier auf einen Nagel gehängt, wie ich das bei den Bauern in Passenheim gesehen hatte.

Wenn man ins Haus ging, kam man durch eine zweiteilige, große, doppelseitige Holländertür, wie man sie in Pferdeställen hat; und die Tür führte direkt in die Küche. Ich erinnere mich, dass der obere Teil dieser sehr interessanten Tür nur bei schlechtem Wetter und in der Nacht zugemacht wurde. Die Küche war ein großer Raum, der früher wohl mal eine Scheune gewesen war. In diesem Raum stand ein riesiger Herd, um den herum viele Töpfe hingen. Dann war da auch noch ein Küchentisch und ein Ausguss. Über dem Becken war eine Pumpe, und diese Pumpe war die einzige Wasserquelle im ganzen Haus. Ich fand das ganz großartig, denn ich wusch mich gar nicht gerne, und Wasser trinken mochte ich sowieso nicht.

Alle anderen Zimmer waren klein, hatten sehr niedrige Decken und winzig kleine Fenster, und das weit überhängende Strohdach ließ wenig Licht in die Zimmer.

Oma hatte viele Lampen mit handgearbeiteten Lampenschirmen, mit Seidenblumen ringsherum. Die Wände waren voller Blumenbilder, alle von meiner Großmutter gemalt, und jedes Zimmer war unbeschreiblich gemütlich.

Ich war so begeistert, dass die Tatsache, dass Mutti nicht da war, oder dass ich ein Essproblem haben sollte, mir gar nicht in den Sinn kam.

Ich erinnere mich, dass mir Oma am nächsten Morgen eine Tasse Kakao hinstellte und einen Apfel für mich schälte. Als ich nichts anrührte und sofort wieder anfing, im Haus rumzulaufen, stellte sie alles wieder weg und sagte „Jetzt gehen wir an den Strand".

„Strand?" fragte ich, denn in meinen ganzen fünf Jahren war ich noch nie an einem Strand gewesen, und hatte das Wort auch niemals gehört.

Es war ein langer Weg durch das Dorf, der über grüne Wiesen ging, und dann war da plötzlich der Strand! Hinter einem weißen Streifen Sand war eine unendliche Fläche sich leicht bewegenden Wassers.

Niemals in meinem jungen Leben war ich irgendwo gewesen, wo das Wasser so groß war, dass man das andere Ufer nicht sehen konnte.

Ich schlich auf Zehenspitzen über den weichen, weißen Sand, bückte mich und ließ das sanfte Wasser spielend über meine Hand laufen. Auf meine Frage „Kann ich denn hier auch reingehen?" antwortete Oma „Natürlich".

Sie streifte mein Kleid über meinen Kopf, zog mir Schuhe und Söckchen aus und ließ mich laufen. Ich fürchtete mich nicht. Ich rannte ins Wasser, sprang mit jeder sanften Welle hoch und kam erst wieder aus dem Wasser, als ich wirklich genug hatte.

Oma saß auf einem großen Stein, wartete geduldig und ließ mich im Sand spielen, bis die Sonne mich in meinem Höschen getrocknet hatte. Dann zog Oma mir das Kleid wieder über den Kopf und sagte „Jetzt wollen wir mal sehen, ob wir Bernstein finden können".

Bernstein? Schon wieder ein neues Wort.

Vor achtzig Jahren war der Ostseestrand, im Unterschied zu heute, kein verschmutzter Sandstreifen. Er war praktisch unberührt von Menschenhand und auch nicht von Touristen und Campern ausgebeutet.

Die aus uralten Zeiten stammenden Schätze der Ostsee waren noch da und leicht zu finden. Wir sammelten viele Muscheln, über die ich mich riesig freute, und Oma fand einen kleinen, gelben, durchsichtigen Stein. Als sie ihn mir in die Hand legte, merkte ich sofort, dass dieser Stein nicht wie andere Steine war, denn er war so federleicht, dass ich das Gewicht überhaupt nicht spürte.

Ich fragte, ob ich diesen Stein behalten dürfte, und Oma sagte „Natürlich. Bernstein ist ein Geschenk der Ostsee".

Dann schlug Oma vor, dass wir jetzt nach Kreide suchen sollten.

„Kreide?" fragte ich. Das Wunder nahm kein Ende.

Oma erklärte, dass man Kreide, wie Bernstein, am Strand finden würde, und dass ich dann damit auf einer Tafel schreiben könnte.

Im Lernen noch vollkommen unerfahren, wusste ich weder was Kreide, noch was eine Tafel war. Also begannen wir nach Kreide zu suchen, und nach kurzer Zeit fand Oma einen weißen Stein und legte ihn mir in die Hand. Er war nicht so leicht wie der Bernstein, aber immer noch viel leichter als ein richtiger Stein.

Auf dem Rückweg machten wir an dem kleinen Schulhaus halt, und Oma bat den Lehrer um eine Tafel für mich. Abends bekam ich dann meine erste Unterrichtsstunde im Schreiben. Ich saß mit einer richtigen Tafel und einem Stück Ostseekreide beim Licht einer Öllampe mit dem wunderschönen seidenen Lampenschirm, und als ich endlich ins Bett ging, konnte ich das Wort „MUTTI" schreiben.

Allerdings hatten wir ja immer noch das Essproblem.

Mehrere Male am Tag fragte Oma mich „Hast Du Hunger?" aber ich antwortete immer „Nein" und rannte hinaus in den Garten.

Am folgenden Nachmittag rief Oma durch ihre holländische Küchentür, und ich erinnere mich noch so klar, als wenn es gestern gewesen wäre. Auf dem Fensterbrett dieser Tür stand ein kleines Holzbrett, wie die Menschen es in Nordeuropa noch heute jeden Tag benutzen, wenn sie Butterbrot essen. Darauf lag eine dicke Scheibe norddeutsches Roggenbrot mit einer noch dickeren Schicht von Landbutter. Ich kam angerannt als Oma rief, und sie hielt mir das Brot hin. Ich biss ein großes Stück ab und rannte wieder davon, während Oma ganz still an der Küchentür stehen blieb.

Ja, ich kam wieder angelaufen, um noch einmal abzubeißen, und dann rannte ich um den Apfelbaum, durch die Blumenbeete, an dem Klohäuschen vorbei und kam immer wieder zwischendurch zurück, um einen neuen Bissen abzubeißen, bis das Brot alle war.

Wir sprachen niemals über Essen, aber jeden Tag am frühen Nachmittag stand meine Oma in der Küchentür mit der dicken Scheibe Brot, der später ein großer Becher gezuckerter Buttermilch hinzugefügt wurde. Und nach ein paar Tagen dieser lieben, verständnisvollen Fürsorge war das Essproblem verschwunden, für mein ganzes Leben.

Es gibt nichts, was ich nicht gerne esse. Und wenn ich jetzt darüber nachdenke, hat mir diese Einstellung über das schwere Nachkriegsjahr und viele Zeiten der finanziellen Armut hinweggeholfen.

Als meine Mutter nach drei oder vier Wochen zu uns kam, rannte ich ihr in die Arme und rief „Ich kann schreiben, und ich kann essen!" Meine Mutter umarmte mich fest, und ich kann mir vorstellen, wie meine Großmutter daneben stand und strahlte.

Es war wunderbar, Mutti bei uns zu haben. Ich zeigte ihr den Weg zum Strand, wo wir Bernstein und Kreide suchten. Und ich führte ihr alle die Zahlen und Buchstaben vor, die ich auf meiner Tafel mit dem Stück Ostseekreide bereits schreiben konnte.

Omas Schlafzimmer war ein durch einen Vorhang vom Wohnzimmer abgetrennter Raum. Während Mutti auf „meinem" Tagesbett im Schlafzimmer schlief, schlief ich auf dem Wohnzimmersofa. Ich erinnere mich an das schwache Licht und die gedämpften Stimmen der beiden Menschen, die ich auf der ganzen Welt am allermeisten liebte. Sie konnten nicht sehen, wie ich sie, auf dem Sofa kniend durch einen Spalt im Vorhang beobachtete und jedes gesprochene Wort hörte. Sie planten, wie sich unser zukünftiges Leben in Omas Haus in Schwerin gestalten sollte.

Ich überhörte Sätze wie „Sie kann auf meiner Couch in meinem Schlafzimmer schlafen, und, wir können ein Bett für dich oben auf dem Boden aufstellen, damit sie nicht gestört wird, wenn du abends spät nach Hause kommst, oder wenn es nachts an der Tür klingelt, und du zu Patienten gerufen wirst". „Die Patienten können im Esszimmer warten und du kannst sie im Wohnzimmer untersuchen. Löttken und ich können dann auf dem Balkon sitzen".

Viele Familienangehörige nennen mich heute noch „Löttken", denn ich ließ sie schon damals wissen, dass mir der Name „Charlotte" oder kurz „Lotte" nicht gefiel.

Wenn ich an diese Nächte zurückdenke, sollte ich mich eigentlich wundern, dass mich alle diese Pläne nicht störten. Aber ich fühlte mich vollkommen sicher und beschützt. Dieses Gefühl der Sicherheit, Wärme und des geliebt seins hat mich durch mein ganzes, manchmal schweres Leben begleitet.

Obgleich meine Mutter nun schon seit über dreißig Jahre tot ist, und meine Großmutter vor sechzig Jahren starb, hat sich an dem Gefühl des geliebt seins nichts geändert, wenn ich an diese beiden Menschen denke.

Nach dem Aufenthalt an der Ostsee machten wir uns per Pferdewagen und Eisenbahn auf den Weg in meine neue Heimat, Schwerin in Mecklenburg.

Ich freute mich auf mein neues Leben.

Schwerin, die Hauptstadt Mecklenburgs

Schwerin, die Stadt der sieben Wälder und sieben Seen, wie sie genannt wurde, ist meine Heimatstadt. Und das ist sie für mich bis heute auch geblieben. Vieles hat sich im Laufe der letzten achtzig Jahre in Schwerin verändert, aber trotzdem ist doch vieles noch genauso, wie es früher war. Obgleich ich denke, dass die sieben Wälder nach dem Raubbau und zur Feldbestellung des 20. Jahrhunderts wohl zum Teil abgeholzt sind, die sieben Seen sind noch da.

Im Jahre 1931 war Schwerin, umgeben von seinen Wäldern und Seen, inmitten einer der fruchtbarsten Landschaften Deutschlands; mit rund fünfzigtausend Einwohnern, wirklich noch eine feudale Stadt.

Zu der Zeit lebte der Großherzog in seinem Schloss, einem für meine Begriffe märchenhaften Gebäude, das auf einer Insel im Schweriner See steht. Es ist mit seinen unterschiedlichen Baustilen den Schlössern in der Loire-Gegend sehr ähnlich. Nur ist dieses Schloss, dank regelmäßiger Pflege, heute wesentlich besser erhalten.

Die Oberschicht, wie damals im feudalen System die Menschen des Landadels und die wohlhabenden Menschen bezeichnet wurden, lebten im besten Teil der Stadt in schönen Häusern, mit viel Grün umgeben und in der Nähe einer der sieben Seen.

Ich weiß nicht, wie viele Menschen zu dieser Oberschicht gehörten, aber es waren schätzungsweise zehn Prozent der Bevölkerung. Dazu gehörten die Landadeligen, deren Namen mit „von" begannen. Sie waren meist die Familien höherer Offiziere, die ursprünglich im Dienste des Kaisers gestanden hatten. Aber auch Ärzte, Juristen und Bankdirektoren waren darunter. Die Gesellschaftsordnung spielte damals, wie oft noch heute in kleinen Städten, eine wichtige Rolle.

Es gab sehr viele Beamte, Handwerker, und Menschen, die im Handel und im Sozialwesen arbeiteten. Mit anderen Worten: jeder hatte etwas gelernt und, soweit ich mich erinnern kann, gab es keine Elendsviertel.

Mein Großvater war bis in die zwanziger Jahre hinein Gutsbesitzer in Mecklenburg. Daher gehörte auch meine Mutter zur Oberschicht. Die Tatsache, dass sie aktiv ihren sozialdemokratischen Prinzipien gefolgt war, also im damaligen Sinne eine Sozialistin und dazu noch eine geschiedene Ärztin war, hatte ihrem Status offenbar nicht geschadet.

Mecklenburg war kein Industriestaat. Es gab tatsächlich fast überhaupt keine Industrie, und auch keine Bodenschätze, aber es gab eine reiche Landwirtschaft. So sprach man, zusammen mit dem benachbarten Pommern, vom Brotkorb Deutschlands.

Wenn ich jetzt an Mecklenburg zurückdenke, muss ich zugeben, dass mir Mecklenburg wohl immer um fünfzig Jahre in der Entwicklung zurückgeblieben schien. So ging es auch anderen, mit denen ich mich über meine Heimat unterhalten habe.

Ich meine gehört zu haben, dass Adenauer einmal gesagt hat „Wenn es für mich an der Zeit ist zu sterben, dann ziehe ich nach Mecklenburg, denn da kann ich noch fünfzig Jahre länger leben".

Vielleicht ist das alles etwas übertrieben, aber in den dreißiger Jahren war Mecklenburg ganz sicher kein guter Nährboden für den Nationalsozialismus und für die Gewalt, die dieses System mit sich brachte. Die Menschen waren zufrieden. Sie hatten sich von der Inflation erholt, alles wurde langsam besser, und sie fühlten sich nicht besonders betroffen von der „Schande des Versailler Vertrages" wie Hitler und Göbbels den Versailler Vertrag nannten, der den Ersten Weltkrieg beendete.

Auch ein neues Erlebnis für mich war das Straßenbahnfahren. Als wir in Schwerin angekommen waren, nahmen wir die Straßenbahn vom Bahnhof bis zum Bismarck Platz, der damals Strempel Platz hieß. Dann stiegen wir zu

Fuß den Hügel der Bleicher Straße hinauf zu Omas Haus, das in der damaligen Körnerstraße lag. Die Nazis und die folgenden Regierungen änderten die Platz- und Straßennamen sehr oft, und ich muss mich immer wieder an Hand von datierten Stadtplänen vergewissern, dass ich auch den richtigen Straßennamen nenne.

Eine Hand in Omas Hand und die andere in Muttis, zwischen meinen beiden meist geliebten Frauen und Beschützerinnen, hüpfte ich vertrauensvoll in mein neues Leben in Schwerin.

Bei meiner Großmutter

Omas Haus erschien mir riesengroß. Es hatte drei Etagen und einen Keller und jedes Stockwerk hatte einen Erker nach vorne und eine Veranda hinten am Haus.

Hinter dem Haus war ein kleiner Garten mit einem großen Blumenbeet und einem Vogelbecken. In einer Ecke war eine kleine blumenumwachsene Gartenlaube und alles war so angelegt, dass Oma den schmalen Hof mit den drei Wäscheleinen von ihrer Veranda aus nicht sehen konnte.

Was ich erst viel später erfuhr, war, dass meine Großeltern ihr ganzes, einst beträchtliches Vermögen während der Inflationskrise nach dem Ersten Weltkrieg verloren hatten, und dass meine Oma nun arm wie eine Kirchenmaus war.

Durch den Vertrag von Versailles wurde Deutschland ein riesenhafter Schuldenberg aufgezwungen. Dieser führte dazu, dass die damalige Regierung, die Weimarer Republik, wertloses Geld drucken ließ, bis ein Brot schließlich zwei Millionen Mark kostete.

Nach dem Tod meines Großvaters im Jahre 1926 ließ meine Großmutter ihr großes, schönes Haus in Wohnungen unterteilen, die sie dann an zwei oder drei Familien vermietete.

Mein Leben lang werde ich nicht vergessen, wie ich zum ersten Mal in Omas Wohnzimmer stand. Ich blieb überwältigt in der Tür stehen und ließ meine Augen durch den ganzen großen Raum wandern.

Meine braunen Augen, die ich von meinem Vater geerbt hatte, waren außergewöhnlich groß für eine so kleine Person wie mich, und ich liebte es, meine Augen zu rollen, zu schielen und andere Späße zu machen.

Einmal schielte ich sogar über die ganze Zeit, während der die Uhr zwölf schlug. Nichts passierte, trotz der wiederholten Warnungen von Fräulein, dass meine Augen genau so stehen bleiben würden, wenn ich zwölf Uhrschläge lang schielte.

Ich guckte nun also atemlos in dem Zimmer herum und hatte das Gefühl, in einer ganz unwirklichen und geheimnisvollen Welt zu sein.

Rechts von der Tür war der Teil des Zimmers, den wir Esszimmer nannten. Da stand der große, runde Esstisch mit einer dunkelgrünen Tischdecke, um den sechs fein geschnitzte Stühle standen. An der Wand stand eine große Anrichte, durch deren Glastüren man sehr schönes Porzellan und Kristallgläser sehen konnte.

In der Ecke, auf der linken Seite des Zimmers stand ein großer Kachelofen. Er reichte vom Fußboden fast bis zur Zimmerdecke und war mit sehr schönen bunten Kacheln verziert. Ein Kachelofen war eigentlich nichts Außergewöhnliches für mich, denn ich hatte schon viele Kachelöfen in Ostpreußen gesehen, aber ein so großer, schöner und aufwendig verzierter Ofen war mir noch nicht vorgekommen.

Dann folgte auf der linken Seite eine Wand mit etwa zehn oder zwölf Ölgemälden. Alles waren Portraits von Menschen mit interessanten Gesichtern und ungewöhnlichen Frisuren, und jedes Bild hatte einen goldenen Rahmen.

Oma erzählte mir, dass alle diese Gemälde Bilder meiner Vorfahren seien, und dass jedes Bild seine eigene Geschichte habe. So lernte ich die Gesichter und damit auch die ganze Geschichte der Familien Hugues, Schieferdecker und Abeken kennen.

Unter diesen Bildern standen weitere und für mich im Stil neue und interessante Möbel - im Biedermeier Stil, wie ich später lernte. Die Stühle hatten bunte, geblümte, von Oma in winzigen Stichen gestickte Sitzbezüge. Die winzigen Stiche heissen Gobelin, wie ich auch später erfuhr.

In der Mitte des Zimmers stand ein großer Flügel. Er war viel größer als die, die ich bisher gesehen hatte, und das Wort Steinway stand in Goldbuchstaben über der Elfenbeintastatur. Oma erklärte mir geduldig, was der Name Steinway bedeutete.

Auf dem Flügel lag eine grüne Decke, die aus vielfarbigen, runden, zusammengehäkelten Filzstücken bestand. Oma erzählte mir, dass die buntbestickten Filzstücke von ehemaligen Klassenmützen ihrer Söhne stammten, und sie erklärte mir, wem die Mützen gehört hatten, und was die Farben der Mützen bedeuteten.

So war die Mütze von André aus der Klasse der Sexta schwarz, und die Mütze von Claus aus der Quinta, grün.

Oma hatte Tränen in den Augen, als sie mir die Mütze von ihrem ältesten Sohn Anton zeigte. Die Mütze war weiß, und sie wurde von Schülern der letzten und obersten Klasse des Gymnasiums, der Oberprima getragen.

Oma erklärte mir, dass die Jungens diese weißen Mützen mit besonderem Stolz trugen, weil sie bezeugten, dass sie nun die ältesten Schüler im Gymnasium waren, und kurz vor dem Abitur und ihrer Zukunft standen.

Anton jedoch war im Ersten Weltkrieg gefallen, und das beendete alle Zukunftsträume für ihn.

Überall waren große und kleine Lampen. Sie standen auf dem Flügel, auf allen Kommoden und Tischchen, und sie hatten alle die gleichen Seidenschirme und Seidenblumen, wie ich sie schon in Omas Haus in Wustrow gesehen hatte.

Gar nicht so viel später fand ich heraus, dass Oma das ewige Grau des Nordens wirklich hasste. Daher hatte sie versucht, es mit Farbelementen, schweren Vorhängen und vielen Kerzen und Lampen auszusperren.

Oh Oma, wenn du nur wüsstest, dass ich bis jetzt, 85 Jahre später, immer viel zu viele Lampen, mit viel zu starken Birnen brennen lasse, und wie ungerne ich in die in Amerika so beliebten dunklen Restaurants gehe.

Als ich gerade dachte, dass ich nun nichts mehr in mich aufnehmen könnte, und als ich fühlte, dass hier zu viel Neues und Ungewohntes war, blieben meine Augen an einer lebensgroßen Fotografie hängen, die über Omas winzigem Schreibtisch hing.

Ich hatte diesen Schreibtisch schon vorher mit einem gewissen Unbehagen angesehen. Denn er hatte diese kleinen, dünnen, gewölbten Holzbeinchen, die mir das ungemütliche Gefühl gaben, dass das Ding unter dem Gewicht der sich darauf befindenden Papiere, einer gefüllten Blumenvase, verschiedenen Kerzen, einem Tintenfass und einer Briefwaage, zusammenbrechen müsste; aber dieser Schreibtisch hat die ganzen fünf Jahre, in denen ich in Omas Haus lebte, mit all seiner Last gehalten.

Ich ging auf Zehenspitzen vorsichtig ganz nahe an das über dem Schreibtisch hängende Bild heran und sah es mir ehrfurchtsvoll an.

Ich sah zu dem jungen Mann auf, der eine Uniform trug, auf der das Eiserne Kreuz erster Klasse angebracht war.

Allerdings konnte ich sein ganzes Gesicht nicht sehen, denn er sah über mich hinweg aus dem Fenster. Damals konnte ich eine Profilfotografie noch nicht verstehen, und so ging ich auf die linke Seite des Bildes und hoffte, dass er mir dann in die Augen sehen würde. Aber er tat es nicht. Er sah weiterhin über mich hinweg, aus dem Fenster, irgendwohin in die Weite.

Auf meine geflüsterte Frage „Wer ist denn das?" antwortete Oma „Das ist dein Onkel Anton, mein ältester Sohn. Er wurde im Krieg umgebracht".

Ich wusste nichts über den ersten Weltkrieg, auch nicht was er den Menschen angetan hatte, aber ich fühlte, dass es etwas sehr Trauriges gewesen sein musste, denn Oma hatte Tränen in den Augen, als sie mir dies sagte.

Ich lief zu ihr, in ihre offenen Arme, und ließ mich von ihr halten; und als ich zu weinen anfing, sagte Oma „Tränen sind für uns Mütter und Witwen. Lass uns hoffen, dass du in einer Welt aufwächst, in der so etwas nie wieder passiert".

Das war im Herbst des Jahres 1931. Uns allen und der nächsten Generation wurde in den kommenden Jahren nichts erspart.

Später fragte ich Mutti nach Onkel Anton, und was es bedeutete, dass er im Krieg umgebracht worden war. Sie erzählte mir, dass Onkel Anton ein Pilot in der von-Richthofen-Staffel gewesen war. Freiherr von Richthofen, der auch „Der rote Baron" genannte wurde, war der beste Kampfpilot im Ersten Weltkrieg, und alle Flugzeuge in seinem Geschwader hatten einen rot gestrichenen Schwanz.

Ein Saboteur hatte die Flügel von Onkel Antons Flugzeug angesägt, und er stürzte ab, nachdem er in die Luft aufgestiegen war.

Das war schon schlimm genug, aber etwas später erzählte mir meine Mutter „Mein Bruder und ich waren uns sehr nahe, auf einmal hatte ich das Gefühl, dass Anton abgestürzt sein mußte. Obgleich ich gar nicht wusste, dass es wirklich passiert war, ging ich damals zu meinen Eltern und sagte: Anton ist tot".

Ich habe das alles nie vergessen.

Jedes Mal, wenn ich in Omas Wohnzimmer war, ging ich auf Zehenspitzen zu dem großen Bild und sah zu Onkel Anton hinauf, und dachte an das Flugzeug mit dem roten Schwanz und den zerbrochenen Flügeln, und meinen Onkel Anton, der durch Sabotage abgestürzt und umgebracht worden war.

Als meine Mutter ihre Praxis aufbaute, wurde die Seite Omas großen Zimmers, die unser Esszimmer war, als Wartezimmer benutzt. Die wartenden Patienten saßen um den Esstisch, auf Omas Schreibtischstuhl und auf der Klavierbank, und als die Praxis größer wurde, saßen sie auch auf dem Fußboden.

Während der Sprechstunden wurde das große Zimmer durch einen geblümten Wandschirm geteilt, und meine

Mutter untersuchte die Patienten auf dem Wohnzimmersofa, während alle Vorfahren auf den Bildern dabei zusahen.

Wenn Mutti das Wohnzimmer brauchte, saßen Oma und ich auf ihrer kleinen, mit Blumen überladenen Veranda, hinter ihrem Schlafzimmer, und setzten den Unterricht fort, den wir in Wustrow begonnen hatten.

Die Kreide und die Tafel wurden durch einen Bleistift und ein Schulheft ersetzt und, soweit ich mich erinnere, lernte ich alles spielend. Wenn ich dann meinte genug gelernt zu haben, nahm Oma ihr Strickzeug und legte ein Buch auf ihren Schoß.

Sie las immer, während sie strickte, währenddessen saß ich dabei auf der Verandatreppe und beobachtete begeistert die Vögel, wie sie im Wasser des Vogelbeckens plantschten.

Im Herbst beobachtete ich dann, wie die Blätter langsam von dem großen Kastanienbaum herunter segelten, und im Winter, warm in eine Decke eingewickelt, folgte ich den Schneeflocken, wie sie vom Himmel an mir vorbei tanzten.

Ab und zu nahm Oma mich an die Hand, und wir gingen in das kleine Lebensmittelgeschäft an der Ecke, wo wir eine Einkaufsliste abgaben.

Kaufmann Paul Schulz hatte einen Bruder, der von Beruf Schlachter war, und einen zweiten Bruder, der ein Fischgeschäft hatte. Wenn Fleisch und Fisch auf der Liste standen, lief einer der drei Schulzenjungens zu dem dafür zuständigen Onkel und holte, was Oma bestellt hatte, und einer der Jungens, Günter, Siegfried oder Wolfgang Schulz, lieferte alles am Nachmittag zu uns nach Haus. So lernte ich alle Schulzenjungens kennen. Der einzige für uns notwendige Laden, der nicht von einem Schulz betrieben wurde, war die Bäckerei um die Ecke auf der Bleicher Straße. Da durfte ich mir das allerschönste Zehnpfennigstück aussuchen. So hießen die süßen Rundstücke damals, und es gab auch Fünfpfennigstücke. Oma kaufte dann ein richtig vollkörniges Roggenbrot, das oft noch ofenwarm war. Es war das gleiche Brot, wie ich es so gut aus Wustrow kannte, und das mir über mein Essproblem hinweggeholfen hatte.

In diesen Wochen wurde meiner Mutter und Großmutter klar, dass wir mehr Zimmer brauchten, und die Lösung kam auf ganz unerwartete Weise.

Eine merkwürdige Mieterin

Meine Mutter konnte ihre Praxis durch ihren Fleiß und ihre Einstellung zu ihren Patienten schnell aufbauen. Zu Beginn kamen ihre Patienten nur aus der Nachbarschaft, und Rechnungen schickte sie nur dann, wenn sie wusste, dass ihre Patienten diese auch bezahlen konnten.

In den dreißiger Jahren war die wirtschaftliche Lage in Deutschland, wie auch überall sonst in der westlichen Welt, äußerst schwierig. Gott sei Dank hatte meine Oma keine Schwierigkeiten, die Mieten einzukassieren. Alle ihre Mieter kamen regelmäßig zu ihr ins Wohnzimmer, um bar zu bezahlen.

Dabei freundete ich mich mit fast allen Mietern an, und besuchte sie auch manchmal in ihren Wohnungen. Ich erinnere mich, dass ein älteres Ehepaar in Amerika gewesen war, und der Herr zeigte mir Bilder von dem großen Schiff, das sie nach New York gebracht hatte.

Unabhängig von den Wohnungen gab es noch ein einzelnes Zimmer, das nur ein paar Stufen nach oben neben der

Haustür lag. Das Zimmer war an eine alleinstehende junge Frau vermietet.

Sie gab an, Näherin zu sein, aber weiter wusste ich nichts von ihr.

Wenn ich nicht bei Oma saß und lernte, fuhr ich auf meinem Roller den Bürgersteig rauf und runter. Und wenn ich mich traute, fuhr ich auch um den ganzen Block, die Bleicher Straße runter und am Ostorfer Ufer entlang wieder zurück.

Oma hatte gute, ernsthafte Gründe warum sie mich nicht aus den Augen verlieren wollte, und daher beaufsichtigte sie mich, wenn irgend möglich, von ihrem Erkerfenster im Wohnzimmer aus.

Warum sie sich solche Sorgen machte, erfuhr ich erst als ich etwas älter war. Meiner möglichen jüdischen Abstammung wegen war ich immer in Gefahr, aufgegriffen zu werden.

Eines Tages fiel mir auf, dass ein mir bekannter Mann auf unserer Straße auf und ab ging, und immer zu unseren Fenstern hinauf sah. Er war ein alter Freund meiner Mutter und hieß Schuhmacher.

Jahre später erzählte mir meine Mutter, dass sie Schuhmacher schon seit ihrer Jugendzeit kannte, dass er in der Nähe wohnte und oft als Gärtner auf der Körnerstraße arbeitete.

Schuhmacher war ein alter Kommunist, und als Jugendliche fand meine Mutter das hochinteressant und unterhielt sich gerne mit ihm. Schumacher war und blieb ein Kommunist der altmodischen Art, die sich in ihrer Unkenntnis nichts anderes wünschten, als dass es allen Menschen gleich gut gehen sollte; ohne die Welt in Brand zu setzen und jeden umzubringen, der nicht der gleichen Meinung war.

Meine Mutter hatte ihm erzählt, dass sie als Medizinstudentin ein Mitglied der Sozialdemokratischen Partei, der SPD geworden war, und dass sie ihre Mitgliedschaft auch aufrecht erhielt, nachdem Hitler schon im Januar 1933 alle Parteien, außer der Nationalsozialistischen Arbeiterpartei, der NSDAP, aufgelöst und deren Mitgliedschaft gesetzlich verboten hatte.

Schumacher sorgte sich um meine Mutter; und wenn ich jetzt daran zurückdenke, tauchte dieser für mich damals uralt erscheinende Mann immer irgendwie auf, und sprach ein paar Wörter mit mir.

Jetzt im Rückblick glaube ich, dass meine Mutter wohl dafür gesorgt hat, dass er genug verdiente, um seine Frau und Kinder zu unterhalten. Soviel ich weiß, ignorierten ihn die wenigen Nazi-Parteimitglieder, die in unserer Nachbarschaft wohnten, vermutlich, weil er so still, friedlich und unauffällig war. Er war und blieb ein gläubiger Kommunist; und es ist auch sehr gut möglich, dass er mit meiner Mutter im Widerstand gearbeitet hat.

Ich weiß jetzt, dass Schuhmacher, während der russischen Besatzung und zu Zeiten der DDR, weiterhin mit meiner Mutter in Verbindung stand, und dass er sie gewarnt hatte, als man sie 1951 verhaften wollte, und dass er ihr zur Flucht verholfen hatte.

Damals war und blieb er für mich ein alter Mann, der in unserer Nachbarbarschaft wohnte, und den ich fast täglich sah.

Wir grüßten uns, und ich rollerte vorbei, während er weiter auf und ab ging und auf unsere Fenster sah.

Eines Morgens hielt er mich an und fragte „Wie geht es der Frau Doktor?"

Ich sagte, was alle Kinder sagen „Gut".

Er fragte "Hat sie viele Patienten?" und ich antwortete „Oh ja, die warten alle in Omas Wohnzimmer, und ich muss hier draußen spielen".

Abends erzählte ich Mutti, dass Schumacher jeden Tag vor unserem Hause auf und ab ging, auf unsere Fenster guckte und mich nach ihren Patienten fragte. Mutti sagte „Darum werde ich mich mal kümmern müssen".

Am nächsten Tag stellte sie Schumacher wie folgt zur Rede:

„Schuhmacher, warum beobachtest du mein Haus und fragst meine Tochter nach meinen Patienten?"

„Frau Doktor, Anne Marie, ich dachte, du seist eine Kinderärztin, und ich war in Sorge über die vielen Männer, die in deinem Haus ein und aus gehen".

Die Hitlerjahre aus der Sicht eines Kindes

„Was für Männer? Zu mir kommen meistens Kinder, und natürlich auch ihre Mütter, die ich dann auch untersuche, denn ich kann kein Kind behandeln, wenn ich nicht weiß, wie verrückt die Mutter ist. Das hab ich dir doch schon erzählt".

Meine Mutter hatte damals auf der Universität intensiv Psychologie studiert. Das war zu der Zeit, in der die Theorien Siegmund Freuds den Eltern, besonders den Müttern, viel Schuld für das Benehmen und Leiden der Kinder gaben. Daher wollte sie immer die Mütter ihrer kleinen Patienten kennenlernen.

„Anne Marie, da geht alle halbe Stunde ein Mann bei euch herein, und wenn er heraus kommt, löst ein anderer Mann ihn ab, der schon hier draußen gewartet hat. Praktisch den ganzen Tag geht das so!" sagte Schuhmacher.

Unsere kleine Näherin, die in dem strategisch günstig gelegenen Zimmer gleich neben der Haustür wohnte, arbeitete im ältesten Gewerbe der Welt, gleich links neben Omas Schlafzimmer!

Ich hörte die Unterhaltung meiner Mutter und Großmutter zufällig mit, aber ich verstand natürlich nicht sehr viel davon.

Ich sah nur, dass meine Mutter schockiert war, und dass meine Oma lachte, bis ihr die Tränen kamen.

Ich brauche hier nicht zu sagen, dass die kleine Näherin sofort, als ihr Gewerbe aufgeflogen war, ausziehen musste. Das Zimmer, in dem sie gewohnt hatte, wurde dann tagsüber als Sprech- und Untersuchungszimmer benutzt. Muttis

Klappbett wurde vom Boden geholt und diente tagsüber als Untersuchungsliege, und des nachts war es ihr Bett.

Das blieb so, bis meine Mutter genug Geld verdiente, um das gesamte Haus von Oma zu mieten, und alle Mieter ausgezogen waren.

Geheimnisse

Während der ersten zwei Jahre in Schwerin schlief ich in Omas Schlafzimmer hinter einem großen geblümten Wandschirm, auf einem unglaublich weichen und kuscheligen Sofabett. Meine Mutter war immer bis spät in die Nacht unterwegs, und es hieß, dass sie auf Patientenbesuchen war. Wenn sie dann spät in der Nacht nach Hause kam, hörte ich, wie sie ganz leise an mein Bett kam, mich küsste und „Ich hab dich lieb" flüsterte.

Danach setzte sie sich auf Omas Bettkante und berichtete ihr mit flüsternder Stimme die Einzelheiten dessen, was sich draußen in der großen Schweriner Welt zugetragen hatte. Sie kamen nie darauf, dass ich jedes Wort trotz ihres Flüsterns mithöhrte, und dass ich schon nach kurzer Zeit auch viel davon verstand. Das heimliche Lauschen hörte erst auf, als meine Mutter genug Geld verdiente, um Omas ganzes Haus zu mieten, sodass ich mein eigenes Zimmer unter dem Dach bekommen konnte.

Meine Anti-Nazi Ausbildung begann in diesen ersten zwei Jahren in Schwerin im Alter von fünf bis sieben Jahren, und diese Erziehung wurde zur Grundlage meiner lebenslangen politischen Einstellung.

Ich überhörte immer wieder, dass es nächtliche Prügeleien in der Stadt gab. Die SA-Männer, die die hässlichen braunen Uniformen trugen, als Mitglieder in Hitlers Sturmabteilung, schlugen die Menschen zusammen, die es wagten, eine andere Einstellung zu haben. Es gab viele paramilitärische und sportliche Organisationen, wie den Stahlhelm, Bund der Frontsoldaten und die Wandervögel.

Diese Organisationen hatten sich schon jahrelang regelmässig getroffen und mussten das jetzt, von den Nazis bedroht, im geheimen tun.

Nachdem Hitler im Januar 1933 die Macht ergriffen und alle politischen Parteien als ungesetzlich verboten hatte, trafen sich die Mitglieder der Sozialdemokratischen Partei, der auch meine Mutter angehörte, im Geheimen.

Die Anhänger dieser Gruppen trafen sich heimlich des Nachts und hofften, dass sie Hitler und seine Genossen doch noch irgendwie aufhalten konnten, ganz Deutschland und auch praktisch ganz Europa, zu ruinieren.

Meine Mutter ging nicht in diese Versammlungen, sondern wartete versteckt draussen, irgendwo in der Nähe des Gebäudes. Wenn die Nazis, diese Verbrecher, wie sie sie immer nannte, dann die Versammlung gestürmt und ihren Schaden angerichtet hatten, und wenn sie dann grölend wieder abgezogen waren, kam meine Mutter aus dem Hintergrund hervor und verband die Wunden.

Heute muss es seltsam erscheinen, dass ich nie über diese geflüsterten Gespräche meiner Mutter und Oma im Schlafzimmer gesprochen habe. Ich behielt alles Gehörte für mich und war stolz dieses Geheimnis zu wahren.

Ich wusste ja ganz genau, dass diese Gespräche nicht für meine Ohren bestimmt waren. Ich war sehr neugierig und wollte unbedingt wissen, was da draußen in der großen, mir verschlossenen Welt vor sich ging und ich befürchtete natürlich, dass, wenn ich erst einmal Mutti oder Oma nach Einzelheiten gefragt hätte, das geheime Flüstern schnell aufgehört hätte.

Im April 1933 hätte ich im Alter von sechseinhalb Jahren eingeschult werden müssen. Aber bereits im Januar 1933, einen Tag nachdem Hitler an die Macht gekommen war, also am 31. Januar 1933, hatte meine Mutter verkündet: „Du kommst dieses Frühjahr noch nicht in die Schule". Oma und ich fragten daraufhin zur gleichen Zeit ganz erstaunt „Warum denn nicht?" und Mutti antwortete nur kurz „Du bist zu klein".

Ich stellte keine weiteren Fragen, denn ich wusste ja, dass ich nur zu lauschen brauchte, um den wahren Grund bei einem der nächsten nächtlichen Gespräche zu erfahren.

Es konnte doch nicht nur daran liegen, dass ich zu klein war, denn ich war nicht viel größer, als ich ein Jahr später in die Schule kam. Ich war und blieb eine der kleinsten in der Klasse, und das bis in die Oberprima (der 13. Schulklasse).

Wenn wir uns in der Schule der Größe nach aufstellen mussten, trottete ich automatisch ans Ende der Reihe. Es ging immer der Größe nach, und ich lernte schon sehr früh im Leben, dass größer besser war. Als Kind war das eigentlich kein großer Nachteil für mich, denn es machte eine Streberin aus mir.

Ich war in der Schule immer darauf bedacht, besser in Englisch und Mathe zu sein, bessere Aufsätze zu schreiben und bessere Vorträge zu halten. Den wahren Grund für meine aufgeschobene Einschulung erfuhr ich dann sehr bald durch das Lauschen hinter dem geblümten Wandschirm in Omas Schlafzimmer, als meine Mutter und Oma sich spät abends noch unterhielten.

Ich überhörte, dass mein Vater Pläne hatte, Deutschland im März 1933 aus politischen Gründen zu verlassen. Viel später erfuhr ich dann, dass Hitler im März 1933 das erste Konzentrationslager in Dachau in Betrieb genommen hatte, und dass es nicht lange dauerte, bis die Nazis ihre grausamsten Seiten zeigten.

So lange mein Vater noch in Deutschland war, hatte meine Mutter die unbegründete Angst, dass mein Vater mich entführen und ins Ausland mitnehmen würde. Sie wusste natürlich, dass mein Vater, wie sie, die Nazis hasste. Er verstand, dass er eine jüdische Großmutter hatte, und dass er, unter den Nürnberger Gesetzen, seine Stellung am Gesundheitsamt verlieren würde.

Als Viertel-Jude hatte er Verfolgung zu befürchten, was Grund genug für ihn war auszuwandern. Zudem hatte sich meine Mutter von ihm getrennt und sich scheiden lassen, was er ihr niemals vergeben konnte und so hielt ihn nichts mehr in Deutschland, ausser mir.

Erst viele Jahre später erfuhr ich von meinem Vater selbst, dass er mich niemals von Mutti getrennt hätte, und dass er ihr sogar angeboten hatte, uns beide ins Ausland mitzunehmen.

Mutti hatte das Angebot abgelehnt. Ihr Grund war „Wenn jetzt alle anständigen Deutschen auswandern, was soll dann aus Deutschland werden?"

So blieben wir in Deutschland. Aber schon allein meiner unklaren Ahnenabstammung wegen hielt meine Mutter es für das Beste, mich noch ein Jahr zu Hause und unter ihrer und Omas Aufsicht zu behalten. Wer konnte denn wissen ob die Nazis nicht vielleicht auch Urenkel ins KZ verschleppen würden?

Oma setzte also den Hausunterricht mit mir fort; was sollte sie auch sonst mit einem so lebhaften, neugierigen Kind machen?

Als ich dann endlich mit siebeneinhalb Jahren in die Schule kam, konnte ich lesen, schreiben, rechnen und das Einmaleins. Ich weiß nicht mehr wie weit, aber ich glaube ich blieb am Einmal-Siebzehn stecken. Das macht mir heute noch Schwierigkeiten. Zudem konnte ich stricken, häkeln und nähen.

Wenn ich meine Handarbeiten in ihrem Erker im Wohnzimmer oder auf der Veranda machte, las Oma mir aus den Klassikern vor. Sie liebte Goethes Faust und erklärte mir wahrscheinlich mehr als ich unbedingt wissen musste. Oma verachtete Gretchen und zitierte oft in hoher Stimme „Und alles was mich dazu trieb, war doch so gut, war doch so lieb", was meine Großmutter für reinen Unsinn hielt.

Manchmal zog Oma die schweren Gardinen zu, steckte ein paar Kerzen an, setzte sich an ihren Flügel und spielte Mendelssohn-Bartholdy und Offenbach, denn sie wusste schon damals, dass ich diese jüdischen Komponisten niemals in der Schule oder im Theater hören würde.

Die schweren Gardinen mussten zugezogen sein, und Oma spielte pianissimo, denn es war tatsächlich lebensgefährlich, jüdische Komponisten zu spielen.

Gott sei Dank waren die Mieter zuverlässig, und das ältere Ehepaar aus der obersten Etage klopfte manchmal leise an die Tür, kam herein und hörte zu.

Durch mein heimliches Lauschen hinter dem geblümten Wandschirm hörte ich auch, wie schon gesagt, dass die

Naziregierung alle politischen Parteien, alle Gewerkschaften und alle politischen Clubs und Organisationen aufgelöst und verboten hatte.

Die einzige Partei, die bestehen blieb, war der ganz rechte Flügel der Nationalsozialistischen Partei. Der Name wurde geändert und die Partei wurde nun die National Sozialistische Deutsche Arbeiter Partei genannt. So wurde die NSDAP, kurz die Nazipartei, oder noch kürzer, einfach die Partei. Sie übernahm sogar die Funktion der Gewerkschaften, wodurch viele Gewerkschaftsmitglieder automatisch Parteimitglieder wurden, ob sie wollten oder nicht.

Ich kann nicht auf alle Gründe eingehen, warum die Menschen in die Partei eintraten. Jedoch glaube ich, dass einige es um des persönlichen Vorteils willen taten. Einige sicher aus reiner Angst; und dann waren da natürlich auch viele, die aus poitischer Überzeugung Parteimitglieder geworden waren.

Die Partei war gegen den Modernismus, gegen den Kapitalismus, gegen den Kommunismus und außerdem fanatisch antisemistisch. Sie war gegen alles, was nach Ansicht der Partei für den Missstand in Deutschland und der ganzen westlichen Welt verantwortlich gemacht werden konnte.

Meine Mutter blieb jedoch ein Mitglied der Sozialdemokratischen Partei, der SPD, obwohl sie bestimmt wusste, dass sie dafür mit der Überführung in ein

Konzentrationslager, und auch mit dem Tod bestraft werden konnte.

Während der zwölfjährigen Nazizeit, ja, Hitlers Tausendjähriges Reich konnte sich nur zwölf Jahre halten, lebten die Mitglieder der SPD im Untergrund und begannen unter strengster Geheimhaltung eine Widerstandsbewegung aufzubauen, deren Ziel es war, allen Menschen zu helfen, die von den Nazis bedroht und verfolgt wurden.

Das betraf nicht nur die Juden, sondern auch Zigeuner, Homosexuelle, Kommunisten, Menschen mit körperlichen und geistigen Gebrechen, und natürlich allen, die es wagten, sich gegen das Nazisystem auszusprechen. Meine Mutter übernahm die Führung einer Widerstandsgruppe und leitete die Zusammenarbeit mit anderen Widerstandsgruppen in Schwerin.

Es war etwa in dieser Zeit, im Frühjahr 1933, dass ich begann, Oma, der ich inzwischen näher als meiner Mutter geworden war, Fragen zu stellen, über das, was ich „überhört" hatte.

Oma beantwortete alle Fragen und erklärte mir alles. Zu meiner Mutter sagte sie „Es gibt nichts von unseren geflüsterten Gesprächen in den letzten zwei Jahren, das sie nicht gehört hat. Sie hat damit fraglos gelebt und es ist allerhöchste Zeit, dass wir ihr jetzt alles erklären; und wir brauchen ganz gewiss nicht mehr zu flüstern".

Die Hitlerjahre aus der Sicht eines Kindes

Mit sechseinhalb Jahren gehörte ich zu den Erwachsenen und lernte sehr früh, was als ein Geheimnis unter uns bleiben musste, und worüber ich frei sprechen konnte.

Im Sommer 1935 nahm Oma mich auf den Schoß, obwohl ich damals schon neun Jahre alt war. Schön, dass ich noch so klein war und so auf Omas Schoß passte. Sie erklärte mir, was in den Nürnberger Gesetzen stand, und dass laut jener Gesetze, jeder, der eine jüdische Großmutter oder einen jüdischen Großvater hatte, zu viel jüdisches Blut in sich hat, und damit in Nazi-Deutschland unwillkommen war.

Sie erklärte mir auch, dass mein Vater eine jüdische Großmutter hatte, und dass das der Grund war, warum er 1933 aus Deutschland auswanderte. Sie erklärte mir weiterhin, dass ich in der damaligen Denkweise, laut der Nürnberger Gesetze, zu einem Sechszehntel jüdisch sei, und daher nur ungefähr 12% jüdisches Blut in mir habe. Ich sollte immer daran denken, wenn einer es wagen sollte, mich mit „Judenmädchen" zu hänseln.

Das geschah in den folgenden Jahren recht oft.

Da waren ein paar junge Lümmel in der Stadt, die mir auf dem Schulweg auflauerten, mich schubsten und „Judengöre, Judengöre, dich werden wir schon bald abmurksen", zuflüsterten.

Ich konnte rennen wie der Wind und kam immer mit heiler Haut davon, denn ich wusste ja, dass ich nur eine jüdische

Urgroßmutter hatte! Gesegnet sei meine Oma, die mir das alles erklärt hatte.

Über fünfzig Jahre lang glaubte ich an das, was sie mir gesagt hatte. In späteren Jahren hörte ich, dass außer Oma und mir die meisten Leute, die uns kannten, einschließlich meiner eigenen Familie, glaubten, dass mein Vater ein Jude gewesen war.

Meine Oma hatte mir unerschütterliches Selbstvertrauen und Selbstsicherheit gegeben. Das war es, was mich zusammen mit der Anerkennung meiner Mutter in der Gesellschaft sicher und beschützt durch den Holocaust brachte.

Viele Jahre später, als längst alles vorbei war, wurde mir wiederholt von der Familie and auch von Freunden versichert, dass sie immer zu mir gehalten hätten, obgleich sie wußten, dass mein Vater ein Jude gewesen sei.

Im Jahr 2014, als DNA-Untersuchungen möglich waren, bekam ich mein Testergebnis, welches besagte, dass ich 11,6% Ashkenasi Gene habe, was bedeutet, dass einer meiner Urgroßeltern jüdisch war.

Oma hatte also von Anfang an Recht und ich wünschte, sie lebte noch, so dass ich ihr davon erzählen könnte.

Meine Mutter hat mit mir niemals über meinen Vater gesprochen. Es war so, als wenn es ihn niemals gegeben hätte.

Im Laufe der Zeit verblasste die Erinnerung an ihn immer mehr. Mit einer so starken, tapferen Mutter, die mir voll vertraute und einer so liebevollen, fürsorglichen Oma muss ich zugeben, dass ich meinen Vater überhaupt nicht vermisste.

Früh im Leben mussten mir Oma und Mutti beibringen, wen ich zu fürchten hatte. Die Liste war lang für eine so kleine Person.

In erster Linie waren es die Parteimitglieder. Aber es waren ja nicht alle Parteimitglieder, die gefährlich waren. Und so musste ich mir eine Menge Namen merken. Die anderen Parteimitglieder waren ja nur aus opportunistischen, beruflichen Gründen in die Partei eingetreten, da ihnen ihre eigene Sicherheit viel wichtiger war, als anderen persönlichen Schaden zuzufügen.

Leider haben sie wohl nie darüber nachgedacht, dass sie durch ihr Schweigen und ihre Mitgliedschaft ein intolerantes, gefährliches und kriminelles System unterstützten.

Viel gefährlicher als die Parteimitglieder waren die Mitglieder der SA, Hitlers Sturmtruppen, der ursprünglich paramilitärische Flügel der Nazipartei. Diese Männer trugen wirklich häßliche, senfbraune Uniformen mit komischen Streifen und helmartigen Hüten und man musste sie wirklich meiden. Sie drohten und prügelten Menschen mit ihren Knüppeln und verhafteten jeden, der es wagte, zu widersprechen.

Allerdings kann ich mich nicht daran erinnern, jemals mit einem SA-Mann gesprochen zu haben, und wenn ich einen sah, wechselte ich sofort die Straßenseite. Glücklicherweise waren diese Typen immer in Uniform, denn nur dann hatten sie die Macht; und so weit ich weiß, wohnten sie alle in einem anderen Teil der Stadt.

Die letzte Gruppe, die wirklich zu fürchten war, war die SS, die Schutzstaffel, Hitlers Elitetruppe. Sie waren die Sicherheitspolizei. Sie trugen krachende schwarze Uniformen mit einem Totenkopfemblem auf ihren Schultern und an ihren militärischen Schirmmützen.

Die Totenköpfe waren schon furchterregend genug, aber es waren die spiegelblank geputzten Stiefel mit Metall an den Absätzen, die mir den größten Schrecken einjagten. Ich habe noch immer den rhythmischen Ton dieser Marschschritte im Ohr. Dabei durfte ich mir niemals anmerken lassen, wie entsetzt ich war, wenn ich sie marschieren hörte. Diese Männer waren bedrohlich und gefährlich.

Später, als ich zwölf Jahre alt war, lernte ich, dass der große SS Führer Heinrich Himmler hieß. Er war derjenige, der über die Schattenwelt des Todes und über die Konzentrationslager herrschte. Seine SS Truppen bereiteten die Infrastruktur vor, die den Holocaust möglich machte.

Ich sah diese Kreaturen der SS nur von Weitem, und im Grunde erst richtig am Ende des Krieges. Als die Schreckgespenster flohen, ihre Uniformen auszogen und

Die Hitlerjahre aus der Sicht eines Kindes

fortwarfen und dann versuchten, sich in unserem ziemlich sicheren und unzerstörten Schwerin zu verstecken. Erst als die Russen näher kamen, rissen sie aus und verschwanden.

Während der Nazizeit hatten sie zum Glück wenig in unserer kleinen, friedlichen Stadt zu tun. Ihre Hauptbeschäftigung war es, sich ab und zu zu versammeln und wenn nötig, den Gruß „Heil Hitler" zu brüllen. Jedenfalls hatte meine Mutter das so gesehen und mir auch erklärt, um mich zu beruhigen.

Allerdings hatte ich dann doch eine Begegnung mit einem SS Mann, als ich wohl etwa sieben Jahre alt war. Wir bewohnten Omas ganzes Haus und hatten Wilma, ein Dienstmädchen, Muttis Haushaltshilfe, die auch bei uns wohnte.

Wilma bat meine Großmutter um einen freien Nachmittag, um mit ihrem Bruder, der zufällig in Schwerin war, in ein Café zu gehen. Da sie wusste, wie gerne ich Kuchen aß, sagte sie, dass ich gerne mitkommen dürfe.

Ich war schon ganz aufgeregt, und als es klingelte, raste ich die Treppe runter und öffnete die Haustür.
Und da stand dieses riesenhafte Ungeheuer! Ganz in schwarz gekleidet, mit diesen schrecklichen Stiefeln, ein breites, rotes Band mit einem schwarzen Hakenkreuz um seinen linken Ärmel und mit einem Totenkopf an seiner Mütze.
Ich hatte solche Angst, dass ich glaubte, mein Herz würde stehenbleiben.

Das Ungeheuer nahm seine Mütze ab, steckte sie unter seinen Arm und sagte sehr freundlich „Ich bin Gus, Wilmas Bruder. Und ich bin hier, um Wilma und dich in ein Café abzuholen".

Ich atmete tief durch, rief Wilma, und wir drei gingen in ein Café, das Schweizer Haus. Ich durfte mir meine Lieblingsgericht, Sahnebaisers mit Schlagsahne, bestellen, und nachdem ich dann so richtig satt war, und Wilma sich eine lange Zeit mit ihrem Bruder unterhalten hatte, brachte Gus uns wieder nach Hause.

Wilma heiratete ein Jahr später, verließ ihre Stellung bei uns und so sah ich Gus nie wieder. Es war gut, dass Mutti nicht vorher gewusst hatte, dass Gus in der SS war, denn sie hätte den Besuch niemals erlaubt und ich wäre um meine Sahnebaisers mit Schlagsahne gekommen.

Soweit ich mich erinnern kann, muss das wohl das letzte Mal in meiner Kindheit gewesen sein, dass ich mich an Schlagsahne hatte sattessen können. Denn dann kamen die Kriegs- und Hungerjahre und da gab es keine Schlagsahne mehr.

Verwandtschaft

Oma hatte noch eine Tochter, Esther Dora, und für mich war sie meine geliebte Tante Eische. Sie war mit einem ehemaligen Studienfreund meiner Mutter verheiratet, Herbert Völker, der natürlich auch Arzt war. Er hatte die blühende Praxis seines Vaters übernommen.

Die Völkers, Onkel Herbert, seine Frau Tante Eische und deren beider Kinder, Theo und Dörchen, wohnten in der damaligen Lübeckerstraße.

Kurz nachdem wir in Schwerin angekommen waren, nahm Oma mich an die Hand, um meine neue Familie zu besuchen. Es war ein ungefähr zwanzig Minuten langer Weg, und obgleich die Straßennamen in der Zwischenzeit mehrmals, der Politik entsprechend, umbenannt wurden, ist der Weg selbst, von Omas Haus zu dem der Völkers ganz unverändert geblieben. Wir gingen über den Strempelplatz, die Rostockerstraße entlang, über den Marienplatz, ein Stück den Wittenburger Berg hinauf, und dann bogen wir rechts in die Lübeckerstraße ein.

Die Völkers wohnten in einem alleinstehenden Haus, was damals für eine deutsche Stadt recht ungewöhnlich war.

Die blühende Arztpraxis lag im Erdgeschoß. Herberts Vater war einer der führenden Ärzte und ein Sanitätsrat in Schwerin gewesen.

Der Titel „Sanitätsrat" beeindruckte mich sehr. Herberts Vater war schon vor mehreren Jahren gestorben, aber man sprach immer noch respektvoll von dem „Herrn Sanitätsrat".

Meine Mutter, die von egal welchen Titeln vollkommen unbeeindruckt war, erklärte mir, dass diese Titel, vom Großherzog oder einem Vertreter des Kaisers an verdiente Bürger verliehen wurden und vollkommen bedeutungslos in einer Republik, wie Deutschland, waren.

Heutzutage wären nur noch die Ehefrauen und ihr Bridgeclub, der Bäcker, der Schlachter und der Gärtner davon beeindruckt.

So meine Mutter!

Familie Völker wohnte im ersten Stock, und als wir unseren ersten Besuch machten, stand Tante Eische oben auf der Treppe und rief „Theo und Dörchen, Löttken ist hier!"

Ich werde diesen Augenblick mein Leben lang nicht vergessen. Theo und Dörchen kamen angerannt, und es dauerte nur ein paar Minuten, bis wir uns angefreundet hatten. Ich hatte sofort das für mich so wichtige Gefühl, dass ich dazu gehörte.

Die Hitlerjahre aus der Sicht eines Kindes

Theo war ungefähr ein Jahr älter als ich, und Dörchen war nur sechs Monate jünger, obgleich ich natürlich von Anfang an immer wesentlicher kleiner war. Theo und Dörchen akzeptierten mich sofort als ihre kleine Schwester.

Dörchen und ich wurden Vertraute, und das nicht nur als Cousinen, sondern auch als lebenslängliche, sehr gute Freundinnen. Diese Freundschaft überdauerte die politischen Meinungsverschiedenheiten unserer Eltern, und auch die nachfolgenden jahrelangen Trennungen über Tausende von Kilometern.

Schon als junge Mädchen versprachen wir einander, dass wir Freundinnen bis ans Lebensende bleiben würden, und wir haben das Versprechen gehalten. Ich hielt mein Dörchen in meinen Armen, als sie über sechzig Jahre später an Krebs starb.

Die Kinder hatten zwei Zimmer. Das gemeinsame Schlafzimmer war klein, und mit seinem einzigen ovalen Fenster wurde es von uns das Ochsenauge genannt. Es hatte zwei Betten, eine Kommode und ein winziges Waschbecken. Wenn ich zu Besuch war und über Nacht blieb, was sehr oft geschah, schlief ich in Theos Bett.

Dörchen schlief in dem anderen Bett und es war uns ziemlich egal, wo Theo dann schlief. Das Problem wurde gelöst, als Onkel Herbert den Boden ausbauen ließ und Theo sein eigenes großes Zimmer bekam.

Für ein Kind eher ungewöhnlich, konnte ich es immer gar nicht abwarten, bis wir abends ins Bett gebracht wurden. Wie genoss ich es, wenn die, direkt neben dem Haus gelegene Eisenbahn, des nachts vorbei donnerte und das ganze Haus wackelte. Die Züge waren oft sehr lang, und nach dem ersten Donnern hörte man nur noch das regelmäßige Rollen der Räder, und die leichte Bewegung des Hauses wiegte mich in den Schlaf... bis der nächste Zug kam!

Das Zimmer nebenan war das Spielzimmer, und man konnte sehen, dass die Familie Völker wohlhabend war. Viel wohlhabender als meine Mutter.

Die Kinder hatten viel Spielzeug, und ein Kindermädchen, das Ordnung hielt.

Ich weiß ihren Namen nicht mehr, aber sie hatte blonde Haare und war sehr jung. Sie versorgte uns mit Wasserfarben, Glas- und Holzperlen, dem Gesellschaftsspiel „Mensch ärgere dich nicht" und haufenweise Buntstiften und Malbüchern.

Dörchen war ein sehr stilles kleines Mädchen. Sie nahm es gelassen hin, dass ich absolut nicht mit Soldaten oder Puppen spielen mochte, und zudem auch noch unentwegt schnatterte.

Wir Kinder aßen mit dem Hauspersonal auf dem großen sonnigen Flur an einem achteckigen Tisch mit einer weißgeschrubbten Holzplatte, die mich sehr beeindruckte, denn ich hatte sowas noch nie gesehen. Hin und wieder, an Geburts- und anderen Festtagen, oder wenn besonderer Besuch da war, durften wir Kinder mit den Erwachsenen im Esszimmer am sogenannten Männertisch mitessen.

Dabei fällt mir ein, dass Oma immer dabei war, aber meine Mutter fast nie. Der Grund dafür wurde mir erst Jahre später klar; zwischen Onkel Herbert und meiner Mutter bestand eine unüberbrückbare politische Kluft, die ich aber als Kind kaum bemerkte.

Wir haben bestimmt ziemlich oft am Männertisch mitgegessen, aber ich erinnere mich ganz besonders an ein Ereignis, als Dörchen und ich so sechs oder sieben Jahre alt waren.

Dörchen und ich saßen immer nebeneinander, was ganz bestimmt nicht die beste Sitzordnung war, weil ich nämlich Dörchen immerzu unter dem Tisch neckend mit dem Fuß anstieß und dann mit den Augen rollte, oder schielte, oder unglaubliche Mengen von Wurst oder Käse auf einem winzigen Stück Brot balancierte und dann Mühe hatte, das alles in meinen weit aufgerissenen Mund zu schieben.

Dörchen versuchte immer ein ernstes Gesicht zu behalten, denn natürlich fürchtete sie die Rügen ihres strengen Vaters wesentlich mehr als ich.

An diesem Abend versuchte sie, einen Schluck von ihrem Kakao zu trinken und zur gleichen Zeit das Lachen zu unterdrücken. Da floss ihr der Kakao in zwei braunen Strömen aus der Nase.

Für einen Augenblick hörte ich mit Erstaunen mit meinem Unsinn auf, und als ich gerade mit den Händen klatschen wollte, schlug Onkel Herbert so kräftig auf den Tisch, dass die Gläser tanzten. Er sagte nur ein Wort „Raus!" und zeigte auf die Tür.

Als Dörchen und ich hinaus gingen, sah ich noch gerade, dass Oma die Serviette vor ihren Mund hielt und sich vor Lachen schüttelte.

Eine sehr blasse Tante Eische folgte uns auf den Flur und sagte, dass Dörchen und ich uns auf die Bodentreppe setzen sollten.

Wir saßen da kaum ein oder zwei Minuten lang, als die Esszimmertür wieder aufging, und Theo mit seinen knochigen Knien in seiner Lederhose rausgeschlendert kam. Er verkündete, dass es ohne uns da drinnen überhaupt keinen Spaß machte.

Im Herbst 1934 bekam Tante Eische ein Baby, einen kleinen Jungen, den sie Gerhard nannten. Das Baby kam zu Hause auf die Welt, und als Oma mich am nächsten Tag zu Besuch brachte, lagen da drei bunte Tüten in dem Kinderbettchen, und jede Tüte hatte ein kleines Namensschild mit jeweils Theo, Dörchen und Löttken darauf geschrieben.

Ich weiß nicht mehr, was in diesen Tüten war. Ich nehme an, es waren Süßigkeiten und kleine Geschenke. Aber das Allerwichtigste war und ist es für mich auch heute noch, dass ich zu dieser Familie gehörte, und nun eine Schwester und zwei Brüder hatte.

Gerhard wurde in der Paulskirche getauft. Die Kirche war direkt hinter dem Haus, und die Taufprozession ging über den Katzensteig am Haus und an den Eisenbahnschienen entlang und dann ein paar Stufen hinauf in die Kirche. An die eigentliche Taufe kann ich mich überhaupt nicht mehr erinnern. Ich weiß aber, dass es das erste und das letzte Mal in meinem Leben war, dass ich meinen Fuß in die Paulskirche gesetzt habe.

Es gab vier Kirchen in Schwerin. Die Paulskirche, die Schelfkirche, die Schlosskirche und den Dom. Die Paulskirche wurde später eine „Nazikirche", wie meine Mutter sie nannte. In ihr predigten sogenannte „Deutsche Christen", die sich der Nazidoktrin verschrieben hatten. Da Jesus Christus ein Jude war, durfte sein Name nicht genannt werden, aber man sprach von Adolf Hitler so oft wie nur irgend möglich.

Ich weiß nicht, welche Position die anderen Kirchen bezogen hatten.

Mit sechzehn Jahren nahm ich aus eigener Entscheidung am Konfirmationsunterricht im Dom teil. Meine Mutter hatte nichts dagegen, denn der Pastor war ihrer Ansicht nach ein „anständiger Mann", wie sie ihn nannte.

Zur eigentlichen Konfirmation in der Domkapelle kam meine Mutter allerdings nicht, und auch sonst war niemand von unserer Familie dabei, wie es sonst üblich ist, bei dieser Feier. Meine Gäste waren unsere Wirtschafterin Minna, unsere Sprechstundenhilfe und die Schneiderin, die mein Konfirmationskleid genäht hatte.

Meine Mutter stand sich nicht gut mit der Kirche, da sie meinte, dass die evangelischen Pastoren das Nazisystem unterstützten, und den Juden und den anderen Menschen, die von den Nazis verfolgt wurden, nicht genug halfen; aber was mich betraf, wollte sie unbedingt, dass ich meine eigene Einstellung finden sollte.

Im Jahre 1936 wurde bei Völkers wieder ein Baby geboren. Ich erinnere mich noch ganz genau, dass wir vorher in Ahrenshoop an der Ostsee in den Sommerferien waren, und dass Tante Eische einen handgestrickten braunen Badeanzug trug, in dem sie sehr schwanger aussah.

Diesmal kam ein kleines Mädchen auf die Welt. Ihr Name war Gesine, und auch sie brachte drei dieser kleinen bunten Zuckertüten für uns Kinder mit.

Während ich schon vor zwei Jahren ernstlich daran gezweifelt hatte, dass der kleine Gerhard die Zuckertüten selber mitgebracht hatte, jetzt, mit zehn Jahren, wusste ich genau Bescheid. Daher war ich besonders dankbar, dass ich so ganz natürlich als volles Familienmitglied behandelt wurde, obgleich eigentlich jeder wusste, dass ich schon lange nicht mehr an den Zuckertütenzauber glaubte.

Die Hitlerjahre aus der Sicht eines Kindes

Mit zehn Jahren konnte ich schon lange fließend lesen. Meine Mutter hatte sehr viele interessante Bücher in der Praxis. Wenn ich etwas nicht verstand, fragte ich sie später danach, und sie zögerte nie, mir alles ganz genau zu erklären.

So wurde Dörchen dann auch noch gleich von mir aufgeklärt. Selbst im Alter haben wir noch oft darüber gelacht, dass wir heimlich die medizinischen Bücher meiner Mutter, und auch später die ihres Vaters durchstöbert hatten.

Dörchen war mir immer dankbar, dass ihre Aufklärung auf so rein wissenschaftliche Weise geschah, und dass sie es nicht nötig gehabt hatte, dem Geflüster ihrer Klassenkameradinnen zuzuhören. Wenn sie diesbezüglich eine Frage hatte, wendete sie sich einfach an mich.

Gesine wurde bestimmt später getauft, aber ich kann mich nicht an ihre Taufe erinnern. Es ist gut möglich, dass sie auch in der Paulskirche getauft wurde, und dass ich aus irgendwelchen Gründen nicht dabei gewesen war.

Dann, zwei Jahre später, im November 1938 kam Kunna, meine ganz besonders geliebte Cousine, zur Welt. Sie war ein entzückendes, graziöses kleines Mädchen und wurde später meine beste Ballettschülerin.

Dieses kleine Mädchen wuchs zu einer großen und eleganten Frau heran, und heiratete einen sagenhaften Mann. Sie wurde eine ausgezeichnete Gastgeberin, die ich in New

York und Singapur besuchte, und sie wurde meine allerbeste Reisebegleiterin nach Bali, Java und Indien.

Als mir ein einheimischer Mann in New Delhi zu nahe kam, legte sie schützend ihren Arm um mich, und als mir, ebenfalls in Delhi, zwei junge Lümmel Kuhdung auf die Schuhe schmissen, in der Hoffnung, dass ich die Schuhsäuberung bezahlen würde, bückte sie sich, säuberte die Schuhe doch tatsächlich mit ihrem Taschentuch und sagte „Löttken, du musst die Männer nicht immer angucken!"
Natürlich hatte sie Recht, aber ich habe nie dazu gelernt.

Und doch gibt es etwas, worüber Kunna und ich bis heute noch nicht sprechen können. Ihr Vater, mein Onkel Herbert, war ein in der tiefsten Seele überzeugter Nazi. Er verbrachte sehr viel Zeit im Dienste der Hitlerjugend und war – anders als meine Mutter – ein Teil des sozialistischen medizinischen Dienstes. Er hatte eine sehr große Praxis, und so wie ich heute noch höre, versorgte er seine Patienten mit Aufopferung und gütiger Fürsorge.

Zum Entsetzen meiner Mutter besuchte er die Aufführungen der Wagner Opern in der Hitlerjugend Uniform, Gott sei Dank in langen Hosen, wie Oma uns berichtete. Er reiste zu Versammlungen in Nürnberg und München und machte regelmäßige Arztbesuche auf dem Sachsenberg.

Diese Einrichtung war die Irrenanstalt, wie man früher eine psychiatrische Klinik nannte, und war vor der Stadt auf dem Sachsenberg gelegen, der überhaupt kaum ein Berg war.

Die Hitlerjahre aus der Sicht eines Kindes

Laut mündlichen Berichten, Gerüchten und den Worten meiner Mutter, gingen da schreckliche Dinge, wie Sterilisierung und möglicherweise auch Euthanasierungen vor sich, aber bisher gibt es keinerlei Beweise, dass mein Onkel sich daran beteiligte.

Kunna will nichts über ihre eigene Taufe wissen - aber ich war doch dabei, und die Bilder gehen mir immer wieder durch den Kopf.

Es war im Dezember 1938, oder im Januar 1939, und Oma und ich waren zur Taufe eingeladen. Onkel Herbert stand in voller Hitlerjugenduniform mit dem Baby im Arm vor dem großen Hitlerbild im Wohnzimmer. Er legte seine Hand auf die Stirn des Babys und sagte „Ich taufe dich Kunna, die Sippentochter".

Ich war damals zwölf Jahre alt, hatte gerade die Kristallnacht erlebt, und fühlte, dass da etwas sehr bizarr war an dieser sogenannten Taufe.

Meine Mutter sagte kein Wort, als ich ihr später diese Taufe beschrieb. Sie nickte nur mit dem Kopf, und ich war froh und glücklich, dass wir nicht weiter darüber sprachen. Das waren schwere, für mich oft unverständliche Zeiten.

Onkel Herbert hatte zwei Seiten.
Meine Großmutter zitierte immer „Zwei Seelen wohnen, ach, in meiner Brust!", und so muss es wohl auch bei meinem Onkel gewesen sein. Auf der einen Seite war er ein überzeug-

ter, direkt seelisch verbundener Nazi, der an die Überlegenheit der Arier glaubte und daher wohl alle damit verbundenen Grausamkeiten der „Rassenreinigung" gut und richtig fand.

Andererseits war er ein sehr liebevoller Familienvater, der ein so schwarzes Schaf wie mich, als vermeintlich halbjüdische Cousine seiner Kinder, einfach nicht in der Familie dulden konnte.

Da niemand wirklich wusste, ob mein Vater ein Jude war, hatte Onkel Herbert zwei Möglichkeiten. Entweder musste er meine Mutter und mich beseitigen, oder er musste alle Hebel in Bewegung setzen, die Schande zu begraben.

Gott sei Dank entschloss er sich für das Letztere.

Ich nehme an, dass er genug Naziverbindungen hatte, um alle Unterlagen in Berlin, die auch nur den geringsten Bezug zu der Familie meines Vaters hatten, verschwinden zu lassen, und danach wurde die Sache einfach nicht mehr erwähnt. Ich wusste, dass ich für Onkel Herbert das „schwarze Schaf" in der Familie blieb, doch durch Onkel Herberts Handlung bewahrte er meine Mutter und mich vor einem schrecklichen Ende.

Mutti hätte mich ja niemals alleine in ein Konzentrationslager und in den Tod gehen lassen.

Obgleich ich von Theos Freunden hörte, was Onkel Herbert über mich sagte, hat mich der Rest der Familie das, was hinter meinem Rücken gesagt wurde, niemals spüren lassen, und so führte ich ein fröhliches, merkwürdig geschütztes Doppelleben.

Zigeuner und der Jahrmarkt

Nachdem mein Vater im März des Jahres 1933 aus Deutschland ausgewandert war, durfte ich mich endlich frei bewegen. Sobald ich es verstehen konnte, erzählten Mutti und Oma mir von ihrer Sorge, dass mein Vater mich doch mitnehmen wollte, oder dass irgendwelche Nazis mich aufgreifen und wegbringen würden.

Immerhin glaubten die meisten Menschen, die uns kannten, einschließlich der Familie, dass mein Vater ein Jude war, und dass das Gerücht, dass er lediglich eine jüdische Großmutter hatte, nur eine Ausrede war, um mich zu schützen.

Wir hatten ja keinerlei Beweise, und diese gewisse Angst vor einer unerwarteten Verhaftung hing während der ganzen Nazizeit wie eine schwarze Wolke über unseren Köpfen, obgleich es mich bestimmt viel weniger belastete als meine Mutter und meine Großmutter.

Mit der neugewonnenen Freiheit fühlte ich mich wie ein kleiner gefangener Vogel, dem man die Käfigtür geöffnet hatte, und ich war sofort bereit, die ganze Nachbarschaft zu erkunden und zu erobern.

Am Ende der Körnerstraße begann das Ostorfer Ufer und der Ostorfer See. Ich saß oft am Ufer, beobachtete die Enten und wunderte mich, wer wohl am gegenüberliegenden Ufer wohnte.

Ein paar Jahre später kannte ich die andere Seite sehr gut, denn da wohnte meine allerbeste Schulfreundin Gerda, die später meine lebenslange Freundin wurde.

Hinter den Häusern der Körnerstraße war ein großes freies Feld, auf dem an Wochenenden Fußballspiele stattfanden, und zwei oder dreimal im Jahr war auf dem danebenliegenden Schlachthofplatz der Jahrmarkt. Die Zelte und die Wohnwagen waren so nah an unserem Haus, dass der Trubel und die Musik bei uns durch die offenen Fenster zu hören war.

Neugierig und frei wie ich war, denn ich brauchte ja noch nicht in die Schule zu gehen, war ich ständiger Gast auf dem Jahrmarkt sobald die ersten Wagen angekommen waren.

Wenn alle Karussells, die Schaukeln und die Zelte aufgebaut waren, kannten mich die Besitzer schon, und dann, wenn der öffentliche Betrieb begann, setzten sie mich auf eins der schönen hölzernen Pferde des Karussels, und ich durfte rumfahren, so lange ich wollte.

In einem besonderen Zelt besuchte ich regelmäßig die dickste Frau der Welt, wie sie sich für den Zirkus nannte, und ich kam so oft, dass wir uns anlächelten. Ich hätte mich gerne mit ihr unterhalten, aber sie sprach kein einziges Wort mit mir.

Ich weiß natürlich nicht, was aus dieser Frau geworden ist, denn sie war so dick, dass sie sich kaum bewegen konnte und selbst als Kind wünschte ich mir, mehr für sie zu tun, als sie nur anzulächeln.

Ich lernte auch den Mann kennen, der Feuer schluckte. Er hat freundlich mit mir gesprochen. Ich wünschte, er hätte mir erklärt, wie man das Feuerschlucken macht, denn das ist mir bis heute noch ein Rätsel.

Ich machte mir niemals Gedanken darüber, dass andere Leute Geld bezahlten, wenn sie auf das Karussell, auf die große Schaukel gehen oder die „Dickste Frau der Welt" sehen wollten. Ich ging einfach auf dem Jahrmarkt herum, guckte in all die Zelte, inspizierte die Pferde, saß bei den Kindern, und wurde von allen mit einem Lächeln, und oft mit einem Handschlag begrüßt.

Jahre später, als der Jahrmarkt nicht mehr kam, fand ich heraus, dass, wenn die Wohnwagen auf dem Schlachthausplatz ankamen, meine Mutter zu den Leuten ging und ihnen sagte, dass ihre ärztliche Praxis nur um die Ecke sei, und dass sie in die Sprechstunde kommen könnten, wenn sie ärztliche Hilfe brauchten.

Sie sagte auch, dass sie, wenn nötig, Besuche in den Wohnwagen machen würde. Das war natürlich alles pro bono, denn Jahrmarktbeschäftigte, wie auch Zirkusleute und

Zigeuner, wie man die Roma und die Sinti damals nannte, hatten keine feste Adresse und bekamen daher keine staatlich Gesundheitsfürsorge.

Jetzt kann ich mir gerade mal die Reaktion der Patienten vorstellen, die in dem eleganten Wohnzimmer meiner Großmutter warteten, wenn einer der Jahrmarktleute mit etlichen Kindern im Wartezimmer erschien, sich hinsetzte und wie alle anderen wartete, bis sie hinter den Wandschirm zur Untersuchung und Behandlung gerufen wurden.

Gewundert haben sich die Patienten bestimmt, aber beklagt hat sich, soviel ich weiß, niemand, und das ist heutzutage nur damit zu erklären, dass meine Mutter ihre Patienten kannte, aber noch viel wichtiger, die Patienten kannten und verstanden meine Mutter, und sie respektierten sie und ihre Einstellung.

All diese Dinge, die meine Mutter tat, waren unter dem Nazisystem illegal und daher gefährlich. Die Nazis wollten, dass Ordnung herrschte, und dass alle Bürger einen festen Wohnsitz hatten, damit die Kinder regelmäßig in die Schule gehen konnten, und sich so wie alle anderen Einwohner in das Steuer-und Gesundheitssystem einfügten.

Meine Mutter wollte im Gegensatz, dass jeder sein eigenes Leben führen konnte, so wie es seine Art war. Erstaunlicherweise hatte die Ärztekammer in Schwerin, die ja alle Ärzte überwachte, jahrelang ein Auge zugedrückt, und sie offenbar so handeln lassen, wie sie es für richtig hielt.

Die Hitlerjahre aus der Sicht eines Kindes

In unseren Stadtteil, am Rande der Stadt, kamen nicht nur der Jahrmarkt und der Zirkus, sondern auch ab und zu die Zigeuner.

Es muss wohl im Herbst des Jahres 1933 gewesen sein, denn es wurde schon früh dunkel, und als ich meine letzte Runde per Roller gemacht hatte, sah ich einen rötlichen Schein hinter dem letzten Haus der Körnerstraße am Ostorfer Ufer.

Anstatt zu Oma reinzugehen, wie das von mir zu dieser Tageszeit erwartet wurde, lief ich die Straße herunter, sah um das letzte Haus herum und erstarrte beinahe vor Erstaunen.

Da saßen ungefähr zwanzig, sehr farbig gekleidete Männer, Frauen und Kinder um ein großes Feuer herum. Es waren Menschen aus der Volksgruppe der Zigeuner; nur wusste ich das damals noch nicht.

Ich wollte sehen, was da geschah und ging auf Zehenspitzen näher heran, bis ich vor ihnen stand und von einem Gesicht zum anderen sah. Das große Feuer spiegelte sich in ihren Augen wider, als sie alle stumm meinen Blick erwiderten.

Es muss ein erstaunlicher Anblick gewesen sein. Da stand diese sehr kleine Person in ihren blank geputzten Stiefelchen und in dem Kamelhaarmantel, und bewegte sich nicht von der Stelle. Sie guckte jeden der Reihe nach an und dabei spiegelte sich das Feuer genauso in ihren großen Augen wider wie in den Augen der um das Feuer sitzenden.

Nach ein paar Minuten dieses totalen Schweigens stand eine der Frauen auf, legte ihren Arm um mich und fragte „Willst du dich zu uns setzen?" Ich nickte nur, denn ich war viel zu überwältigt, um was zu sagen.

Zwei Kinder rückten etwas näher zusammen und machten Platz für mich, und dann saßen wir alle zusammen in vollkommener Stille.

Nach kurzer Zeit stand ein Mann auf und stocherte in dem Feuer herum. Sein Haar war lang und in zwei Zöpfe geflochten. Mit zwei Stöcken holte er etwas, das wie ein Stück Holzkohle aussah, aus dem Feuer. Er gab es der Frau neben ihm, die dann eine Gabel nahm und damit einen Schlitz in das „Stück Kohle" machte. Dann erst verstand ich, dass es gar keine Kohle, sondern eine große Kartoffel war. Die Kartoffel dampfte, und das war die allererste gebackene Kartoffel, die ich in meinem Leben gesehen hatte.

Der Mann holte immer mehr gebackene Kartoffeln aus dem Feuer, und als er alle verteilt hatte, sah er mich lange und ganz ruhig an. Ich wusste nicht, was ich sagen sollte, aber nickte ganz aufgeregt, und so bekam auch ich, wie alle anderen, eine gebackene Kartoffel zu essen.

Jeder bekam eine Gabel, und ich sah mit Verwundern, wie sie alle einen Schlitz in die Kartoffel machten und dann das Innere aßen. Als ich meine Kartoffel und eine Gabel bekam, grinste der Junge neben mir, machte einen Schnitt in meine Kartoffel und drückte sie etwas von beiden Seiten, sodass der Dampf herauskam und der Duft der Kartoffel sich mit dem Rauch des Feuers mischte.

Zwar hatte ich bei Oma gelernt, anständig mit Gabel und Löffel zu essen, aber ein Messer traute sie mir noch nicht zu. Meine guten, erlernten Tischmanieren halfen mir bei dieser Gelegenheit überhaupt nicht. So pustete ich auf die Kartoffel, und sobald sie sich etwas abgekühlt hatte, lutsche ich den wunderbar schmeckenden Inhalt direkt aus der Pelle. Es war bei weitem die allerbeste gebackene Kartoffel, die ich je in meinem ganzen Leben gegessen habe.

Wir aßen in Stille, und dann auf einmal sahen alle in unserer Runde in dieselbe Richtung. Da stand meine Mutter im Schein des Feuers und winkte. Ein Mann stand auf, denn sie sagte so ungefähr „Ich bin hier, um meine Tochter abzuholen. Vielen Dank, dass sie hier mit euch am Feuer sitzen und mit euch essen durfte. Falls ihr einen Arzt braucht, meine Praxis ist Körnerstraße 12, und ihr seid zu jeder Sprechstunde willkommen", und sie gab dem Mann die Hand.

Später habe ich oft darüber nachgedacht und mich gewundert, wie sich andere Eltern in dieser Situation wohl verhalten hätten. Meine Mutter anerkannte die Würde jedes Menschen, ganz gleich ob er ein Zigeuner oder ein König war, und schon ganz früh brachte sie mir die Buddhistische Mantra bei

„Meine Seele verbeugt sich vor deiner Seele".

Sie erklärte mir aber auch, dass nicht alle Menschen gut zueinander waren, und dass ich vorsichtig sein musste, wem ich volles Vertrauen schenkte.

Das war das letzte Mal, dass die Zigeuner nach Schwerin kamen. Wegen ihrer so ganz anderen Lebensweise waren sie bei den meisten Europäern nicht sehr beliebt.

Westeuropäer mochten eben diese Nomaden nicht, deren ganze Art so anders war, und ich muss auch zugeben, dass einige Zigeuner sich mit Diebstahl über Wasser hielten; aber die meisten versuchten, sich wirklich anzupassen. In Mecklenburg wohnten sie außerhalb der Ortschaften und verdienten sich ihren Lebensunterhalt mit Messerschleifen und anderen Diensten.

Nach dem bedeutungsvollen Jahr 1933 begannen die Nazis die Zigeuner zu verfolgen.

In Deutschland muss man auch heute noch auf einem Wohnsitz registriert sein, und wenn man umzieht muss man sich abmelden. Die Zigeuner taten das alles nicht und nach den Olympischen Spielen 1936 in Berlin, als alle Ausländer wieder abgereist waren, wurde das Leben der Zigeuner in Deutschland gefährlich.

Die Nazis hassten die Zigeuner genauso wie sie die Juden, und andere Rassen und Menschengruppen hassten. Sie betrachteten diese Menschen als fremde, minderwertige Rassen, die unwürdig waren, sich mit der von den Nazis erfundenen Volksgruppe der Germanischen Arier zu vermischen.

Zwecks Verfolgung waren die Juden für die Nazis leicht aufzufinden, denn sie waren alle ordnungsgemäß in den Büchern der Synagogen eingetragen, während die etwa dreißigtausend Zigeuner als katholisch angesehen wurden, und die katholische Kirche sie entweder überhaupt nicht registrierte, oder die Volksgruppe nicht neben den Namen schrieb.

So konnten die Nazis einfach in den jüdischen Wohnungen erscheinen und die Menschen verhaften, während das bei den Zigeunern nicht ganz so einfach war.

Wenn die Nazis irgendwo ein Zigeunerlager sahen, trieben sie die Menschen wie Vieh zusammen und transportierten sie in die Konzentrationslager, wo sie mit sechs Millionen Juden und anderen von den Nazis Unerwünschten und gehassten Menschen umgebracht wurden.

Meine Mutter setzte ihre illegale Tätigkeit, nämlich die ärztliche Behandlung von nicht registrierten oder verfolgten Menschen fort, und sie weigerte sich weiterhin, ein Mitglied der Nazipartei zu werden. Alle ihre Patienten waren entweder privat versichert, waren in der Barmer Ersatz Krankenkasse, oder sie wurden pro bono behandelt.

Das neue Haus

Ungefähr fünf Jahre nach dem wir nach Schwerin gezogen waren, im Frühling 1936, war die Praxis meiner Mutter groß genug, so dass sie ein neues Haus kaufen konnte. Na ja, neu war etwas übertrieben, denn es war 1898, in dem selben Jahr, in dem Mutti geboren war, erbaut, und mir kam das sehr alt vor. Das Haus war größer als Omas Haus und es lag auch näher an der Straßenbahnhaltestelle neben einer Apotheke und war in einem gut zu erreichenden Stadtteil für alle Patienten meiner Mutter.

Das war alles wichtig für den weiteren Aufbau ihrer Arztpraxis.

Das Haus war vierstöckig, mit Keller, zwei Etagen und einem ausgebauten Dachboden. Die Etagen hatten je vier große Räume mit hohen Decken und großen Fenstern. Die Vorderaussicht ging auf den damaligen Strempelplatz, der der eigentliche Eingang in die Stadt Schwerin war. Wir konnten sogar die ursprünglichen Stadttore vom Esszimmerfenster aus sehen.

Der Strempelplatz wurde dann später je nach politischer Lage auf Bismarck Platz und Platz der Jugend umbenannt.

Nach hinten, von der Straße weg, hatten beide Etagen einen großen Balkon, von dem aus man in den Garten sehen konnte, und der Garten war so groß, und hatte so viele Kastanien- und Obstbäume, dass man die Nachbarhäuser nicht sehen konnte.

Die Praxis war in der ersten Etage und bestand aus einem großen Wartezimmer und Bestrahlungszimmer und dem Sprechzimmer, in dem das Telefon auf Muttis Schreibtisch stand. Das vierte Zimmer lag neben der Praxis und gehörte der Krankenschwester, die jahrelang bei uns wohnte, und uns erst verließ, als die Russen kamen.

Im zweiten Stock waren das Esszimmer und Wohnzimmer, und auch das Schlafzimmer meiner Mutter. Der vierte Raum auf dieser Etage war von meiner Mutter so umgebaut, dass sie eine moderne Küche und einen Waschraum ohne Badewanne, für sich persönlich hatte. Ich durfte diesen Waschraum auch benutzen, aber das Personal wusch sich in der Küche oder nahm ab und zu ein Bad.

Ich nehme an, dass sich die ursprüngliche Küche und die einzige Toilette wohl einst im dunklen Keller befunden hatten. Wenn ich jetzt zurückdenke, waren die Toiletten und die Waschgelegenheiten in den dreißiger Jahren noch erstaunlich primitiv in diesen sonst so eleganten Häusern.

Die Hitlerjahre aus der Sicht eines Kindes

In Omas Haus gab es ursprünglich auch nur eine dunkle Toilette, die zudem im Keller lag, und von allen Bewohnern des Hauses benutzt wurde.

In unserem neuen Haus war es ein bisschen weniger primitiv. Außer der sehr dunklen Kellertoilette, die nur von den Patienten benutzt wurde, gab es noch eine zweite Toilette zwischen den beiden Etagen „auf halber Treppe", wie wir sagten, die an die Außenwand angebaut war.

Ich werde später noch mehr über diesen kleinen Raum erzählen, denn er wurde für meine Mutter und mich in den nächsten neun Jahren, bis der Krieg endlich zu Ende und die Nazis besiegt waren, sehr wichtig.

Mein Schlafzimmer lag unter dem Dach. Es war groß und hell, und meine Fenster lagen so, dass ich direkt in einen Kastanienbaum sehen konnte. Ich beobachtete diesen Baum täglich und andächtig, und lernte dabei viel über die wechselnden Jahreszeiten.

Zuerst waren da die klebrigen Knospen, die sich dann im Laufe des Frühjahrs öffneten, und die schönen kerzenhaften Blüten hervorbrachten. Danach verwandelte sich alles in die stachligen grünen Bälle, die dann die Kastanien enthielten und im Herbst unter den Baum fielen.

Ich sammelte die Kastanien mit Begeisterung und machte mit Zahnstochern kleine Männchen und Tiere daraus.

Inzwischen änderten die Blätter ganz unbemerkbar ihre Farbe, von hellgrün zu dunkelgrün, dann gelb und dann braun. Dann fielen sie ab, und der Baum stand kahl, und ich wünschte mir den ganzen Winter über, dass es bald wieder Frühling werde. Dieser Baum wurde ein Teil meines täglichen, viel beschäftigten und ja, oft auch gefährlichen Lebens.

Ich liebte diesen Baum und suchte nach ihm, als ich nach vierzig Jahren das Haus wieder betrat. Der schöne Baum war nun abgehackt, und nur der Stumpf stand noch da, einsam und verlassen.

Mein Zimmer war ganz modern mit einer roten Couch, die man in ein Bett verwandeln konnte, und das war großartig, denn ich hatte oft Freundinnen zu Besuch, die dann übernachten konnten.

Ich hatte einen Schreibtisch, ein Bett und ein Klavier, auf dem ich so wenig wie möglich spielte. Die vielen Jahre, in denen ich Klavierunterricht hatte, waren total vergeblich, denn ich übte nicht, und so rief die Klavierlehrerin nach sieben Jahren bei meiner Mutter an und sagte, dass der Klavierunterricht für sie und für uns eine Zeit-und Geldverschwendung wäre. Allerdings war der Unterricht nicht vollkommen vergebens, denn ich lernte „Harmonie und Theorie", und natürlich kann ich auch Noten lesen.

Das Allerbeste in meinem Zimmer war mein, für die damalige Zeit ganz modernes, Grammophon. Nein, ich spielte keine Schlager oder die Hit Tunes des Tages. Ich hatte eine große Auswahl von Schallplatten mit Opern und Operetten, und viele Platten mit Wiener Walzern; aber die Hauptsache war, dass ich alle Platten von Zarah Leander hatte, die wir bis spät in die Nacht und bei offenen Fenstern spielten, bis sich die Nachbarn bei meiner Mutter beschwerten.

Mein Zimmer war mein Heiligtum, und der Ort, an dem ich mich mit meinen Freundinnen ganz privat unterhalten konnte, und wir unsere Backfischgeheimnisse teilen, und dann natürlich auch ausgiebig Grammophon spielen konnten. So viel ich weiß, hatte außer mir keine meiner Freundinnen ein eigenes Grammophon in ihrem Zimmer.

Direkt neben meinem Zimmer lag das Zimmer der Hausangestellten. Wir hatten immer eine Wirtschafterin, und zusätzlich mindestens ein Hausmädchen, die auch bei uns im Haus wohnten. Das nächtliche Grammophonspielen muss sie bestimmt gestört haben, aber außer der Nachbarin beklagte sich niemand, denn ich war die Tochter des Hauses, die kleine Prinzessin. Eigentlich hatte dieser Status auch richtige Nachteile für mich, die sich erst später in meinem Leben auswirkten. Ich wurde nie in die Küche gelassen und lernte daher nicht zu kochen, abzuwaschen oder einen Fußboden sauber zu machen.

Außer den beiden ausgebauten Zimmern waren da auch noch zwei oder drei Dachbodenkammern, die später für die Flüchtlinge ausgebaut wurden. Vor dem Krieg versteckten Gerda und ich meine „Nesthäkchen-Bücher" in einer dieser Kammern. Die so beliebte Nesthäkchenserie ist das Werk der jüdischen Schriftstellerin Else Ury. Aber anstatt die Bücher, wie uns angeordnet war, zu verbrennen, versteckten Gerda und ich sie in einer Dachbodenkammer und lasen sie im Geheimen.

Ich weiß nicht, was aus den Büchern geworden ist. Und ich glaube kaum, dass die Russen sie, wie all unseren anderen Besitz, beschlagnahmt haben.

In den dreißiger Jahren war es sehr schwierig, ein Telefon zu bekommen. Meine Mutter als Ärztin hatte mehr Möglichkeiten als andere, aber sie musste eine besondere Genehmigung beantragen.

Natürlich hatte das Haus keinerlei Vorrichtungen für einen Telefonanschluss, und so wurde in jedem Zimmer der beiden Etagen ein Anschluss eingebaut. Im Sprechzimmer auf dem Schreibtisch stand ein fest stehendes Telefon, und den zweiten Apparat nahmen wir von Zimmer zu Zimmer mit, und schlossen ihn an, wo immer wir gerade eine Verbindung brauchten.

Nicht sehr lange nachdem die Telefonanlage fertig war, kam ein junger Mann in die Sprechstunde und klagte über Halsschmerzen. Nachdem meine Mutter ihm in den Hals gesehen hatte, sagte sie „Sie haben keine Halsschmerzen. Ich finde nichts". Er legte einen Finger auf seine Lippen und flüsterte „Können wir in den Garten gehen?" Meine Mutter, die zu der Zeit schon an seltsame Vorkommnisse gewöhnt war, nickte nur, und beide gingen durch die Hintertür und verschwanden im Garten.

Die Hitlerjahre aus der Sicht eines Kindes

„In jedem Telefonanschluss, den wir in ihrem Haus eingebaut haben, ist eine Wanze. Sie wurden schon immer abgehört, aber jetzt können die Lauscher hören, was in jedem Zimmer gesprochen wird. Frau Doktor, bitte lassen Sie niemanden merken, dass Sie das wissen, denn das würde mir den Kopf kosten".

Daraufhin ging meine Mutter mit mir auf die kleine Toilette auf halber Treppe und erklärte mir genau, was eine „Wanze" war, und in welchen Zimmern wir sehr auf unsere Unterhaltungen achten mussten. Ich war zu der Zeit erst zehn Jahre alt, und trotzdem zweifelte sie nicht daran, dass sie mir voll und ganz vertrauen konnte.

Mit diesem Wissen lebten wir die nächsten neun Jahre. Ich wusste genau, was ich sagen durfte und was nicht, weil es sonst lebensgefährlich werden würde.

Mutti und ich redeten außerhalb der kleinen Toilette ganz normal miteinander. Ich weiß nicht einmal genau, ob Minna, unsere zuverlässige Wirtschafterin, etwas von den Wanzen wusste. Sie hat niemals irgend etwas darüber geäußert. Außer Mutti und mir, und vielleicht Oma, wusste niemand, wie seltsam die Zustände in unserem Hause waren.

Im Laufe der Zeit, als ich älter wurde, und mich mehr an den gefährlichen Untergrundaktivitäten meiner Mutter beteiligte, verbrachten wir immer mehr Zeit in unserem sicheren, kleinen Örtchen (wie meine Mutter die kleine Toilette nannte). Ich wüsste sehr gerne, was sich unser Personal wohl dabei dachte, wenn Mutter und Tochter so oft zusammen auf der Toilette verschwanden.

Meine persönlichen Aufgaben, die ich im Namen der Untergrundbewegung erledigte, waren die ersten Jahre wirklich nicht anstrengend und auch ungefährlich für mich. Meistens war mir nicht einmal klar, was ich nun für die Praxis meiner Mutter, oder für die Untergrundbewegung tat.

Per Fahrrad brachte ich auf meinem Weg zur Klavier- oder Ballettstunde kleine Zettel mit mir unverständlichen Nachrichten oder Medikamente zu „Patienten".
Allerdings, als ich älter wurde, bekam ich mehr und mehr Wichtiges zu tun.

Im Sommer 1941 musste ich mein Zimmer für ausgebombte Menschen, später hauptsächlich aus Hamburg, oder für Flüchtlinge aus dem Osten, aufgeben.
Mein Bett stand nun im Schlafzimmer meiner Mutter, und das Telefon stand auf meinem, und nicht mehr auf ihrem Nachttisch.
Die schönen Abende mit meinen Freundinnen und dem Grammophon waren vorbei. Stattdessen beantwortete ich nachts das häufig klingelnde Telefon, damit Mutti wenigstens etwas Schlaf bekam.

Sechzig Jahre später, als die Mauer gefallen war, und ich das Haus schon lange an ehemalige Patienten verkauft hatte, besuchte ich die, zu dem Zeitpunkte schon lange nicht mehr neuen Eigentümer, und Chris, mein damals achtzehnjähriger Enkel begleitete mich. Er fotografierte für mich die jetzt grüngemalte Tür zu dem damaligen kleinen Örtchen, das nun eine Besenkammer war.

Die Erinnerungen waren beinahe zu überwältigend für mich.

Mein Liebling Chris nahm mich in den Arm und sagte „You both did well!"

„Ihr beide habt das gut gemacht!"

Die Olympischen Spiele in Berlin

Im Frühling 1936, als ich in die dritte Klasse gekommen war, und wir uns gerade in unserem neuen Haus eingerichtet hatten, begannen in der Schule und im Radio die Nachrichten über die Olympischen Spiele, die in den ersten zwei Wochen im August in Berlin stattfinden würden.

Die Zeitungen waren ganz sicher auch voller Nachrichten und Erwartungen, aber seit die unpolitische Mecklenburger Zeitung ihre Türen schließen musste gab es nur noch ein „Mistblatt" wie meine Mutter es nannte, Der Völkische Beobachter, und es kam keine Zeitung mehr über unsere Schwelle.

Nazi-Deutschland beabsichtigte die Olympischen Spiele 1936 als Propaganda für das neue, starke und vereinigte Deutschland zu missbrauchen und nutzte dafür auch die Presse.

Während dieser zwei Wochen, im August 1936, versteckte Adolf Hitlers Diktatur ihren rassistischen und militärischen Charakter. Daher wurden alle Schilder auf denen stand „Keine Juden!" von Geschäftstüren und Schaufenstern entfernt, und alle antisemitischen Plakate abgerissen.

Die etwa sechshundert Zigeuner, die rund um Groß-Berlin in ihren Wagen lebten, wurden zusammengetrommelt und in den Vorort Marzahn versetzt. Hier standen ihre Wagen auf einem offenen Feld, ganz in der Nähe eines Friedhofs, einer Abwasseranlage und einer Müllkippe.

Onkel Herbert hatte für die Sommerferien ein kleines Haus an der Ostsee, in der Nähe von Ahrenshoop, gemietet. Seine Familie, die aus Tante Eische, Theo, Dörchen, dem kleinen Gerhard und einem Kindermädchen bestand, verbrachte die Sommerferien an der Ostsee.

Zu meiner Begeisterung war auch ich oft eingeladen, und meine Mutter brachte mich dann per Auto die circa 100 Kilometer nach Ahrenshoop. Sie holte mich auch ein paar Tage später wieder ab. Aber sie blieb nie länger als vielleicht ein oder zwei Stunden, bevor sie wieder nach Schwerin fuhr. Mein Onkel war, wie meine Mutter, ein sehr beschäftigter Arzt in Schwerin, und auch er kam nur ab und zu auf ein verlängertes Wochenende an die See.

In meinen Erinnerungen habe ich die Neigung, allem eine politische Erklärung zu geben, aber es ist sehr gut möglich, dass Onkel Herbert und meine Mutter aus dienstlichen

Die Hitlerjahre aus der Sicht eines Kindes

Gründen nicht zur gleichen Zeit aus der Stadt fort sein konnten, und dass meine Mutter ihn auch manches Mal in seiner Praxis vertrat, wenn er das Wochenende frei nahm.

Obgleich ich erst zehn Jahre alt war, ist es seltsam, dass ich mich überhaupt nicht an das Spielen am Strand und an das Baden in der See erinnern kann. Nur Tante Eische sehe ich noch heute in dem braungestrickten Badeanzug vor mir.

Ich erinnere mich jedoch an alles, was die Olympischen Spiele betraf, die Theo, Dörchen und ich auf der Terrasse des kleinen Hauses am Strand im Radio verfolgten, und dazu gab es meistens Eis und Limonade.

Was heute nicht allgemein bekannt ist, ist, dass der Lauf mit der Olympischen Feuerfackel von Olympia in Griechenland bis nach Berlin in Deutschland, also zum Austragungsort der jeweiligen Olympischen Spiele, ein Einfall der deutschen Olympiaorganisation war, und im Jahre 1936 zum ersten Mal im Rahmen der Olympischen Spiele stattfand.

Heute, achtzig Jahre später, ist die Ankunft der Fackel und das Anstecken der olympischen Flamme überall der sehr beeindruckende, offizielle Beginn der Olympischen Spiele.

Der Fackellauf begann am 20. Juli 1936 in Olympia und lief über Athen durch Jugoslawien, die damalige Tschechoslowakei, Ungarn und Österreich, und kam am 1. August pünktlich in Berlin an.

Der letzte Fackelträger war ein sehr blonder junger Mann, der Siegfried Eitrig hieß, und diesen einprägsamen Namen werde ich niemals vergessen. Denn „Siegfried" ist so wunderbar „germanisch", und „eifrig" kann ja auch begeistert bedeuten.

Für uns Kinder, die den Berichten über den Weg des Fackelträgers zuhörten, war die Berichterstattung eher langweilig, aber sie war eine gute Lektion in Geografie. Onkel Herbert hatte dafür gesorgt, dass eine Landkarte von Europa an der Wand hing, und Theo machte einen roten Kreis um jede Stadt, durch die die olympische Fackel getragen wurde.

Wir Kinder konnten dann später den Weg dieses berühmten Feuers noch einmal verfolgen, und das war bei der Vorführung des berühmten Olympiadefilms „Olympia" von Leni Riefenstahl, der von Hitler besonders bewunderten und verehrten Fotografin, eine große Hilfe für uns.

Die Schüler aller Schulen mussten diesen Film sehen, und hinterher mussten wir einen Aufsatz über die Länder schreiben, durch die die Fackel getragen wurde. Und wir mussten auch alle Namen der deutschen Olympiasieger auswendig lernen.

Natürlich machte es uns viel Spaß, den meistens atemlosen Berichterstattungen über die Wettkämpfe zuzuhören. Nur wussten wir damals noch nicht, dass wir nur über die

Die Hitlerjahre aus der Sicht eines Kindes

Wettkämpfe, in denen die Deutschen gewonnen hatten, zu hören bekamen. Dadurch hielten wir Kinder es für selbstverständlich, dass die Deutschen immer die Sieger waren. Und das war ja auch der Sinn dieser Art Berichterstattung des Propagandaministeriums. Es gab jedoch eine große Ausnahme. Es war schon lange bevor die Spiele begonnen hatten, dass man von dem amerikanischen Athleten Jesse Owens gehört hatte. Er wurde besonders von den Deutschen bewundert, denen es egal war, welche Hautfarbe er hatte.

Der Afroamerikaner gewann internationalen Ruhm mit seinen vier Goldmedaillen, und er war bei weitem der erfolgreichste Athlet der Olympischen Spiele in Berlin. Er war derjenige, der das Nazimärchen von der Überlegenheit der „weißen Rasse der Arier" schon im Jahre 1936 mit einem Schlag durch seine Wettkampferfolge kaputt machte.

Nach Jesse Owens sensationellen Siegen besuchte Hitler keine weiteren Medaillenzeremonien mehr. Direkt nach dem Ende der Spiele schrieb Albert Speer, berühmt als Hitlers Architekt und später Minister für Aufrüstung und Waffenproduktion „Hitler war höchst verärgert über die Siege des amerikanischen Läufers Jesse Owens".

Hitler habe jedoch die Schultern gehoben und gesagt, dass Menschen, deren Vorfahren aus dem Dschungel kamen, primitiv seien und ihr Körperbau sei kräftiger als der von zivilisierten weißen Menschen. Deshalb müssten Schwarze von künftigen Olympischen Spielen ausgeschlossen werden.

Nur wenige Tage nach den Olympischen Spielen, als alle ausländischen Besucher abgereist waren, lebte die Ausrottungs-und Expansionspolitik der Nazis wieder auf.

Die Schilder mit der Aufschrift „Juden nicht erlaubt" erschienen wieder in den Schaufenstern, und Auslandsreisen waren wieder in den meisten Fällen verboten.

Zudem wurden Roma, Homosexuelle und Gegner des Nazisystems verhaftet und in Konzentrationslager gebracht.

Für alle die, die Lesen konnten und verstehen wollten, waren das deutlich sichtbare Zeichen, die wie an die Wand geschrieben waren.

Ballett

Nach den erfolgreichen Olympischen Spielen im Sommer 1936 sonnten sich Hitler und seine Nazigenossen in ihrem enormen politischen Erfolg. Es war ihnen nämlich gelungen, die Angst vor der kommenden Katastrophe, die unter der Naziregierung unvermeidlich war, vor aller Welt zu verbergen.

Meine Mutter ahnte, was kommen würde, und dass die Nazis unglaublichen Schaden, nicht nur in Deutschland, sondern auch in ganz Europa, anrichten würden. Sie wollte meine Großmutter nicht verängstigen, und ich weiß nicht, wie viele gute Vertraute sie hatte, mit denen sie frei über ihre Bedenken sprechen konnte. So hörte ich dann alles, worüber sie sich Sorgen machte, wenn wir zusammen in unserem kleinen Versteck auf halber Treppe saßen.

In den Jahren, in denen die Nazis an der Macht waren, wurden alle Jungen und Mädchen im Alter von zehn Jahren, oder wenn sie auf die Oberschule oder die Mittelschule kamen, automatisch Mitglieder der Hitlerjugend. Da meine Mutter mich aber ein Jahr aus der Schule zurückgehalten hatte, und ich erst im Alter von siebeneinhalb Jahren, im April 1934, in das Lyceum eingeschult worden war, würde es erst im Frühling 1938 für mich gefährlich werden.

Meine Mutter wusste, dass sie unbedingt einen Weg für mich finden musste, der mich vor aller Zugehörigkeit in einer der Hitlerjugendorganisationen bewahrte. Als Schulärztin konnte sie, mit dem Einverständnis der Eltern, einige meiner Freundinnen „krankschreiben". Ich erinnere mich, dass meine beste Freundin auf diese Weise eine „Perniziöse Anämie" bekam. Ich weiß nicht, worunter die anderen Mädchen, die ebenfalls nie an irgndwelchen Aktivitäten der Jungmädchen oder später im BDM teilnehmen mussten, „litten".

Bei mir hätte so ein Krankenattest allerdings nicht gepasst, denn ich war immer vorneweg beim Turnen, bei der Leichtathletik und beim Schwimmen und hatte außer für eine Blinddarmoperation keinen Tag in der Schule gefehlt. Da hatte meine kluge Mutter eine brillante Idee. Sie würde eine Balletttänzerin aus mir machen!

Es war Ende September 1936, als meine Mutter mich im Schweriner Staatstheater, in einem Ankleideraum bei der Ballettmeisterin Madam Pinkepank vorstellte. So, wie ich mich erinnere, sahen sich Madame Pinkepank (und das war tatsächlich ihr richtiger Name) und meine Mutter lange in die Augen und schüttelten sich die Hand, während ich einen höflichen Knicks machte, und nach ein paar kurzen Worten war ich „am Ballett"!

Ich wurde angenommen ohne vorgetanzt zu haben, ohne gymnastische Übungen zu zeigen, obwohl ich das sehr gut gekonnt hätte, und ohne etwas vorzulesen. Ich weiß nicht, ob es nur daran lag, dass meine Mutter überall gute Beziehungen hatte, oder ob die beiden Frauen einen stillen Meinungsaustausch hatten, als sie sich so lange in die Augen schauten.

Madam Pinkepank wurde schon innerhalb desselben Jahres durch ein Fräulein Klütz aus Berlin ersetzt. Typisch für die Nazizeit durften wir die Neue nicht „Madam" nennen, was ja französisch ist, sondern mussten sie in gutem Deutsch mit „Meisterin" ansprechen.

Von da an hatte ich zweimal in der Woche Ballettstunde. Wir mussten alle Schritte und Positionen auf Französisch lernen. Ich weiß bis heute noch nicht, warum die Nazis, die ja im Allgemeinen keine Fremdworte erlaubten, sich nicht an die französischen Ballettschritte und Regeln herangemacht hatten, und ich bin froh, dass ich mein geliebtes Ballett auf Französisch lernen durfte.

Die erste Hälfte unserer Ballettstunde verbrachten wir mit Übungen an der Ballettstange. Diese Stangen waren in zwei verschiedenen Höhen an der Wand des Ballettsaals angebracht. In einer Höhe für Erwachsene und in einer niedrigeren Höhe für Kinder. Für mich, die mal wieder für alles zu klein war, musste ein Handwerker kommen und die Stange mehrere Zentimeter tiefersetzen. Ich blieb meiner „Babystange", wie wir sie nannten, vier Jahre lang treu, bis ich endlich mit 14 Jahren bequem an einer normalen Kinderstange trainieren konnte.

In der zweiten Hälfte des Unterrichts standen wir vor einem grossen Wandspiegel und lernten unsere „Arabesques" und „Pirouettes". Soweit ich mich erinnern kann, war es das erste Mal in meinem Leben, dass ich wirklich dankbar war, so klein zu sein. Ich durfte nämlich immer in der ersten Reihe vor dem Spiegel stehen und mein Tanzen von Kopf bis Fuß beobachten.

Die Ballettstunden kosteten nichts, aber dafür wurden wir Kinder auf der Bühne eingesetzt, wenn sie große Szenen mit vielen Menschen brauchten. Wir waren auch alle im Kinderchor, ob wir singen konnten oder nicht, und während der Proben hatte der Chormeister oft alle Hände voll zu tun, mit uns mehr oder weniger musikalischen Kindern. Heute bewundere ich seine Geduld.

Es stellte sich heraus, dass ich Talent zum Tanzen, Singen und Schauspielern hatte. Und weil ich so klein war, sah ich auch noch wie ein „Wunderkind" auf der Bühne aus. So hatte ich neben den Ballettstunden auch viele Proben und erschien sehr oft in Schauspielen und in Opern.

Ich hatte verschiedene Rollen und stellte oft einen kleinen Jungen dar. So war ich ein Chorknabe in „Cavallerina Rusticana", ein Straßenjunge in „Carmen", ein Nibelunge in „Rheingold", das Senfkorn in „Mitsommernachtstraum", eine Mücke in „Die lustigen Weiber von Windsor" und der kleine verwöhnte Bengel, der im zweiten Akt von Boheme schreit „Will das Pferd und die Trompete". Und zudem tanzte ich, auch manchmal als Solotänzerin, in vielen Opern und Operetten.

Wenn ich im letzten Akt zu tun hatte, und damit mein spätes nach Hause kommen begründen konnte, stand ich in den Kulissen und sah und hörte der Vorstellung zu.

Eigentlich war das ja verboten, aber es schien niemanden zu stören, wenn ich bei allen Vorstellungen von der Bühnenseite aus zusah.

An den Tagen, an denen ich Vorstellungen hatte, kam ich immer schon etwas früher und hatte schnell gelernt mein Make-up aufzutragen, mein Kostüm anzuziehen und dann schnell die vielen Stufen zur Bühne herunter zu laufen, um den Beginn der Aufführung nicht zu verpassen.

Ich war dann zu meinem Auftritt bereit, konnte mich danach schnell umziehen und abschminken und direkt zu meinem Posten am Rand der Bühne zurückkehren, um die Vorstellung bis zum Ende mitzuerleben.

Niemand sonst machte das, und in den ganzen sechs Jahren kann ich mich nur an zwei Zwischenfälle erinnern in denen ein Bühnengehilfe mich zum Regisseur brachte, der dann sagte „Das ist doch die kleine Hugues," womit er meinte, ich sei doch die Tochter von Frau Dr. Hugues und hatte somit einen Freifahrtschein für alles. Meine Mutter war die Hausärztin des Theaters, die zu allen Notfällen gerufen wurde und alle Theaterangestellten kostenlos behandelte. Manchmal, wenn sie die Zeit hatte, konnte ich sie in der Intendantenloge neben dem Intendanten und seiner Frau sitzen sehen.

Keines der anderen Mädchen im Ballett hatte solche Verbindungen.

Die sechs Jahre am Ballet waren die schönsten Jahre meiner Kindheit und Backfischzeit. Das Tanzen und die Musik, die ich immer im Kopf hatte, halfen mir bestimmt, die kommenden gefährlichen und schwierigen Jahre zu überstehen.

Was meiner Mutter aber wichtig war, und was ich damals gar nicht so richtig verstand, war die Tatsache, dass ich mich nicht ein einziges Mal zum Hitlerjugenddienst melden musste. Ich trug positiv zum Kulturleben in Schwerin bei, und in einer Zeit der Unruhe und der Angst war das ein wichtiger Beitrag.

Anschluss an Österreich

Nachdem die Olympischen Spiele von 1936 vorbei waren und alle Ausländer beeindruckt abgefahren waren, wurde das Leben für viele Deutsche sofort schwerer; nicht nur für die Juden und Roma, sondern auch für alle anderen, die den Nazis unbequem waren.

Ab sofort brauchte jeder Deutsche wieder ein Reisevisum, wenn er ins Ausland fahren wollte, und die Gründe für eine Reisegenehmigung waren äußerst begrenzt. Jeder Reisegrund ins Ausland wurde eingehend untersucht und offiziell registriert. Wenn nur irgendein Nazi die Vermutung äußerte, dass die beantragte Reise einen politischen Zusammenhang haben könnte, wurde man verhaftet und verhört.

Obgleich die Dinge in Schwerin wirklich nicht so streng behandelt wurden wie in anderen Gegenden Deutschlands, hätte sich meine Mutter niemals um eine Auslandsreise bemüht, denn sie wusste, dass sie sich damit ganz bestimmt einer gründlichen Untersuchung hätte aussetzen müssen und das wäre ihr zu gefährlich gewesen.

Im März 1938 wurde Österreich auf Befehl der Naziregierung vom Deutschen Reich besetzt. Man nannte das den „Anschluss", und dieser Anschluss hatte katastrophale Folgen für die österreichischen Juden.

Besonders in Wien waren 10% der Bevölkerung entweder selbst Juden oder mit Juden verheiratet, so dass für viele dieser Menschen die Lage dadurch sofort lebensgefährlich wurde.

Leider war der Antisemitismus der Bevölkerung in Österreich wesentlich bösartiger als in Deutschland. Daher hatte sich eine Widerstandsgruppe, die den Juden half auszuwandern, schon lange Zeit vor dem Anschluss an Nazi Deutschland gebildet.

Bis auf den heutigen Tag ist es schwer für mich zu verstehen, warum die Österreicher die Juden dermaßen hassten, besonders, da doch die jüdischen Wissenschaftler und Komponisten so viel zur österreichischen Kultur beigetragen hatten. Waren die Juden zu reich, zu erfolgreich, zu klug? War es wie so oft zwischen Menschen finanzieller Neid und Missgunst?

Ich vermute, dass meine Mutter schon lange mit einer solchen Widerstandsgruppe in Österreich in Verbindung gestanden hatte. Vielleicht bestand der Kontakt nur durch geheimes „Weiterflüstern", aber es ist auch möglich, dass damals schon Kuriere genutzt wurden, die Informationen von Deutschland nach Österreich brachten. Ende 1942 lernte ich viel über dieses Kuriernetz kennen, denn zu der Zeit wurde ich ja selbst so ein Kurier.

Der Anschluß fand am 12. März 1938 statt, und genau zehn Tage später saßen meine Mutter und ich in einem Zug nach Bayern. In München stiegen wir in einen Zug nach Innsbruck um, der uns über Garmisch-Partenkirchen und Mittenwald nach Seefeld in Tirol brachte.

Wir brauchten kein Reisevisum, denn die Nazis wollten den Deutschen zeigen, wie begeistert die Österreicher waren, dass sie nun zu Großdeutschland gehörten, und Reisen nach Österreich wurden durch Propaganda und verbilligte Reisepreise sogar unterstützt. Anscheinend haben sich die Leute in Schwerin keine Gedanken darüber gemacht, warum die tüchtige Frau Doktor, die sonst Schwerin nie verließ und oft sieben Tage die Woche arbeitete, auf einmal mindestens zweimal im Jahr in Österreich Urlaub machte.

Ich durfte jedes Mal mitreisen und genoss die langen Bahnfahrten. Allerdings wurde mir bald klar, dass diese Reisen einen viel tieferen Grund hatten, als in Urlaub zu fahren und mir die Welt zu zeigen. Meine Mutter hatte auf diesen Urlauben einfach viel zu viele leise Unterhaltungen mit Menschen, die sie zu kennen schien. Ich fühlte, dass da eine Verbindung war, die ich noch nicht verstand.

Leider nahmen unsere wunderbaren gemeinsamen Reisen nach Seefeld im Sommer 1942 ein Ende. Im Laufe des Krieges, als Deutschland nun an zwei Fronten kämpfte, hatten sich die Anforderungen an die Bevölkerung gewaltig verschärft und immer mehr Ärzte wurden an der Front und in den Lazaretten gebraucht. Viele jüngere Ärzte in Schwerin meldeten sich freiwillig zum Militärdienst und der Ärztemangel in den Städten und auf dem Land wurde immer größer. Natürlich wurde meine Mutter mit ihrer großen Praxis und den vielen Patienten als Ärztin gebraucht. Es hätte sehr merkwürdig ausgesehen, und wäre daher für die Nazis auffällig gewesen, wenn sie weiterhin mehrere Male im Jahr Urlaub gemacht hätte.

Im Herbst 1942 wurde ich sechzehn Jahre alt und war reif und vernünftig für mein Alter. Ich wusste mehr oder weniger um was es ging, und als ich den Eindruck bekommen hatte, dass ich eine wichtige Rolle spielen konnte, war ich stolz, die Kurierdienste für die Widerstandsgruppe übernehmen zu dürfen.

Natürlich beeindruckte mich unsere allererste Reise nach Österreich am meisten, und ich erinnere mich an so viele Einzelheiten, dass ich mich noch heute, nach all den Jahren, direkt in die Erlebnisse hineindenken kann.

Unser Reiseziel in Österreich war immer Seefeld in Tirol, ein weltbekannter Wintersportort, nördlich von Innsbruck. Schon die Bahnfahrt so weit nach Süden war ein Ereignis für mich. Unsere Heimat Mecklenburg ist vollkommen flach und riesig hohe Berge waren mir kein Begriff.

Die Hitlerjahre aus der Sicht eines Kindes

Als wir uns den Tiroler Alpen von München aus näherten, konnte ich erst nur die schneebedeckten Bergspitzen gegen den klaren, blauen Himmel sehen. Ich dachte, dass das Wolken wären, und nur als wir dann näher kamen, konnte ich sehen, dass es richtige, große Berge waren.

In Seefeld angekommen, gaben wir unser Gepäck einem Gepäckträger, dessen Dialekt ich nicht verstand, und dann gingen wir langsam auf der hübschen Dorfstraße zu unserem Hotel. Mutti sagte kein Wort, aber sie zeigte auf die schneebedeckten Alpenhänge und in der Ferne konnte ich kleine Menschenfiguren sehen, die auf zwei Brettern die Hänge runtersausten. Mutti erklärte mir, dass das Skiläufer waren, und später sahen wir dann auch lachende Menschen, die ihre Skier über die Schulter trugen und die Dorfstraße entlang gingen.

Im flachen Mecklenburg hatte es natürlich keine Skier gegeben. Jedenfalls kann ich mich auch an niemanden in Schwerin erinnern, der jemals Ski gelaufen war.

In den folgenden Tagen, wenn ich das Hotel allein verließ, ging ich so nah wie möglich an die Skiläufer heran und sah zu, wie sie, nachdem sie ihre Skier angeschnallt hatten, die Piste hochstiegen, denn damals gab es so etwas wie einen Skilift noch nicht, um dann buchstäblich den Berg herunter zu fliegen.

Wir wohnten immer in dem schönen, alten Hotel Klosterbräu. Wie man an dem Namen erkennen kann, war das Hotel ursprünglich ein Kloster mit einer Bierbrauerei gewesen. Natürlich war das Kloster im Laufe der Jahrzehnte oft umgebaut worden, und das Restaurant, die Bar und die Gästezimmer waren für die dreißiger Jahre sehr modern eingerichtet.

Ich bekam die Erlaubnis, die langen dunklen Gänge und kleinen Räume im Keller zu erforschen, und für mich blieb dieses wunderbare Hotel immer ein Kloster, das seine eigenen Geheimnisse hatte.

Viele Jahre später nach dem Krieg, als Österreich wieder ein unabhängiges Land geworden war, besuchte ich Seefeld mit meiner Tochter Annette, um ihr ein Stück meiner Vergangenheit zu zeigen. Leider war das Hotel inzwischen so „renoviert," dass es alle romantische Ausstrahlung verloren hatte.

Trotz aller Veränderungen im Laufe der Zeit sind mir meine Erinnerungen aber doch lebendig geblieben.

Ich werde Fräulein Schirmer, die enorm kompetente Geschäftsführerin des Hotels Klosterbräu, niemals vergessen. Sie trug die schönsten Dirndlkleider, die österreichische Tracht. Wahrscheinlich war sie katholischen Glaubens, da, wie meine Mutter es mir erklärt hatte, fast alle Österreicher Katholiken waren.

Als wir zum ersten Mal in Fräulein Schirmers kleinem Büro mit Blick auf das Wendelstein Gebirge saßen, und sie

Die Hitlerjahre aus der Sicht eines Kindes

mit Mutti über das Hotel und die schönen Wanderwege, die wir gehen könnten, sprach, unterbrach ich leise und verkündete „Ich kenne ein katholisches Lied".

Ich kann mir die Überraschung meiner Mutter vorstellen, die wusste, dass ich außer der Taufe und ein paar Besichtigungen niemals in einer Kirche gewesen war, aber sie fasste sich schnell und sagte „Na, denn sing mal vor". Daraufhin sang ich klar und fehlerlos, und ohne jegliche Hemmungen, den Osterchor aus dem ersten Akt von Cavallerina Rusticana von Piedro Mascagni.

Den Chorgesang hatte ich als Mitglied des Kinderballetts gelernt, denn wir mussten ja mitspielen oder mitsingen, wenn Kinder zum Singen auf der Bühne gebraucht wurden, und ich war immer die Erste, die sich freiwillig meldete.

Meine Mutter hatte viel zu viel zu tun, um zu wissen in welcher Oper oder in wie vielen Opern ich mitmachte. Unsere Wirtschafterin ließ mir alle Freiheit, die ich brauchte. Solange ich sie wissen ließ wo ich hinging, wann ich zu Hause sein würde - und dann auch pünktlich nach Hause kam, hatte ich die Freiheit eines Vogels.

In Cavalleria spielte ich einen Chorknaben, der Weihrauch schwingend auf der Kirchentreppe stand, und ich brauchte nicht viele Proben und Vorstellungen, um diesen Chorgesang auswendig zu lernen.

Für meine Begriffe ist der Chor im ersten Akt von Cavalleria Rusticana bis heute eine der schönsten Chorpartien, die jemals komponiert worden sind.

In späteren Zeiten, als das Leben wirklich schwer für uns wurde, oder als wir gegen Ende des Krieges angstvoll im Luftschutzkeller saßen, sagte Mutti oft „Sing mir doch mal dein katholisches Lied".

Schultage

Bis ich mein Zimmer im Herbst 1941 an Flüchtlinge aus dem Osten abgab und der Krieg sich verschärfte, waren mein Ballett, das Theater, die Schule und vor allem meine Freundinnen der Inhalt meines Lebens.

Damals, als ich zur Schule ging, gab es in Schwerin nur getrennte Schulen für Jungens und Mädchen. Sogar der Lehrplan war ganz anders auf dem Gymnasium für Jungens als auf dem Lyzeum für Mädchen.

Bei meinen vielen Besuchen in Deutschland habe ich manchmal mit meinen Schulfreundinnen darüber gesprochen, und wir können uns gar nicht vorstellen, wie es ist, mit Jungens in die Schule zu gehen.

Meine Mutter war die Schulärztin aller Mädchenschulen, und ich erinnere mich noch, dass sie dafür sorgte, dass alle Schulen saubere, anständige Toiletten hatten, was Anfang der dreißiger Jahre in Schwerin wirklich nicht der Fall war.

Sie kannte alle Lehrer und Lehrerinnen, und zu der Zeit wurden alle Erstklässler kurz nach der Einschulung von ihr untersucht, und sie gab der Schule und den Eltern eine medizinische Beurteilung des Entwicklungs- und Gesundheitszustandes jeden Kindes.

Ihre Kenntnisse in Psychologie waren eine große Hilfe dabei. Als Schulärztin war ihr sehr wichtig, dass die Kinder gut ernährt und körperlich und psychologisch gesund waren.

Soweit ich das beurteilen kann, waren die Familien aller meiner Freundinnen Antinazis und viele von ihnen kamen aus der Oberschicht Schwerins.

Die Mitschülerinnen, die ich auf dem Schulweg traf, waren meistens Arbeiterkinder und auf unserem gemeinsamen Weg war Politik natürlich überhaupt kein Thema.

Meine Mutter bestand darauf, dass auch diese Mitschülerinnen zu allen meinen Geburtstagsfeiern eingeladen wurden, ganz gleich ob das Kuchenessen elegant im Schweizer Haus oder bei uns zu Hause stattfand.

Damals gab es wohl noch keine so richtige soziale Integration, aber mit meiner sozialdemokratischen Mutter merkte ich davon nichts. Laut meiner Mutter gab es nur einen Unterschied.

Nazi oder nicht!

In der Schule waren wir in Klassen aufgeteilt, und vom ersten bis zum vierten Schuljahr gingen wir in die Grundschule.

Die Hitlerjahre aus der Sicht eines Kindes

Wir waren ungefähr fünfzig Schülerinnen in der Klasse, aber später, in der Oberschule, dem Lyzeum, waren wir nur dreißig.

Ich erinnere mich nicht sehr viel an den Unterricht in den ersten vier Jahren, ich weiß aber, dass ich meistens sehr gelangweilt war. Ich hatte ja schließlich alles und weit mehr bei Oma gelernt, und brauchte daher auch nie Schularbeiten zu machen.

Meine Mutter sah ganz genau, dass die Anforderungen an mich nicht hoch genug waren, und so arrangierte sie für mich nicht nur die Ballettstunden und den bei mir so unbeliebten Klavierunterricht, sie arrangierte auch einmal die Woche eine Art Geschichtsunterricht.

Besonders dieser Unterricht und die interessanten Gespräche, die sich mit der Lehrerin ergaben, waren für mich damals und für mein ganzes Leben sehr wichtig.

Diese von mir hochgeachtete Frau brachte mir bei, dass geschichtliche Tatsachen eigentlich immer die Gleichen bleiben, während der Unterschied in der Anschauung und in der Erklärung liegt.

So lernte ich Geschichte vom nationalsozialistischen Standpunkt aus in der Schule und die „andere Ansicht" von meiner Großmutter zu Hause, und der Geschichtslehrerin in meinem Privatunterricht, und ich hatte eigentlich gar keine Schwierigkeiten mit den Unterschieden.

Später im Leben kam mir diese etwas lockere Einstellung sehr zu Gunsten, als ich dieselben geschichtlichen Tatsachen von der britischen, der kanadischen und der amerikanischen Perspektive zu hören bekam.

Hier in Amerika sagt man „History is written by the winner", „Die Geschichte wird vom Sieger geschrieben", und ich bleibe dieser Lehrerin für immer dankbar, dass sie mir beibrachte, Geschichte so neutral wie nur irgend möglich zu sehen und zu verstehen.

Selbst heute nach all diesen Jahren, wenn ich amerikanische Nachrichten höre, frage ich mich sofort „ Und was sagen sie in Deutschland dazu?" oder „Wie sieht man das in England?"

Als wir in die Oberschule kamen, also im fünften Schuljahr, waren schon viele von uns, durch den Einfluss unserer Eltern reif genug, um Tatsachen von Propaganda zu unterscheiden.

So hörten wir dem Klassenlehrer, der uns als erstes jeden Morgen die neuste Version der Nachrichten erzählte, mehr oder weniger, oder überhaupt nicht zu.

Nach der Machtübernahme im Januar 1933 mussten alle Lehrer und Beamte schon der Gesundheitsversicherung wegen Mitglied der Nationalsozialistischen Deutschen Arbeiter Partei, der NSDAP, werden, und obgleich sie zwangsweise Mitglieder waren, machten die meisten unserer Lehrer, besonders auf der Oberschule, einfach nicht mit.

Die Hitlerjahre aus der Sicht eines Kindes

In unserer Klasse gab es nur eine Lehrerin, die überzeugte Nazisse, wie wir sie nannten, war, aber selbst sie war bestimmt ganz ungefährlich, und damit meine ich, dass sie nicht in dem Ruf stand, jemals jemanden angezeigt zu haben.

Leider zeigte sie wenig Verständnis, wenn eine Schülerin nicht in der Schule war, weil sie einen Soldatenbruder an die Bahn gebracht hatte, denn der tat doch schließlich nur seine Pflicht für den Führer und das Vaterland.

Sie war empört, wenn wir ein dreieckiges Kopftuch trugen, denn das war doch ein Polentuch und unwürdig für ein deutsches Mädchen. Diese Lehrerin sagte sogar, dass sie zu einem Mädchen, das ein Polentuch trug, nicht „Heil Hitler" sagen könne.

Fräulein Kunert oder „die Kunertsche", wie wir Gören sie nannten, trug ihre Hakenkreuzbrosche immer an ihrer Bluse und ich erinnere mich nicht, sie jemals „ohne" gesehen zu haben.

An der Stelle, wo die Nadel an der Bluse angebracht war, hatte die Bluse ein Stückchen Stoff zur Verstärkung, damit die Nadel kein Loch machte. Das imponierte uns, und wir unterhielten uns darüber.

Die Kunertsche soll auch ein besonders beleuchtetes Hitlerbild in ihrem Wohnzimmer hängen gehabt haben, und wir sind doch tatsächlich um das Haus geschlichen und haben versucht, das Bild mit der besonderen Beleuchtung durch das Fenster zu sehen, aber es ist uns nicht gelungen.

Als ich meine Mutter danach fragte, sagte sie, ja, sie habe das Bild gesehen, aber dass sie andere Sorgen hätte, als sich über das beleuchtete Hitlerbild einer Patientin aufzuregen.

Fräulein Kunerts Fach war Mathematik, und das war gut so, denn es war ja ganz unpolitisch. Sie war die Einzige unserer Lehrer, die ihren Arm weit zum Hitlergruß ausstreckte, wenn sie in die Klasse kam, während wir schlaksigen Mädchen unser Hinterteil kaum vom Stuhl erhoben, die Hand hochhielten, irgendeine Bewegung machten und so was wie „halben Liter" murmelten. Das hörte sich genug nach „Heil Hitler" an, und ich erinnere mich nicht, dass uns je ein Lehrer dafür kritisierte.

Seitdem habe ich mich mit vielen Frauen unterhalten, die zur gleichen Zeit in anderen Teilen Deutschlands aufgewachsen und zur Schule gegangen sind. Dabei habe ich gehört, wie streng die Indoktrination bei ihnen in anderen Städten war.

Man kann sich ja nur über die Mecklenburger wundern, denn Berlin in Brandenburg-Preußen mit den strengen Nazigesetzen war nur 200 km entfernt, und ich bin bis heute dankbar, dass ich meine Jugend während des Krieges und der ganzen Nazizeit in Schwerin, Mecklenburg verbringen konnte.

Da ich so klein war, musste ich immer in der vordersten Reihe in der Klasse sitzen und hatte daher die Klassentür im Blick.

Ich sah immer, wenn jemand durch das Fenster oben in der Tür in die Klasse guckte, und meistens war es der Direktor, der, bestimmt so wie alle Direktoren in anderen Schulen, nur kontrollierte, dass Ordnung herrschte.

Aber manchmal waren es auch fremde Gesichter, und manchmal trugen sie Uniformmützen, und dann bekam ich es sofort mit der Angst. Keiner merkte es, denn es wusste ja niemand, dass ich mich während der ganzen Nazizeit bedroht und bespitzelt fühlte, und dass ich meiner Mutter in ihrer Untergrundaktivität half.

Die Einzige, die überhaupt etwas wusste, war meine beste Freundin Gerda, denn meine Mutter hatte sehr oft in ihrer Gegenwart über ihren Nazihass gesprochen. Allerdings, dass sie sich so aktiv in der Untergrundbewegung betätigte, wurde natürlich nie erwähnt.

Manchmal dachte ich tatsächlich, dass Kinder, die in Nazifamilien aufwuchsen, glücklicher waren als ich. Ihnen wurde beigebracht, dass die arische Rasse die wertvollste Rasse der Welt war.

Sie träumten, dass sie mit dem Führer an der Schwelle des „Tausendjährigen Reiches" standen und unbesiegbar waren, während ich zwölf Jahre lang eine ganz andere, sehr negative Realität von meiner Mutter zu hören bekam.

Einmal, wirklich nur einmal, als ich ungefähr elf Jahre alt war, fragte ich meine Mutter in unserem kleinen Versteck „Mutti, könnten wir nicht nur einmal und auf ganz kurze Zeit Nazis sein?" Ich werde das Gesicht meiner Mutter mein ganzes Leben lang nicht vergessen, und das Thema wurde nie wieder angeschnitten.

Im Jahre 1938 hätte ich eigentlich in die Hitlerjugend, die Jungmädchen, eintreten müssen, denn wenn man in eine weiterführende Schule kam, meldeten die Schulen die Kinder automatisch an. Ich bin wahrscheinlich heute noch auf irgendeiner Liste vermerkt. Der deutsche Bürokratismus war und ist erstaunlich effizient.

Meine Mutter hatte gut vorgesorgt und, weil ich schon damals so bekannt am Ballett und auf der Bühne war, fiel ich einfach durch die Maschen.

Ich hatte immer gerade eine Probe oder in einer Vorstellung zu erscheinen und die Hitlerjugend hatte keinen Zugriff auf mich.

Ich habe nie an einer Zusammenkunft der Hitlerjugend teilgenommen oder mich auf Paraden auf dem Alten Garten vor dem Schloss mit der anderen Nazijugend versammelt, und ich besaß auch niemals eine Hitlerjugenduniform.

Ich glaube, dass die Aktivität in der Hitlerjugend auch bei uns in der Schule nicht allzu ernst genommen wurde. Ich kann mich nicht daran erinnern, je eine meiner Freundinnen oder Mitschülerinnen in Uniform bei irgendwelchen Schulveranstaltungen gesehen zu haben, so wie das sonst in anderen Schulen üblich war.

Je mehr ich mich mit dieser Arbeit beschäftige, und je mehr ich die Gelegenheit habe, mich mit Frauen meiner Generation, die in anderen Teilen Deutschlands aufgewachsen sind, zu unterhalten, desto klarer wird mir, dass die Mecklenburger entweder ihrer Natur nach, oder wegen der günstigeren wirtschaftlichen Lage, doch nie so fanatisch waren wie ihre Landsleute in anderen deutschen Ländern.

Nazi Propaganda und das WHW

Die Nazis versuchten uns weiszumachen, dass sie Kunst, seien es Dichtung, Malerei, Musik oder Theater, liebten und förderten, und ich bezweifele das auch gar nicht, aber diese Liebe bezog sich immer nur auf die Kunst, die für ihre Begriffe „arisch" war, ihre „Herrenrassen Politik" unterstützte und ihren „Nazistempel" bekam.

Im Jahr 1937 veranstalteten die Nazis unter Propagandaminister Joseph Goebbels Leitung zwei verschiedene große Kunstausstellungen in München. In der „Großen Deutschen Kunstaustellung" zeigten sie Kunstwerke, die Hitlers Geschmack entsprachen, nämlich schöne, blonde, nackte Frauen, idealisierte, breitschultrige blonde Männer, die ganz augenscheinlich der „Herrenrasse" angehörten und auch Natur- und Landschaftsbilder.

In der zweiten Ausstellung, in einem anderen Gebäude zeigten sie Kunstobjekte, die nach ihrer Meinung Entartete Kunst oder den Modernismus darstellten.

Die Werke waren meistens modern und abstrakt, und laut der Nazipropaganda das Produkt der Juden und der Bolschewisten, oder zumindest von ihnen beeinflusst.

Der Grund und die Idee dieser Ausstellung war nicht nur, sich über moderne Kunst zu mokieren, sondern auch, um darzustellen, dass viele der Juden und Bolschewisten geisteskrank, oder zumindest abartig waren und das deutsche Volk vergiften wollten.

Von den 112 ausgestellten Künstlern waren nur sechs Juden, und obgleich nicht alle Besucher von der modernen Kunst begeistert waren, kamen zu dieser Ausstellung doch über eine Million Besucher in den ersten sechs Wochen allein, in München.

Das bewies zumindest ein großes Interesse der Bevölkerung, während die Ausstellung der Deutschen Kunst in dem gleichen Zeitraum nur um die 300 Tausend Besucher hatte.

Meine Mutter besuchte die Ausstellung der Entarteten Kunst, als sie in Berlin gezeigt wurde, und sie erzählte mir von Käthe Kollwitz und Ernst Barlach, den von ihr am meisten verehrten Künstlern, und legte damit die Grundlage für mein späteres Interesse an moderner Kunst.

Wie froh und stolz sie jetzt wohl sein würde, wenn sie wüsste, dass so viele Bücher über Käthe Kollwitz und Ernst

Barlach einen Ehrenplatz in meinem Bücherschrank haben, und dass ich, wenn ich in Berlin bin, immer in das Käthe-Kollwitz-Museum gehe.

Ich war schon so viele male im Barlach Haus in Güstrow, dass ich meine Besuche gar nicht mehr zählen kann, und jedes Jahr hängt ein Barlachkalender bei mir an der Wand.

Tausende von Büchern und Gemälden der Künstler der Entarteten Kunst wurden nach den Ausstellungen verbrannt, oder versteckt und heimlich für Tausende von Mark verkauft.

Viele dieser Kunstwerke sind heute noch in Museen und besonders in privaten Kunstsammlungen in Deutschland, Europa und Amerika zu finden.

Auch in Filmen sah man immer wieder den „Nazieinfluss". Leni Riefenstahls, Hitlers verehrten Fotografins erfolgreichster Film, nach Olympia war Triumph des Willens. Der Film enthielt sehr viel Naziproganda, Hitlerreden und Wagnermusik.

Das deutsche Publikum war zum größten Teil begeistert.

Natürlich war ich viel zu jung, um viel von diesen Filmen zu verstehen, besonders weil weder meine Mutter noch meine Großmutter in der Nazizeit ins Kino gingen, aber meine Mutter hörte natürlich vieles über diese Filme, draußen in ihrer großen Welt, und erzählte abends meiner Großmutter, was sie gehört hatte, und ich hörte natürlich mit.

Ich glaube nicht, dass die Schüler in den Schulen gezwungen wurden, diese Filme zu sehen und darüber Aufsätze zu schreiben, aber Leni Riefenstahls Film über die Olympischen Spiele Olympia mussten wir alle sehen. Wir hatten ja sowieso der ganzen Olympiade im Radio zugehört, wussten daher, dass die Deutschen fast alle Goldmedaillen gewonnen hatten, und die Einzige, die sich über die Nazipropaganda beklagte, war meine Mutter!

Im September 1936 wurde der Beginn des Vierjahresplanes bekannt gemacht. Es war ein allumfassender Plan und im Allgemeinen von den Deutschen positiv akzeptiert.

Man versprach hauptsächlich die Arbeitslosigkeit zu reduzieren, indem mehr Autos produziert, größere Gebäude errichtet und das Autobahnnetz ausgebaut werden sollte.

Um diese Zeit erschienen überall große Plakate mit den Worten Kanonen statt Butter, und für mich als Kind bedeutete das hauptsächlich, dass ich nun keine Schlagsahne mehr bekommen würde.

Meine Mutter erklärte mir dann, dass die Nazis nun eine Wirtschaftspolitik begonnen hatten, die Aufrüstung und Waffenbau der Produktion von Verbrauchsgütern bevorzugte.

Schon im ersten Jahr der Naziregierung begann das Winterhilfswerk auch WHW genannt. Dieses Programm sollte dafür sorgen, dass Geld für Lebensmittel, Kleidung und Heizung für die Armen des Landes gesammelt wurde.

Die Hitlerjahre aus der Sicht eines Kindes

Man sollte kein Geld mehr an Bettler geben, sondern sich an der Geldsammlung der Regierung beteiligen. Die Sammlung fand einmal im Monat während der Wintermonate statt, nämlich am jeweils ersten Wochenende der Monate Oktober bis März.

An diesen Wochenenden standen Mitglieder der Hitlerjugend und dem Bund Deutscher Mädchen, dem BDM, an praktisch jeder Straßenecke. Sie schüttelten rote Blechdosen und verkauften kleine Plaketten, die sich die Leute dann ansteckten oder an einen Mantelknopf hängten. Die Menschen taten das, um den mit Dosen klappernden Jungen oder Mädchen an der nächsten Straßenecke beweisen zu können, dass sie schon gespendet hatten.

Es war ja nicht die Schuld dieser jungen Geldsammler, aber als Fußgänger bemühte man sich immer in eine andere Richtung oder um eine andere Ecke zu gehen, wenn man dieses Geklapper hörte.

Sehr unangenehm war auch, dass die jungen Leute selbst in die besten Restaurants gingen und mit ihren Dosen klapperten. Es war so störend, dass die Restaurantgäste an diesen Wochenenden einfach ausblieben.

Viele dieser Plaketten waren hübsche, auf Holz gemalte Tiere oder Blumen, aber manchmal war es nur ein Schild, auf dem WHW stand. Man hätte diese Plaketten sammeln sollen, denn noch heute haben sie einen erstaunlichen Wert auf dem Kunstmarkt.

Meine Mutter war von Anfang an überzeugt, dass dieses Geld nicht für die Armen, es gab ja kaum noch Arbeitslosigkeit, sondern für die Rüstung, in Erwartung des kommenden Krieges, gesammelt wurde.

So fuhr sie von einem der jungen Sammler zum anderen und kaufte diese kleinen Plaketten auf, und wenn es dunkel wurde, warf sie die Plaketten in den Pfaffenteich, dem kleinen See in der Mitte der Stadt. Es ist gut, dass der Pfaffenteich mit dem Ziegelsee und dem großen und dem kleinen Schwerinersee verbunden ist, denn sonst hätten sich diese Hunderte von Plaketten einmal irgendwo in dem Pfaffenteich ansammeln und das Licht der Welt erblicken können.

An kalten Wintertagen schickte meine Mutter dann diese Hitlerjungen und -Mädchen zu uns nach Hause, wo sie von mir und unserem Dienstmädchen eine Tasse Kakao serviert bekamen und sich aufwärmen konnten.

Natürlich hat die Handlung meiner Mutter den Nazis nicht geschadet, das Programm sogar noch finanziell unterstützt, was ihr sicher klar war, aber sie hatte wenigstens ihre Verachtung gezeigt, und das war ihr schon genug.

Der WHW Sammeltag, also der erste Sonntag der Monate Oktober bis März, wurde zum Eintopfsonntag erklärt. Das bedeutete, dass an diesem Tag in jedem Haus ein einfaches Essen in nur einem Topf gekocht, und serviert werden musste.

Die Hitlerjahre aus der Sicht eines Kindes

Das dabei gesparte Haushaltsgeld wurde dann für das WHW gesammelt. Für uns Norddeutsche war das überhaupt keine Schwierigkeit, denn ich erinnere mich an viele Rezepte, die aus Kohl und Kartoffeln, Bohnen und Kartoffeln oder Steckrüben und Kartoffeln, mit einem Stück Fleisch oder Wurst bestanden, und dann „zusammengekocht" wurden.

In anderen Teilen Deutschlands, wo die Küche etwas eleganter und komplizierter war, muss es allerdings schwieriger gewesen sein. Und jetzt beim Schreiben und nach all diesen Jahren geht mir ein Lied durch den Kopf, das wir Kinder wohl alle gekannt haben müssen:

> Wenn am Sonntagabend der Reichskanzler spricht
> Eintopfgericht, Eintopfgericht, Grünkohl
> Macht der dicke Göring ein langes Gesicht
> Eintopfgericht, Eintopfgericht, Grünkohl... Bah!

Konzentrationslager - und was ich davon wusste

Das erste Konzentrationslager wurde am 22. März 1933 von Heinrich Himmler eröffnet. Es lag in Dachau, in Bayern, in der Nähe von München, und sollte ursprünglich nur für politische Gefangene, hauptsächlich Kommunisten und andere politische Gegner des Nazisystems, genutzt werden.

Die Nazis machten große Propaganda mit der Eröffnung dieses Lagers. Man konnte Bilder von Himmler zur Eröffnung des Lagers in Dachau in allen Zeitungen und in der Fox tönenden Wochenschau, die damals vor dem Hauptfilm im Kino gezeigt wurde, immer wieder sehen.

Nicht viel später wurden dann aus den politisch Gefangenen auch Zwangsarbeiter, und es kamen ein wenig später auch Juden, Homosexuelle, Zigeuner, Zeugen Jehovas und geistig und körperlich Behinderte dazu.

Letzteres stand allerdings nicht in den Zeitungen, und ich muss hier betonen, dass viele Deutsche von den zahlreichen

Verhaftungen, den grauenvollen Zuständen, sowie den medizinischen Experimenten wohl nichts oder nur sehr wenig wussten. Sie schienen sich aber auch nicht wirklich darum gekümmert zu haben.

Die Konzentrationslager wurden KZ genannt, und die Abkürzung war uns allen geläufig und wurde zum Bestandteil der deutschen Sprache.

Wir Kinder auf der Straße und auf dem Schulhof und auch im Theater riefen „Tu das nicht, sonst kommst du ins KZ!"

Obgleich ich damals schon eine Ahnung hatte, was in diesen Schreckenslagern vor sich ging, stand ich immer still dabei.

Es grauste mich, wenn ich das ahnungslose KZ-KZ Geschrei hörte, aber ich sagte kein Wort. Ich lernte schon in sehr jungen Jahren nie über all das, was ich von meiner Mutter hörte, zu sprechen.

Bis heute ist es mir unverständlich, wie Menschen der Generation unserer Eltern nach dem Krieg und nach all den schrecklichen Geschehen behaupten konnten, dass sie nie etwas über die Konzentrationslager, beziehungsweise, dass diese nicht nur für politische Gefangene genutzt worden waren, gehört hätten.

Ich kann es verstehen, dass sie nicht mit ihren Kindern, also mit meiner Generation, darüber sprachen, aber da war doch die Kristallnacht, am 9. November 1938, die vie-

Die Hitlerjahre aus der Sicht eines Kindes

len Verhaftungen und ja, auch die endlosen geflüsterten Gerüchte. Sie müssen also davon gewusst haben und vielleicht tolerierten sie es sogar. Wenn ich als Kind in ganz normalen Konversationen zwischen Erwachsenen davon hörte, müsste es doch jeder Erwachsene, denkende Mensch, ebenfalls gehört haben.

Allerdings, die „Endlösung", die gänzliche Ausrottung aller Juden in Europa, wurde erst im Januar 1942 auf der Konferenz in Wannsee von der Naziregierung endgültig beschlossen und im Laufe des Jahres 1942 in Gang gesetzt.

Da die Vernichtungslager, in denen die massenhaften Vergasungen durchgeführt wurden in Polen, Serbien, Kroatien und der Ukraine lagen, ist es glaubwürdig, dass die Menschen, einschließlich meiner Mutter, von den grauenhaften Massenmorden und den rauchenden Schornsteinen wirklich nichts wussten.

Schließlich wurden die Überlebenden, die einzigen Zeugen der „Endlösung", bis zur Befreiung durch die Alliierten, in den Konzentrationslagern gefangen gehalten. Jedoch hätte jeder denkende Deutsche erkennen müssen, dass Tausende von Menschen einfach verschwanden, verhungerten, oder zu Tode gequält wurden.

Meine Mutter erfuhr Einzelheiten über die medizinischen Experimente, die vor dem Krieg hauptsächlich in Dachau gemacht wurden, aus erster Hand.

Ein Verwandter von ihr wurde 1934 oder 1935 wegen Homosexualität verhaftet und in Dachau gefangen gehalten. Onkel Peter und meine Mutter hatten zusammen an derselben Universität studiert, und er war Arzt, wie meine Mutter.

Im Sommer 1938 wurden sehr viele Häftlinge aus den Konzentrationslagern entlassen. Ich hörte später, dass die Nazis Platz für die Juden nach dem Pogrom in der Kristallnacht vom 9. November 1938 schaffen wollten.

Onkel Peter hatte das große Glück auch entlassen zu werden, aber mit der Warnung, dass er nie über das Geschehene sprechen dürfe, denn die Nazis würden das sofort hören, und er würde dann, wenn er nicht sofort umgebracht würde, viel Schlimmeres als er es bis jetzt durchgemacht hatte, erleben.

Nach Peters Entlassung, wohl im Juni oder Juli 1938, kam er auf einen Tag nach Schwerin. Zuerst besuchte er seine Mutter für ein paar Stunden, und dann kam er zu uns. Ich erinnere mich sehr gut an Onkel Peter.

Er umarmte mich bei der Begrüßung an der Haustür und sagte zu meiner Mutter „So Anne Marie, jetzt hast du, was du dir immer gewünscht hast, eine Tochter".

Das machte mich sehr glücklich, und ich liebte ihn für diese Worte, aber ich habe ihn nie wiedergesehen.

Peter kam nicht ins Haus; meine Mutter und er stiegen in ihr Auto und machten Patientenbesuche oder einen langen Spaziergang im Wald, ich weiß es nicht. Mutti kam erst viele

Die Hitlerjahre aus der Sicht eines Kindes

Stunden später alleine zurück, und ich merkte gleich, dass sie traurig und erschüttert war.

Obgleich es schon sehr spät war, bat sie mich, bei ihr zu bleiben, und ich saß auf ihrer Bettkante und hörte ihr zu. Wir hatten ein Kissen auf den Wanzen- Telefonanschluss gelegt und sie flüsterte. Das muss geklappt haben, denn unsere Konversation hatte keine bösen Folgen.

Sie erzählte mir, dass Onkel Peter wegen Homosexualität in ein Konzentrationslager gekommen war, nun aber seine Strafe absolviert habe, und daher entlassen worden sei. Sie benutzte diese Gelegenheit, mich in ihrer so menschlichen Art und ihrer medizinischen Sprache über Homosexualität aufzuklären, so dass ich kein Befremden empfand.

Sie beschrieb mir die Lebensweise der Homosexuellen: Ein Mann liebt einen Mann und eine Frau liebt eine Frau, und ich konnte überhaupt nicht verstehen, warum man darum ins Konzentrationslager kam.

In dieser Nacht legte sie die Grundlage für mein unerschütterliches Vertrauen zu ihr und natürlich auch für die Toleranz gegenüber allen Menschen, ganz gleich welcher Rasse oder welcher Lebensart.

Damals war in Deutschland Homosexualität laut Paragraph 175 des Strafgesetzbuchs verboten. Die männlichen wie auch die weiblichen Homosexuellen wurden damals wegen der Paragraphennummer von der Bevölkerung

Hundertfünfundsiebziger genannt. Das war für Homosexuelle der einzige Name, den ich kannte.

Die neuen, und politisch korrekten Begriffe auf Deutsch lernte ich erst viele Jahre später, als ich auf einem Besuch in Deutschland war, und das Gespräch irgendwie in diese Richtung ging. Das zeigte mir erst dann, wie gedankenlos die Bevölkerung in der Nazizeit Begriffe für Menschen benutzte, um sie auf diese Weise abzustempeln.

Peter muss Mutti wohl auch viel über das Leben in Dachau und die furchtbaren Quälereien und Experimente, die er als Arzt an lebenden Menschen machen musste, berichtet haben. Hätte er sich geweigert und diese Arbeiten nicht gemacht, wäre er sofort umgebracht worden.

Einzelheiten beschrieb meine Mutter mir in dieser Nacht nicht, sondern sagte mir nur, dass er an Menschen Experimente vorgenommen hatte, und dass diese Experimente eine Vorbereitung für den kommenden Krieg waren und auch, dass diese Opfer, wenn sie die Experimente und Torturen überhaupt überlebten, lebenslang körperlich und seelisch geschädigt waren.
Das war, weiß Gott, genug Information für mich zu der Zeit.

Natürlich war ich mit Entsetzen und einer tiefen Traurigkeit erfüllt als ich endlich in mein warmes, gemütliches Bett gekrochen war und eine unruhige Nacht verbrachte.

Die Hitlerjahre aus der Sicht eines Kindes

Am nächsten Morgen schaffte ich es ganz normal in die Schule zu gehen und kein Wort über das Gehörte zu sagen, aus Angst, meine Mutti und ich könnten ebenfalls in ein KZ gebracht werden.

Wir sahen Peter nie wieder in Schwerin, aber meine Mutter hörte nur, dass er nach seiner Entlassung schnell als Militärarzt eingezogen und den ganzen Krieg über immer an den gefährlichsten Fronten eingesetzt wurde. Trotz alledem überlebte er den Krieg und baute danach eine sehr gut gehende medizinische Praxis auf der Nordseeinsel Sylt auf.

Von dort aus nahm er regelmäßigen Kontakt zu seiner Familie auf, hauptsächlich zu denen, die in Mecklenburg geblieben waren und nicht vor den Russen in den Westen hatten fliehen können.

Meine Mutter besuchte Onkel Peter zweimal in den Nachkriegsjahren, aber soweit ich weiß, haben sie nie wieder über seine Zeit in Dachau gesprochen.

Kristallnacht

Meine Mutter hatte am 9. November Geburtstag. Wie immer wollte ich am Tage davor ein paar kleine Vorbereitungen treffen. Ich wollte bei Oma vorbei radeln um sie, wie immer an Feiertagen, zu uns zum Mittagessen einzuladen. Dann wollte ich in der Küche ein schönes Mittagessen für den 9. November bestellen, und dann hatte ich nur noch ein Problem, was ich Mutti denn eigentlich zum Geburtstag schenken sollte.

Aber es kam anders.

Ich hatte schon tagelang das Gefühl, dass irgendetwas nicht in Ordnung war, und als ich Mutti über meine Vorbereitungen ansprach, sagte sie „Mach' bitte gar nichts. Ich habe so viel zu tun, und ich kann jederzeit abgerufen werden".

Danach blieb mir nichts anderes übrig, als in den Buchladen in der Schmiedestraße zu gehen und eine sehr schöne Mappe mit Kopien von Dürers Holzschnitten auszusuchen. Ich wusste, dass Mutti Dürers Werke liebte. Sie hatte mir oft genug von ihm erzählt und mir Bilder in einem „Blauen Buch" gezeigt. Ich ließ die Mappe hübsch verpacken und die Rechnung dann auf Muttis Konto schreiben.

Sie muss diese Mappe mit den Bildern von Dürers Holzschnitten sehr geliebt haben, denn ich fand sie 1981 nach ihrem Tode unter den wenigen Dingen, die nach ihrer Flucht von Schwerin ihren Weg nach Westdeutschland gefunden hatten.

Dieser 9. November 1938 war anders, und es geht mir durch den Kopf, dass dieses Datum für unsere Familie und auch für Deutschland bedeutungsvoll war.

Am 9. November 1923 hatte der gescheiterte Putschversuch der Nazis stattgefunden, und Hitler war ins Gefängnis gekommen, wo er dann das Buch „Mein Kampf" schrieb.

Übrigens kamen wir durch die ganze Nazizeit ohne dieses Buch gelesen oder es im Hause gehabt zu haben. Ich finde es auch bemerkenswert, dass wir Schüler in Mecklenburg damals nicht dazu aufgefordert worden waren „Mein Kampf" zu lesen oder im Schulunterricht zu besprechen.

Am 9. November 1989 fiel die Mauer, die Deutschland über vierzig Jahre nach dem Krieg in die DDR im Osten und die BRD im Westen geteilt hatte.

Wie wünschte ich doch, dass meine Mutter es noch hätte erleben können, wie die Menschen aus Ostdeutschland über die Mauer kletterten und auf der anderen Seite in Westdeutschland mit offenen Armen empfangen wurden.

Aber jetzt war es der Abend des 8. November 1938 an dem ich, wie immer früh, in mein gemütliches Bett kroch. Ich war zwölf Jahre alt und ahnte nicht, dass die Ereignisse und die Folgen dieser Nacht, der so genannten Kristallnacht, das Ende meiner Kindheit bringen würden.

Das Schlafzimmer meiner Mutter lag direkt unter meinem Zimmer, sodass ich mehrmals in dieser Nacht das Telefon klingeln hören konnte und ich hörte auch, dass Mutti mehrmals in ihrem Zimmer ein und aus ging.

Durch mein offenes Fenster vernahm ich männliches Geschrei, das ich so hasste, weil es immer Unheil für mich bedeutete.

Ich hörte andere sehr laute Geräusche, wie das Umfallen von Möbeln und das Zerschlagen von Porzellan, und das waren Geräusche, die ich einfach nicht verstehen konnte und die mich sehr beängstigten.

Am nächsten Morgen erfuhr ich dann, dass man in die Arztpraxis von Dr. Rosenbaum, der bei uns um die Ecke wohnte, eingebrochen war, und dass Nazihalunken die ganze Praxis und seine Wohnung verwüstet und Dr. Rosenbaum mitgenommen hatten.

Als ich meine Mutter endlich am Ende dieser Schreckensnacht zu sehen bekam, erzählte sie mir, dass sie

Dr. Rosenbaum schon vorgewarnt hatte, und er klugerweise ihrem guten Rat gefolgt war. Er hatte also bereits vorher seine Frau und Kinder auf dem Lande in Sicherheit gebracht. Er selber wollte seine Patienten nicht in Stich lassen und hatte weiter praktiziert, bis die Nazihalunken auch ihn abholten.

Nach der Kristallnacht übernahm meine Mutter alle seine Patienten. Sie nahm auch die Bezahlung der Patienten an und legte das Geld auf ein besonderes Konto auf ihrer Bank. Leider haben wir nie wieder etwas von Dr. Rosenbaum und seiner Familie gehört.

Nach dem Krieg wurde das Geld von Dr. Rosenbaum, wie auch das Geld meiner Mutter und von anderen Menschen, die es nicht rechtzeitig von der Bank abgehoben hatten, von der sowjetischen Besatzung kassiert.

Der Schaden in der Kristallnacht in Schwerin war, im Vergleich zu anderen Städten gering, weil es einfach nicht so viele Juden und nur eine ganz kleine, unscheinbare Synagoge bei uns gab.

Die Schaufenster des Juveliergeschäfts, und die einiger Kleidergeschäfte, die schon seit Jahrzehnten friedlich in Schwerin von jüdischen Familien geführt worden waren, wurden zerschlagen und deren Einrichtung zertrümmert.

Diese jüdischen Familien waren im ganzen Ort wohl bekannt und sie waren angesehene Einwohner Schwerins, und

Die Hitlerjahre aus der Sicht eines Kindes

trotzdem wurden die jüdischen Männer gefangen genommen und, wie ich später herausfand, in ein Konzentrationslager verschleppt.

Meine Mutter und andere Helfer waren zur Stelle und versteckten die Frauen und Kinder sicher auf dem ruhigen Land bei den Bauern, und sie half diesen verfolgten Menschen später, Deutschland zu verlassen.

Wenige Tage nach der Kristallnacht bekamen wir einen Brief von Minna Gilbert aus Osnabrück; sie war die langjährige Haushaltshilfe meiner Patentante Lotte, der ältesten Schwester meiner Großmutter.

Nach dem Tode ihres Mannes hatte Tante Lotte ihren Haushalt aufgelöst und war zu ihren drei unverheirateten Schwestern in ein Heim nach Leipzig gezogen, und Minna bekam eine Stellung in einem jüdischen Haushalt in Osnabrück.

Ich kannte Minna gut, denn Mutti und ich hatten Tante Lotte zwei oder dreimal in Osnabrück besucht, und ich hatte stundenlang bei Minna in der Küche gesessen, sie beim Kochen beobachtet und ihren langen Familiengeschichten zugehört.

Bei unserem letzten Besuch hatten Tante Lotte und meine Mutter besprochen, dass Minna eigentlich zu unserer Familie gehörte und dass meine Mutter sie in unseren Haushalt bringen würde, sobald sie genug verdiente, um eine Wirtschafterin in Vollzeit zu bezahlen.

Minnas Brief war ein Hilferuf!

In Osnabrück hatten die Nazihalunken viel wütender getobt als in Schwerin. Minnas jüdische Arbeitgeber waren verhaftet und verschleppt worden, die Wohnung wurde vor ihren Augen zertrümmert, und Minna hatte sich aus dem Haus geschlichen.

Sie lief die halbe Nacht, bis sie das Haus ihres Bruders erreichte, der sie natürlich sofort aufnahm.

Minnas Bruder riet ihr, meiner Mutter zu schreiben und um Hilfe zu bitten. Natürlich schickte ihr meine Mutter sofort das Reisegeld und nur ein paar Tage später kam Minna fast ohne Gepäck bei uns in Schwerin an, und zog in das Zimmer unter dem Dach, das neben meinem Zimmer lag.

Minna war und blieb unsere treue Wirtschafterin bis zum Juli 1945, als es meiner Mutter gelang, sie auf einen Zug in den Westen zu setzen und das war nur ein paar Tage vor der russischen Besatzung.

Minna schaffte es sicher zu ihrem Bruder nach Osnabrück und nachdem meine Mutter auch in den Westen geflohen war, bezahlte sie Minna eine Rente bis an ihr Lebensende.

Es war Minna, von der ich die grausamen Einzelheiten der Kristallnacht erfuhr. Am Abend nach ihrer Ankunft, als Minna sich in ihr Zimmer zurückgezogen hatte, sagte Mutti zu mir „Geh zu Minna, vielleicht will sie mit dir reden".

Ich klopfte vorsichtig an Minnas Tür und hörte eine kleine Stimme „Herein" sagen.

Minna saß, vollständig angezogen, auf ihrem Bett. Sie hatte ihre Knie bis an die Brust hochgezogen, ihre Augen waren geschlossen, und sie schaukelte langsam hin und zurück.

Trotz meiner Jugend wusste ich jetzt, dass Mutti gar nicht gemeint hatte, dass ich mit Minna reden, sondern dass ich ihr zuhören sollte.

Nach einer kleinen Weile, mit geschlossenen Augen und unter Tränen, die nicht aufhörten zu rinnen, begann sie zu erzählen.

Die Glaubachs, ihre jüdischen Arbeitgeber, hatten in einem schönen Apartment in einer der besten Gegenden am Rande der Stadt Osnabrück gewohnt.

Am 8. November 1938, spät in der Nacht, schlug jemand mit Fäusten an die Wohnungstür und hielt den Finger ununterbrochen auf der Klingel.

Der siebzig Jahre alte Herr Glaubach sprang aus dem Bett, warf seinen Bademantel um und öffnete die Tür.

Draußen standen drei Männer, alle drei in SA-Uniform.

Einer dieser Halunken hatte ein Beil in der einen Hand und einen Hammer in der anderen. Sie schrien Herrn Glaubach an und stürmten in die Wohnung. Sie konnten es augenscheinlich nicht abwarten, ihre Werkzeuge zu benutzen.

Minna hörte den Radau, sprang aus dem Bett, zog ein Kleid über ihr Nachthemd, und rannte auf den Flur zu Frau Glaubach, die nur leicht bekleidet ihren Morgenrock anhatte.

Einer der Männer griff Herrn und Frau Glaubach bei den Schultern, schubste sie in das Wohnzimmer und schmiss jeden in einen Sessel.

Er stellte sich zwischen die Glaubachs und schrie „Na, jetzt seht mal zu, was wir von euch Scheißjuden halten!"

Er hielt sie im Sessel fest und sie mussten zusehen, wie diese Verbrecher alles in der Wohnung mit Beil und Hammer zerschlugen, die Möbel, die Lampen und auch die ganze Kücheneinrichtung.

Nachdem sie alle Fenster zerschlagen hatten, warfen sie das wertvolle Porzellan, alles Silber und alle Vasen und Kunstfiguren aus dem Fenster. Sie hatten ganz besonderen Spaß daran, den Kronleuchter zu ruinieren. Sie zerschlugen all das wertvolle Kristallglas und stießen mit jeder zerschlagenen Glühbirne einen Siegesschrei aus.

Als es in der Wohnung dunkel geworden war, ergriff einer der SA-Männer Herrn und Frau Glaubach und schrie so etwas wie „Raus mit euch Judengesindel", und warf diese alten Leute praktisch auf den Flur. Als Herr Glaubach, der an schwerer Diabetes litt, fragte „Darf ich mein Insulin mitnehmen?" war die Antwort „Das brauchst du nicht mehr du Judenhund".

Die Hitlerjahre aus der Sicht eines Kindes

Minna, die scheu in einer Ecke gestanden hatte, hörte wie die Glaubachs die Treppe hinuntergeschleift wurden, und stand plötzlich allein in der pechschwarzen Wohnung und war gelähmt vor Angst.

Diese Gangster hatten strengen Befehl, keine „Nichtjuden" anzugreifen, und deren Besitz auch nicht zu zerstören, aber Minna wusste das nicht.

Daher schlich sie voller Angst, aber ohne zu zögern, noch in Hausschuhen und ihrem dünnen Kleid in dieser furchtbaren, kalten Novembernacht aus der Wohnung der Glaubachs, und machte sich auf den Weg zu ihrem Bruder.

Sie erzählte mir nicht sehr viel über diesen furchtbaren Weg, von dem ich kurz darauf von Mutti erfuhr, wie furchterregend er gewesen sein musste.

Einzelheiten über das, was in all den größeren Städten geschehen war, wurde sehr schnell über die Gerüchteküche bekannt.

Minna lief an brennenden Synagogen, Verletzten und sterbenden Menschen vorbei. Sie hörte verzweifelt schreiende Frauen und laut weinende Kinder, die nicht verstanden, warum sie so grausam behandelt wurden.

Diese Nachrichten standen natürlich nicht in den von den Nazis kontrollierten Zeitungen, aber die Geschehnisse sprachen sich schnell im ganzen Lande herum, und wurden von den Menschen, denen jetzt endlich ein Licht aufging, weiter erzählt.

Die Statistiken waren bald in Deutschland wie auch ganz bestimmt im Ausland bekannt, nur dass es in Deutschland schwer bestraft wurde, darüber zu reden. Über ganz Deutschland und Österreich wurden 7500 Schaufenster in Geschäften zerschlagen, woher der Name Kristallnacht kam. Über 1500 Synagogen wurden in Brand gesetzt oder zerstört und über dreißigtausend Menschen, hauptsächlich Männer, wurden in die Konzentrationslager verschleppt, wo die Behandlung unbeschreiblich menschenverachtend, brutal und grausam war.

Anfang 1939 wurde dann mehreren tausend Juden erlaubt, auszuwandern, denn man musste Platz für die Opfer der nächsten Gräueltaten machen.

Die Juden konnten Deutschland nur unter der Bedingung verlassen, ihre eigene Reise selbst zu bezahlen und ihren ganzen Besitz zurückzulassen. Meine Mutter und bestimmt auch einige gleichgesinnte Freunde und Patienten, halfen unzähligen Juden mit Reisegeld und Proviant. Die meisten Juden in Mecklenburg entkamen mit der Fähre von Rostock-Warnemünde nach Jedser in Dänemark.

Minna kam seelisch nie über die Ereignisse der Kristallnacht hinweg, aber sie sprach nie darüber. Außer meiner Mutter und mir erfuhr sonst niemand in unserer Familie und in unserem damals ziemlich großen Haushalt von Minnas Erlebnissen in der Kristallnacht.

Wir hatten damals eine Krankenschwester, eine Sprechstundenhilfe und zwei Dienstmädchen, und wenn auch nicht alle bei uns im Hause schliefen, so saßen wir doch alle zusammen täglich um den Mittagstisch.

Ich glaube bestimmt, dass Minna über Muttis, und später auch über meine geheime Arbeit bescheid wußte, aber sie hat nie ein Wort darüber gesprochen.

Minna war einer der schweigsamsten und zuverlässigsten Menschen, die ich je in meinem Leben getroffen habe, und neben meiner Mutter und Großmutter war sie für mich als Teenager ein wertvolles Vorbild.

Der Überfall auf Polen

Schon im Juli 1939 konnte man überall das geflüsterte Gerücht hören, dass der von den Nazis geplante Krieg sehr bald beginnen würde. Diese Angstwolke hing schon seit der Kristallnacht im November 1938 über unserem Haus und so nach und nach ahnte ein großer Teil der Bevölkerung, dass bald etwas Schreckliches passieren würde.

Es war praktisch unmöglich, offizielle, ehrliche Nachrichten zu bekommen. Die Zeitungen und die deutschen Radiosender standen unter der Zensur der Nazis. Zudem war es streng verboten, ausländische Sender zu hören. Auf jedem Radio war ein roter Aufkleber mit einer Liste der verbotenen Wellenlängen. Wenn man trotzdem versuchte, eine dieser Wellenlängen einzustellen, war das Signal so gestört, dass man praktisch nichts verstehen konnte. Hatte man trotzdem etwas auf einem verbotenen Sender gehört und erzählte es dann weiter, oder man war beim verbotenen Hören von einem Nachbarn oder der eigenen Familie erwischt und angezeigt worden, stand darauf die Todesstrafe.

Mein Onkel André war Opernsänger in Bern in der Schweiz, und in seinen Briefen schrieb er uns regelmäßig das Datum und die Uhrzeit seiner Auftritte, die im Radio übertragen wurden. Trotz all unserer Versuche, ist es uns nie gelungen, durch die Störungen durchzudringen.

Meine Mutter schenkte Oma das allerbeste Blaupunkt Radio, das sie durch ihre Beziehungen kaufen konnte, aber selbst das war der Nazitechnik nicht gewachsen. Es war herzzerreißend, Oma an all den Knöpfen verzweifelt drehen zu sehen. Manchmal nahm sie das Radio und schüttelte es, aber nichts half, und wir konnten Onkel André nie singen hören.

Alle Auslands- und auch viele Inlandsbriefe wurden geöffnet und von einem Parteimitglied gelesen; genau wie Auslandstelefongespräche abgehört wurden. So waren wir Deutschen von der Außenwelt abgeschlossen.

Es gab nur einen Zeitpunkt vorher, im Jahre 1936, an dem diese Kontrolle etwas gelockert wurde. Man konnte damals zwar kein ausländisches Radio hören, aber Ausländer konnten zu den Olympischen Festspielen im August 1936 in Berlin ein Einreisevisum bekommen.

Mit Hilfe eines solchen Visums konnte Onkel André uns dann, im Sommer 1936, in Schwerin besuchen.

Wir Kinder hatten Sommerferien, als er in Schwerin war, und ich brauchte nicht in die Schule zu gehen. Onkel André schlief natürlich bei seiner Mutter in der Körnerstraße und ich verbrachte den ganzen Tag bei Oma oder hüpfte an Onkel

Andrés Hand mit ihm durch die Stadt, um seine Freunde und Bekannten, und natürlich auch seine Schwester, Tante Eische und ihre Familie zu besuchen.

Waren wir bei Oma, so setzte er sich oft an den Flügel und sang für mich alles an Opernarien was ich hören wollte, und sein Opern-Klavierrepertoire erschien mir endlos. Ich brauchte nur um eine Arie zu bitten, und er spielte und sang sie für mich ohne Noten. Ich war schwer beeindruckt.

Einige Abende verbrachten Oma und Onkel André bei uns in Muttis Haus am Strempel Platz (oder hieß der Platz damals schon Bismarck Platz?), dann erzählte er uns, was man über Deutschland und über unsere „Naziwirtschaft" in der Schweiz dachte.

Schon damals, im Sommer 1936, war man in der Schweiz davon überzeugt, dass Hitler es in wenigen Jahren zu einem schrecklichen Krieg kommen lassen würde. Der Gedanke erfüllte mich mit Angst und Schrecken, und ich hoffte insgeheim, dass mein vergötterter Onkel André und die Schweiz sich geirrt hatten.
Aber sie hatten sich nicht geirrt!

Als es kein Geheimnis mehr war, dass Deutschland einen Krieg anstiften würde, unterzeichneten England, Frankreich und Polen im Sommer 1939 einen „gegenseitigen Verteidigungspakt".

Am 1. September 1939 überfiel die deutsche Wehrmacht Polen.

In Folge des gegenseitigen Verteidigungspaktes erklärten England sowie Frankreich am 3. September Deutschland den Krieg.

Viele Deutsche wussten gar nichts von diesem Pakt. Außer Deutschland den Krieg zu erklären, kamen die Engländer und Franzosen den Polen auch in keiner Weise zur Hilfe.

Meine Mutter wusste von dem Pakt und hat England und auch Frankreich diese Untätigkeit niemals verziehen.

Ihre Sympathie lag sowieso mehr im Osten als im Westen.

Sie hatte ihre Vorschuljahre auf dem Gut ihres Vaters in Ostpreußen verbracht. Zudem waren ihre jüngeren Geschwister in Ostpreußen geboren, und viele ihrer Patienten waren von baltischem und norddeutschem Adel. Letzten Endes waren es diese Patienten, die ihre geheime Untergrundtätigkeit finanziell möglich machten.

Der Alptraum hatte begonnen und sollte sechs lange Jahre dauern.

Nicht nur meine Mutter, auch die meisten anderen Mecklenburger waren über diesen Überfall Polens entsetzt. Das Land war so viele Male geteilt worden, dass sehr viele Polen deutscher Abstammung waren. So sprachen fast alle Menschen im westlichen Teil Polens Deutsch.

Die Hitlerjahre aus der Sicht eines Kindes

Für die Mecklenburger und Pommern fühlte es sich an, als ob ein Stück Deutschlands überfallen wurde, abgesehen davon, dass man sowieso keinen Krieg wollte.

Leider war da aber auch eine Gruppe Deutscher in Polen, die schon zwei Jahre vor dem Krieg, unter dem Kodenamen Unternehmen Tannenberg, eine Liste von Polnischen Bürgern aufgestellt hatte, die vor der Kolonisation Polens unter dem Namen Generalplan Ost, interniert oder erschossen werden sollten.

Es handelte sich um über sechzigtausend Polen, hauptsächlich politische Aktivisten, bestehend aus Wissenschaftlern, Schauspielern, ehemaligen Offizieren, Kommunisten und auch Juden.

Natürlich kannte ich als Kind die Einzelheiten nicht, aber meine Mutter wusste davon, und ich hörte den Namen Tannenberg oft, wenn wir bei Oma waren und Mutti und Oma sich flüsternd unterhielten.

Mir wurde erst Jahre später klar, dass es sich bei Tannenberg nicht um einen Platz in einem der Schweriner Wälder, sondern um ein grausames und geheimes Programm der Nazis gehandelt hatte.

Die deutsche Presse machte kein Geheimnis daraus, dass die deutsche Wehrmacht Tausende von Arbeitern aus den eroberten Gebieten nach Deutschland brachte, um sie in Zwangsarbeiterlagern unterzubringen.

Über dem Eingangstor des KZs Dachau hing ein großes Schild, auf dem stand „Arbeit macht frei" und viele Deutsche dachten sich nichts dabei.

Obwohl viele Deutsche wußten, was hinter den geschlossenen Toren geschah, tolerierten sie es; wie auch den Sarkasmus im Zusammenhang mit dem Spruch über den Eingangstoren. Wieso konnte Arbeit frei machen, wenn man Gefangener war und nur dann frei wurde, wenn man sich zu Tode gearbeitet hatte?

Die Deutschen wussten auch, dass gleich zu Anfang des Krieges Deutschland unter großem Arbeitermangel litt, und sie machten sich wenig Gedanken darüber, dass sich Menschen tatsächlich zu Tode arbeiten mussten, oder dass Tausende an Hunger, Krankheit und Schwäche starben, nur um für Deutschland etwas herzustellen, und das für lange Zeit unübertroffene Straßen- und Autobahnnetz zu bauen.

Meine Mutter sorgte dafür, dass ich nie vergessen sollte, wie schlimm es für diese Menschen war, und dass es sich um Sklavenarbeit handelte, die wir bei anderen Ländern so verachteten.

Der Krieg mit Polen dauerte genau 36 Tage und wurde in den offiziellen Nachrichten als ein gewonnener Blitzkrieg dargestellt.

Am 17. September 1939 hatte Stalin sich entschieden, sich Deutschland anzuschließen, um dann zusammen mit Hitler Polen aufzuteilen. Daraufhin überfielen die Sowjets Polen vom Osten her. Selbst dann rührten England und Frankreich, trotz ihres Verteidigungsvertrages mit Polen, keinen Finger.

Die Nazis hatten nichts als Verachtung für die Slaven, die sie als minderwertig beurteilten. Menschen- und Volksgruppen, wie zum Beispiel Juden, Homosexuelle, Roma und, einfach ausgedrückt, Menschen anderer Hautfarbe und einer anderen Lebensweise, sollten umgebracht, zu Tode gearbeitet oder zu medizinischen Experimenten benutzt werden.

Als ich wohl so 13 oder 14 Jahre alt war, und zu dem Zeitpunkt viel Geografie in der Schule gelernt hatte, fragte ich meine Mutter, warum alle diese Menschen minderwertig sein sollten, wenn man doch nie was Schlechtes über Asiaten hörte. Die Menschen waren schließlich „gelb" und so viel ich gehört hatte, hatten sie sogar Schlitzaugen.

Mutti schüttelte traurig den Kopf und sagte „Die Japaner sind auch Asiaten, aber die Propaganda wagt nichts Schlechtes über sie zu sagen, denn die Japaner sind Hitlers Verbündete".

Gleich zu Anfang des Krieges wurde Hitlers SS, die Schutzstaffel in drei Gruppen eingeteilt.
Es gab die Allgemeine SS, die nicht nur Hitlers Leibwache war, sondern sich auch um polizeiliche und rassistische Dinge kümmerte.
Dann war da die Waffen-SS, die aus Kampftruppen innerhalb der Naziwehrmacht bestand, und es gab die Totenkopf

SS, eine Sondereinheit, die die Konzentrations- und Vernichtungslager verwaltete. Der Feldzug in Polen war ein Beispiel für einen Totalen Krieg, und das wurde uns immer wieder vor Augen gehalten. Gleich zu Beginn bombardierte die Luftwaffe Städte und Dörfer erbarmungslos und griff die fliehende Bevölkerung aus der Luft an. Die Truppen hatten Befehl, alle Dörfer bis auf den Grund abzubrennen und die überlebenden Männer, Frauen und Kinder und auch die Hunde, zu erschießen.

Nach sechsunddreißig Tagen, am 6. Oktober 1939, war der Blitzkrieg mit Polen offiziell zu Ende und viele Soldaten wurden für die Wintermonate nach Hause geschickt. Hitler plante seine Angriffe auf den Rest Europas für den Frühling 1940.

Mutti hatte auch junge Soldaten als Patienten, viele die sie schon als Kinder behandelt hatte. Mehrere machten einen Sprechstundentermin bei ihr, weil sie sich krank und elend fühlten; aber hauptsächlich, weil sie sich aussprechen wollten, ohne ihre Eltern durch ihre Erlebniserzählungen zu sehr zu erschüttern.

Sobald Mutti spürte, dass diese jungen Leute über den Polenkrieg sprechen wollten, schlug sie vor, einen Spaziergang durch unseren großen Garten zu machen, wo sie dann ungestört reden konnten.

Sie erzählte mir nicht alles, was sie auf diese Weise gehört hatte, wenn wir unsere Gespräche in unserem kleinen

Versteck hatten. Aber so nach und nach, und mit den herumgehenden Gerüchten, die ich hörte, bekam ich doch ein recht umfassendes Bild von der unbeschreiblichen Grausamkeit dieses Feldzuges.

In diesem Winter 1939 erfuhr ich, dass unsere jungen Soldaten mit ansehen mussten, wie vielerorts Tausende von Juden und Angehörige der polnischen Elite, ihr eigenes Grab schaufeln mussten, und wie Ihnen dann von der Waffen-SS hinten in das Genick geschossen wurde, damit sie vorwärts in das Grab fielen.

Auf diese Weise des Mordes brauchte man die Erschossenen überhaupt nicht anzufassen. Die Waffen-SS marschierte ab, nachdem sie ihre grauenvolle Arbeit geleistet hatte, und die jungen Soldaten waren dann gezwungen, alles zu erschießen, was sich noch bewegte und mussten danach die Massengräber zuschaufeln.

Natürlich kannten wir die Zahl der Ermordeten damals nicht, aber die Erinnerung an den Polenfeldzug begleitete mich durch den ganzen Krieg; und als die Wehrmacht ein Land nach dem anderen in Europa eroberte, wagte ich mir gar nicht vorzustellen, wieviel mehr Menschen auf diese so brutale Art und Weise grausam ums Leben kamen.

Der Krieg geht weiter

Nachdem Hitler im Winter 1939-40 eine kleine Atempause eingelegt hatte, oder jedenfalls erschien uns das so, überfiel die deutsche Armee Dänemark und Norwegen, und begann dann, Westeuropa anzugreifen. Deutschland besetzte die ganze Nordsee- und Atlantikküste sowie den nördlichen Teil Frankreichs.

Luxemburg, die Niederlande und Belgien ergaben sich im Mai, und Frankreich unterzeichnete den Waffenstillstand am 22. Juni 1940.

Bis zum endgültigen Waffenstillstand mussten wir in der Schule jeden Morgen die Siege des deutschen Heeres in allen Einzelheiten auf einer großen Europakarte verfolgen. Meine Freundinnen und ich saßen betroffen da und hörten nur still zu.

Viele der Väter meiner Freundinnen waren Offiziere, und sie hatten Brüder, die bald im richtigen Alter waren, eingezogen zu werden, und da kann man sich vorstellen, dass sich die

Gespräche zu Hause bestimmt ganz anders anhörten, als die Siegerpropaganda, die wir in der Schule zu hören bekamen. Nach der Niederlage Frankreichs versuchten die Deutschen, sich die Kontrolle über den ganzen Luftraum Europas zu verschaffen. Das einzige Hindernis daran war die RAF, die britische Royal Air Force.

Wir hörten wenig von der Battle of Britain, der Schlacht von Großbritannien, wie erst Churchill, und später die Alliierten diese erste Luftschlacht nannten.

Aber nach meiner Ankunft in England im Herbst 1946 wurde mir keine Einzelheit der Battle of Britain erspart.

Nur der zweiten Frau meines Vaters, Dyllis, einer Krankenschwester, gelang es, mir die Einzelheiten der Schlacht so zu erklären, ohne mir sofort das Gefühl zu geben, dass doch alles letzten Endes meine Schuld gewesen sei.

Die Briten geben eine Zeitspanne der Battle of Britain vom 10. Juli 1940 bis zum 31. Oktober 1940 an, in welcher die deutsche Luftwaffe in der Luft vollkommen vernichtet wurde.

Am 1. August 1940 gab Hitler den Befehl, alle britischen Luftwaffenstützpunkte, alle Flugzeugfabriken, die strategische Infrastruktur und später auch die Bevölkerung zu bombardieren.

Diese Aktion hieß Der Blitz und dauerte vom August 1940 bis zum Juni 1941. Den Namen The Battle of Britain" hatte ich in Deutschland vorher nie gehört.

Die Hitlerjahre aus der Sicht eines Kindes

Es war immer nur von dem aus Deutschland kommenden Blitz die Rede, von dem wir über die Nazipropaganda hörten, nämlich, dass die deutsche Luftwaffe begonnen hatte, die Zivilbevölkerung zu bombardieren; und darüber sollten wir begeistert sein.

Der Schaden durch Zerstörungen und das Leiden der englischen Zivilbevölkerung durch den Blitz war groß. Die Kinder aus London und Süd-England wurden zu ihrem Schutz nach Nord-England und Schottland verschickt.

Darüber hörten wir viel in den Nachrichten, aber von einer totalen Niederlage der deutschen Luftwaffe hörten wir natürlich nichts.

Hitler musste nämlich seinen Traum von der Operation Sea Lion, einer siegreichen Invasion Großbritanniens nach der Battle of Britain aufgeben, aber auch davon hörten wir kein Wort.

Es war die erste Niederlage Deutschlands in diesem Krieg, die in den Augen der Engländer damals und auch heute noch als der „Anfang vom Ende" gesehen wird.

Am 22. Juni 1941 begann Hitlers Armee mit der Invasion Russlands, unserem einstigen Verbündeten. Viele Deutsche waren ganz erschüttert darüber, denn der Überfall eines Verbündeten war unverzeihlich, selbst wenn viele Deutsche den Sowjets gegenüber nicht gerade freundlich gesonnen waren.

Natürlich hörte man auch die geflüsterte Angst, dass der russische Winter Napoleon besiegt hatte, und dass unsere Soldaten dasselbe Schicksal erwarten würde; und so ist es dann ja auch gekommen.

Nach der Invasion Russlands brauchten wir nicht mehr unseren Lehrern in der Schule oder der Gerüchteküche zuhören, um über den Verlauf der Handlungen an der Ostfront zu erfahren.

Wir hörten alles aus erster Hand von den Flüchtlingen, die im Herbst 1941 in Schwerin ankamen.

Ich war gerade fünfzehn Jahre alt, als ich diese verzweifelten Menschen das erste Mal zu sehen bekam. Sie kamen aus Polen, Ostpreußen und dem Baltikum und versuchten, in Deutschland und noch weiter im Westen Aufnahme und Schutz zu finden.

Einige kamen per Bahn, aber die meisten kamen zu Fuß mit ihren paar Habseligkeiten auf Fahrräder geschnallt oder in Schubkarren geladen. Die kleinen Kinder wurden oft in Kissen verpackt, in Bollerwagen von den größeren Kindern oder den Frauen hinter sich hergezogen.

Es war für die Schweriner und alle Mecklenburger, ob sie nun Nazis waren oder nicht, ganz selbstverständlich, dass sie den Flüchtlingen ihre Türen öffneten und ihre Lebensmittelrationen mit ihnen teilten und diesen armen, verzweifelten Menschen Obdach boten.

Die Hitlerjahre aus der Sicht eines Kindes

Viele der Flüchtlinge blieben nur wenige Tage, bis sie sich in der Gegend umgesehen hatten in der Hoffnung, Verwandte zu finden. Die, die keine Freunde oder Verwandten in der Gegend hatten, zogen weiter; meist so weit wie möglich nach Westen.

Seit dem Herbst 1941 schlief ich nie wieder in meinem eigenen Zimmer, denn es war seitdem immer von Flüchtlingen bewohnt, die manchmal täglich wechselten.

Die Hausangestellten bauten mein Bett im Schlafzimmer meiner Mutter auf, und das Telefon wurde auf meinem Nachttisch gestellt.

So konnte ich des nachts Anrufe annehmen, damit meine Mutter, die fast sechzehn Stunden täglich auf den Beinen war, wenigstens ein paar Stunden Schlaf bekam.

Ich lernte bald zu unterscheiden, welche Anrufe medizinische Notrufe von Patienten waren, und welche mit Muttis Tätigkeit im Widerstand zusammenhingen. Alle Angestellten und ich meldeten sich bei jedem Anruf mit den Worten „Hier bei Doktor Hugues", während meine Mutter nur „Hier Hugues" sagte.

Wenn es ein Patient war, versuchte ich herauszufinden, was ihm fehlte und brachte das Telefon dann an Muttis Bett. Wenn jemand vom Widerstand anrief, legte er auf, oder, wenn er meine Stimme erkannte, sprach er ganz frei mit mir.

Natürlich wussten alle Anrufer, dass unsere Telefongespräche abgehört wurden, aber ich glaube nicht, dass wir uns jemals verplapperten.

Im Juli 1943 wurde Hamburg von den Engländern katastrophal bombardiert. 43000 Menschen verbrannten in einer Nacht und fast eine Million Menschen mussten die verwüstete Stadt verlassen.

Die Städte und Dörfer Mecklenburgs schickten so viele Lastwagen und Autos wie sie nur aufbringen konnten, an den Stadtrand von Hamburg, oder soweit man sie eben in die Stadt fahren ließ, und meine Mutter in ihrem kleinen Auto, einem DKW, war natürlich auch dabei.

Sie alle sammelten so viele Opfer des Luftangriffes ein, wie ihre Fahrzeuge nur irgendwie tragen konnten.
Meine Mutter brachte sechs Leute in ihrem kleinen Auto nach Schwerin. Darunter war das Ehepaar Kaiser, das früher meiner Großmutter gegenüber in der Körnerstraße gewohnt hatte, und „Tante Kaisers" Eltern, die Schnoors.

Es ist mir bis heute schleierhaft, wie Mutti diese Bekannten in dem Menschengewimmel überhaupt gefunden hat. Sie brachte auch noch zwei weitere junge Frauen mit, die schwer im Gesicht und an den Händen verbrannt waren.

Bei allen, den Männern und den Frauen, hingen die versengten Kleidungsstücke nur noch in Fetzen an den Körpern.

Die Hitlerjahre aus der Sicht eines Kindes

Diese Menschen waren in der Hölle gewesen; das konnte ich mit großem Schrecken sehen und riechen. Alle Flüchtlinge schliefen entweder in meinem Zimmer oder auf dem Fußboden in den Dachkammern. Die Frauen teilten sich mit Minna die Küche.

Seit der Kristallnacht, und seit Minna zu uns gezogen war, regierte sie unseren Haushalt und ganz besonders die Küche, und es kann nicht leicht für sie gewesen sein, auf einmal mit fremden Frauen zusammen in einer kleinen Küche zu arbeiten, aber ich habe nie auch nur ein einziges Wort der Klage gehört.

Die Flüchtlingsfrauen sprachen kein Wort mit Minna oder mit mir. Vertrauen hatten sie eigentlich nur zu meiner Mutter, die trotz ihrer vielen Patienten alle Flüchtlinge in unserem Haus einzeln untersuchte und behandelte. Sie schickte mich dann zur Apotheke, um die nötigen Medikamente zu holen; und diese Medikamente und Verbandstoffe gab uns die Apothekerin, wenn irgend möglich, kostenlos.

Alle Flüchtlingsfrauen waren sehr dankbar, dass sie sich bei meiner verständnisvollen Mutter aussprechen konnten.

Diese Gespräche fanden meistens spät abends im Sprechzimmer unten in der Praxis statt, und meine Mutter ließ mich oft still dabeisitzen und zuhören. Sie hielt es für unbedingt wichtig, dass ich mir mit offenen Augen und Ohren der Menschen Leiden und deren Freuden voll bewusst wurde. Dieses Wissen hat mich mein Leben lang begleitet.

Im Herbst 1943 war es Mutti möglich, ein Kurzwellenradio für mich, von irgendwo her, zu erstehen. So hatte ich endlich eine neue Informationsquelle.

Zu der Zeit hatte die BBC, die berühmte British Broadcasting Company, es endlich fertig gebracht, die erheblichen deutschen Störungen beim Empfang zu durchbrechen.

So verbrachte ich ganze Abende, und manchmal bis tief in die Nacht unter meiner Bettdecke und hörte die Berichte der BBC. Nachdem ich eine Weile zugehört hatte, konnte ich die Stimmen der verschiedenen Reporter unterscheiden. Ganz besonders gerne hörte ich die Nachrichten, die in einwandfreiem Deutsch begannen „Jetzt hören sie die Stimme eines deutschen Offiziers".

Tief im Herzen hatte ich den Gedanken, dass es nicht richtig war, Radioberichte aus England zu empfangen, die ein deutscher Offizier sprach; aber seine Berichte waren so klar und verständnisvoll an die Deutschen als Menschen und nicht als Feinde gerichtet, dass ich seine Berichte, die in diesem einwandfreien Deutsch über den Sender kamen, am liebsten hörte. Ich versuchte mir vorzustellen, wann und wo er wohl gefangen genommen worden war.

Das Schwierigste war, nie über diese Sendungen zu sprechen, und sie selbst vor meinen besten Freundinnen geheim zu halten, denn auf das Hören der BBC stand weiterhin, wie auf alle anderen Verbrechen, die Todesstrafe.

In diesem Zusammenhang kommt mir eine wunderbare, wahre Geschichte in den Sinn.

Als ich 1946 nach England kam, musste ich erst einmal mein Abitur machen. Ich ging dafür auf eine Privatschule, aber alle mündlichen und schriftlichen Abschlussprüfungen mussten wir im King's College in Newcastle-upon-Tyne machen. Da ich ja sonst alles in der englischen Sprache machen musste, wie Übersetzungen aus dem Französischen, und auch die englische Geschichte sowie das englische Geld- und Maß-System lernen musste, gewährten mir die verständnisvollen Lehrer Deutsch als ein Wahlfach zu nehmen.

Allerdings, ein Jahr nach dem Krieg, war ich die einzige Schülerin, die überhaupt deutsch nahm und daher eine deutsche mündliche Prüfung machen musste, und so fand diese im Dienstzimmer des Professors am King's College in Newcastle statt.

Sehr lässig und ganz uninteressiert gab mir der Herr Professor eine deutsche Zeitung und sagte „Read what you want" „Lies vor was du willst".

Die Zeitung war in altdeutscher Schrift gedruckt, was für mich überhaupt kein Problem war, und ich begann zu lesen. Nach kaum zwei Sätzen unterbrach mich der Professor mit „Stop! Aus welchem Teil Norddeutschlands kommst du?"

Als ich ihm sagte, dass ich aus Schwerin in Mecklenburg käme, fragte er mich, ob ich während des Krieges in Deutschland gelebt hätte. Als ich das bejahte, fragte er „Hast du jemals die BBC gehört?" und als ich nickte, veränderten sich auf einmal sein Aussehen und seine Stimme, und er saß dabei ganz aufrecht, als er sagte „Jetzt hören Sie die Stimme eines deutschen Offiziers".

Ich war ganz fassungslos und rief „I know you, I know you" und sprang beinahe über seinen Schreibtisch zu ihm herüber. Das war ein unglaublicher Augenblick für uns beide, den wir unser Leben lang nicht vergessen werden.

Natürlich war damit das Examen zu Ende, und er lud mich zur nächsten Veranstaltung im King's College ein. So lernte ich auch seine Frau kennen, die während mancher seiner Radiosendungen neben ihm gesessen hatte.

Doch nun zurück zum Krieg.

Es war spät am Abend des 11. Dezembers 1941, einem Donnerstag, und ich ging nach einer Probe aus dem Theater nach Hause. Wie gewöhnlich war es sehr dunkel, und wenn ich unsere kleine Stadt mit ihren teilweise noch mit Kopfsteinen gepflasterten Straßen nicht so gut gekannt hätte, wäre dieser Weg auch gefährlich gewesen.

Wir trugen alle eine kleine Plakette an unseren Mänteln, die grünlich leuchtete. Man konnte sie entweder rund oder herzförmig bekommen, und ich hatte immer eine in Herzform.

Diese kleinen Leuchtplaketten legten wir sorgfältig tagsüber auf ein Fensterbrett ins Licht, damit sie sich wieder aufladen konnten. Wenn wir diese Plaketten nicht getragen hätten, wären die Menschen in der absoluten Dunkelheit bestimmt zusammengestoßen.

Gerade als ich den Markt überquerte, erschreckte mich einer der vielen öffentlichen Lautsprecher mit einer Sondermeldung des Oberkommandos der Wehrmacht. Alle Menschen, die ich in der Dunkelheit nicht sehen, sondern nur fühlen konnte, blieben stehen.

Die Sondermeldung informierte uns darüber, dass Deutschland in Unterstützung unseres siegreichen Verbündeten, des Landes Japan, Amerika den Krieg erklärt hätte.

Sie können sicher sein, dass nur wenige der Leute, die auf dem Markt diese Sendung hörten, verstanden, dass Japan mit Deutschland verbündet war, und dass Deutschland seinetwegen Amerika den Krieg erklärt hatte. Es gab keinerlei Erklärung darüber.

Es wurde nichts davon gesagt, dass die japanische Luftwaffe die amerikanische Flotte in Pearl Harbor, Hawaii, ohne jegliche Kriegserklärung bombardiert hatte.

Es war klar, dass viele der Menschen, die da im Dunkeln standen dachten, dass diese Kriegserklärung mal wieder eine der unerklärlichen Handlungen unseres Führers sei, denn eine immer mehr zunehmende Zahl der Deutschen hielten Hitler seit der Invasion Russlands für größenwahnsinning.

Die Menschen hatten immer viel zu viel Angst, um über ihre Einstellung zu sprechen. Aber meine Mutter hörte Vieles, weil es bekannt war, dass sie zuverlässig, klar denkend und absolut anti-Nazi war.

Ich rannte in der Dunkelheit nach Hause, um Mutti zu erzählen, was ich eben über den Lautsprecher gehört hatte, und um sie zu fragen, was sie darüber dachte.

Zu meinem Erstaunen stieß sie einen tiefen Seufzer aus und sagte „Gott sei Dank. Die Amerikaner werden dafür sorgen, dass dieser Wahnsinn nun bald ein Ende hat".

Aber der Wahnsinn dauerte noch dreieinhalb furchtbare Jahre.

Die letzte Fahrt nach Österreich

Sofort nach dem Anschluss im Frühjahr 1938 hatte meine Mutter persönliche Verbindungen mit der Widerstandsbewegung in Österreich aufgenommen. Danach reisten wir zweimal im Jahr, im Frühling und im Herbst, nach Seefeld/Tirol, und in der Zwischenzeit gab es Kuriere, die regelmäßig die Verbindung aufrecht erhielten.

Drei Jahre später, im Herbst 1941, konnte meine Mutter ihre Arztpraxis nicht mehr verlassen. Die meisten Ärzte in Schwerin hatten sich freiwillig zum Kriegsdienst gemeldet und waren an der Ost- oder der Westfront, oder sie arbeiteten in den Lazaretten. Meine Mutter hatte viele der Patienten dieser Kollegen übernommen, und ich werde nie verstehen, wie sie das alles schaffte.

Obgleich sie nun eine der wenigen verbliebenen Ärzte war, und viele der neuen Patienten in der AOK, der staatlichen Ortskrankenkasse waren, weigerte sie sich weiterhin, in die Partei einzutreten, und daher durften die Patienten, die in der AOK waren, sich eigentlich nicht von ihr behandeln lassen.

Mutti löste dieses Problem, indem sie diesen Patienten anbot, sie umsonst zu behandeln. Viele nahmen dieses Angebot sehr dankbar an.

Die Ärztekammer, die in den dreißiger Jahren eine Organisation geworden war, die von Nazis geleitet wurde, stimmte nicht mit dieser Lösung überein, aber angesichts des großen Ärztemangels und der Beliebtheit meiner Mutter bei all ihren Patienten, hat die Ärztekammer nie etwas gegen sie unternommen.

Nachdem Mutti nun diese Reisen nach Österreich auf Grund des großen Arbeitsanfalls einstellen musste, übernahm ich gerne die Kurierdienste, denn eine normale Jugend hatte ich ja sowieso nicht.

Meine Klassenkameradinnen und Freundinnen hatten auch keine normale Teenagerzeit. Väter und Brüder waren an der Front, in vielen Städten verbrachten die Menschen ihre Nächte im Luftschutzkeller, Lebensmittel waren rationiert und die Nachrichten waren trotz aller Proganda und den durchschaubaren Lügen, furchterregend und man musste damit leben.

Mir, mit jugendlicher Begeisterung, erschien meine neue Aufgabe als Kurier nicht halb so gefährlich, wie sie es wirklich war.

Die Hitlerjahre aus der Sicht eines Kindes

Wer in meinem Freundeskreis hatte schon die Gelegenheit, mindestens dreimal im Jahr nach Innsbruck oder Wien zu reisen?

Meine Mutter arrangierte alles. Ich weiß nicht, was sie dem Schuldirektor erzählte, wie sie meine häufige Abwesenheit aus der Schule erklärte, und wie sie die vielen Reisegenehmigungen bekam.

Erst viele Jahre später begann ich darüber nachzudenken und mich zu wundern, wie sie die furchtbare Angst um mich, über die sie nur mit meiner Großmutter sprechen konnte, überhaupt ertragen hatte.

Die Züge hätten bombardiert werden können, oder einer der SS-Tyrannen hätte mich ergreifen und die in meinem Gepäck versteckten Papiere finden und mich sofort verhaften können. Meine Mutter und Großmutter hätte dann nie wieder etwas von mir gehört.

Einmal wurde ich tatsächlich von zwei dieser schwarzen Bestien, den SS Männern, angehalten. Es war in München beim Umsteigen vom Berliner in den Wiener Zug, und sie fragten in ihrem üblichen, arroganten Ton „Na, wo kommst du denn her Kleine, und wo willst du hin?"

Ich befürchtete, dass man mein laut klopfendes Herz auf dem ganzen Bahnsteig hören konnte.

„Ich komme aus Schwerin und fahre nach Wien".

„Zeig deine Papiere und erzähl uns mal, warum du in der Weltgeschichte rumreist".

Mein Ausweis zeigte, neben meiner Reisegenehmigung, dass ich aus Schwerin in Mecklenburg war, und dass ich dort auf die Oberschule ging und das schien diesen Bestien zu genügen.

Ich werde nie wissen, wo meine Ruhe her kam, aber ich zuckte die Schultern und sagte etwas hochnäsig, dass ich auf ein paar Tage nach Wien wollte, um endlich einmal von der ewigen Bombardierung wegzukommen.

Zu meinem großen Glück schienen diese Idioten nicht einmal zu wissen, dass Schwerin während des ganzen Krieges so gut wie garnicht bombardiert worden war.

Einer dieser Typen, der mit dem Totenkopf auf der Schulter, winkte obszön und sagte „Hau ab", der andere schnalzte ein paar Mal mit der Zunge, und ich ging meiner Wege.

Die letzte meiner Reisen nach Wien, im Frühjahr 1944, werde ich mein Leben lang nicht vergessen. Vielleicht haben sich die Erinnerungen an diese letzte Reise auch nur so tief eingeprägt, weil es das allerletzte Mal war, dass ich mein geliebtes Wien sah.

In Wien ging ich wie im Traum die berühmte Ringstraße entlang, besuchte all die Museen, die trotz des Krieges offen waren, sah Opern in der weltberühmten Wiener Staatsoper, kletterte die endlose Wendeltreppe des Stephansdoms hinauf, fuhr immer wieder auf dem Riesenrad im Prater und sah von den vielen Brücken in die nicht so besonders blaue Donau hinab, und ich bildete mir ein, dass ich aus jedem Haus einen Wienerwalzer hören konnte.

Jetzt bin ich über neunzig Jahre alt und sehne mich oft nach Wien. Aber auf all meinen Europareisen habe ich es nie gewagt, noch einmal nach Wien zu fahren. Ich habe Angst, dass Wien sich mit der Zeit und schon während der langen russischen Besatzung zu sehr verändert hat. Ich würde bestimmt sehr enttäuscht sein, und sage mir, wenn ich Wien nie wieder sehe, bleibt mein Traum erhalten.

Nach fünf Jahren Krieg, im Frühling 1944, ging es der Bevölkerung Deutschlands, und eigentlich der von ganz Europa sehr schlecht. Es war tatsächlich lebensgefährlich, sich über die Angst und Not zu äußern, weil es von den Nazis immer sofort als negative Äußerung gegen den Staat oder Hitler aufgenommen wurde.

Was mir geschehen wäre, wenn man herausgefunden hätte, dass ich geheime Papiere der Widerstandsbewegung von Deutschland nach Österreich getragen und wieder zurückgebracht hatte, ist unvorstellbar. Aber da war so viel Elend und Sterben um uns alle herum, dass man irgendwie gegen die Angst und das Leid abgestumpft war.

Meine letzte Reise nach Wien war ein gefährliches und körperlich fast unerträgliches Unternehmen. Dieses Mal ging die Zugfahrt der vielen Bombenangriffe wegen über Prag und nicht über München.

Die Fahrt begann in Berlin, wo ich in den unbeschreiblich überfüllten Zug nach Wien kletterte und durch die Hilfe eines

Soldaten, der einen riesigen Rucksack auf dem Rücken trug, einen Platz auf dem Gang außerhalb der Abteile erwischte.

Ich hatte gerade genug Platz, um auf meinem kleinen Koffer zu sitzen und meine Arme fest um meine Knie zu schlingen und dabei zu hoffen, dass mir niemand auf die Füsse trat.

Die meisten Reisenden waren Flüchtlinge oder Soldaten, und wir waren so eng zusammengepfercht, dass ich kein Fenster sehen konnte. Eigentlich schadete das nicht, denn draußen war sowieso pechschwarze Nacht, und zudem war der Zug natürlich verdunkelt, um nicht von feindlichen Fliegern gesehen zu werden.

Glücklicherweise nahm der Soldat, der mich auf meinen Platz gequetscht hatte, seinen Rucksack nach einer Weile ab, zwängte ihn neben mir auf den Boden und setzte sich darauf.

Weil er so freundlich und hilfsbereit gewesen war, mir meinen kleinen Platz zu finden, hatte ich ihm nicht sagen wollen, dass sein Rucksack mir jedes Mal an den Kopf schlug wenn er sich drehte.

Der Zug ratterte durch die Nacht, ohne jegliches Licht in den Abteilen und die schweigenden Reisenden versuchten ihre menschliche Würde zu bewahren, soweit es unter diesen Umständen überhaupt möglich war.

Niemand konnte sich auch nur einen Schritt von der Stelle bewegen. Wir teilten unser ärmliches Proviant, und für die dringendsten Bedürfnisse nahmen die Soldaten ihre Stahlhelme ab, reichten sie herum und entleerten sie aus dem Fenster.

Manchmal denke ich darüber nach, was meine Mutter wohl gesagt hätte, wenn sie mich auf dieser Reise, die sie arrangiert hatte, um Menschenleben zu retten, gesehen hätte. Erst viele Jahre später habe ich ihr die Einzelheiten erzählt. Wir beide sahen unsere Arbeit als Pflicht und Verantwortung, genau wie die Soldaten an der Front.

Die Bahnreise von Berlin nach Wien dauerte ungefähr zwölf Stunden, und alle Wagons wurden verriegelt als wir durch die Tschechoslowakei fuhren. Die Schaffner mussten über uns hinweg klettern um alle Türen zu kontrollieren, und wir rollten schweigend und im Dunkeln durch das schöne Prag.

Ein paar Stunden später, als wir die österreichische Grenze überquert hatten, kam ein Schaffner und schloss die Türen wieder auf und kurz danach konnten die, die nahe am Fenster standen, das erste Tageslicht sehen.

Und gar nicht viel später riefen sie mit Begeisterung, dass wir eben die Donau überquert hatten. Ja, die Brücke war noch da, und die Donau war genau so wenig blau wie immer, und dann lief der Zug kreischend in den Wiener Westbahnhof ein.

Langsam, ganz langsam stiegen wir erschöpften Reisenden aus dem Zug. Selbst ich, die erst siebzehn Jahre alt war und so viel Balletttraining gehabt hatte, konnte mich nach den zwölf Stunden in der gekauerten Position sitzend, kaum aufrecht halten und dachte, dass meine Knie verbogen wären.

Aber alles war wieder gut, als ich Tante Christel auf dem wimmelnden Bahnsteig sah. Sie war die Freundin meiner Mutter und hatte Verbindung zur österreichischen Widerstandsbewegung.

Sie betrachtete jeden der müden Menschen ängstlich, und als sie mich dann sah, breitete sie die Arme weit aus, drückte mich fest an ihr Herz, und ich fühlte mich willkommen und geborgen.

Seit mehr als zwei Jahren war ich nun der Kurier zwischen der Widerstandsbewegungen in Mecklenburg und Wien gewesen und hatte eigentlich nie richtig darüber nachgedacht, dass ich lebenswichtige, geheime Mitteilungen über Menschen, die in großer Gefahr waren, in meinem Gepäck trug.

Sobald wir per Straßenbahn bei Christel zu Hause angekommen waren, nahmen sie und ihr Mann mir mein Gepäck ab, und Gustel, die Wirtschafterin, umarmte mich und schickte mich sofort ins Badezimmer.

Wie immer hing dort ein ganz weicher Bademantel und ein wunderbar duftendes Stück Seife lag für mich bereit. Nachdem ich ein warmes Bad genommen hatte, wickelte ich mich in den viel zu großen kuscheligen Bademantel und ging wie immer zu Gustel in die Küche.

Diese Küche war Gustels eigentliche Wohnung. Sie hatte eine Schlafkammer neben der Küche und sie hatte sich eine Wohnecke unter dem Küchenfenster eingerichtet. Dort hatte sie ein kleines Bücherbord, eine Leselampe und einen von den Sesseln aus denen man am liebsten nie wieder aufstehen wollte, wenn man erst einmal darin versunken war.

Müde wie ich war, durfte ich nicht in den Sessel fallen, denn Gustel sagte in ihrem Wiener Dialekt, den ich leider nie nachmachen konnte „Ich habe den Teig schon fertig, aber du kannst mir mit den Zwetschgen helfen" und sie zeigte auf einen Korb voller dieser kleinen, sauren Pflaumen, die gar nicht gut schmecken, wenn man sie roh isst, aber ganz wunderbar im Zwetschgenstrudel sind.

Wir halbierten die Pflaumen, nahmen den Kern raus und schnitten sie in Viertel. Gustel tat sie dann in eine große Schüssel und mischte sie zu meiner großen Erleichterung mit ganz viel Zucker und gehackten Nüssen. Ich freute mich, dass man in Österreich noch Nüsse kaufen konnte, denn in Norddeutschland gab es schon seit Jahren keine Nüsse mehr zu kaufen.

Dann kamen ganz viele Brotkrümel, Brösel, wie Gustel sie nannte, in die Mischung, um den Saft aufzusaugen. Währenddessen war es endlich Zeit für sie, den Teig zu bearbeiten, und für mich in den Sessel zu sinken.

Anstatt nun einzuschlafen, sah ich Gustel mit Bewunderung bei dem zu, was sie nun mit dem Teig anstellte.

Sie arbeitete an einem Tisch, der ungefähr einen Quadratmeter groß und mit einer weißen Tischdecke bedeckt war, die beinahe bis auf den Fußboden hing. Sie rollte den Teig dünn aus und führte dann die erstaunlichste Akrobatik mit diesem Teig aus. Sie knetete ihn und rollte ihn immer wieder immer dünner aus. Dann steckte sie ihre Faust unter den ausgerollten Teig, so dass er wie ein zusammengeklappter Regenschirm auf ihrer Faust hing, und legte ihn wieder auf den Tisch, um ihn noch dünner auszurollen. Das Kunststück mit der Faust machte sie noch mehrere Male, bis der Teig so dünn war, dass er fast so groß wie die Tischdecke war. Ich traute meinen Augen nicht - und das Ganze war von einem ununterbrochenen Redefluss begleitet.

Gustel erzählte mir dann von ihrem wundervollen Neffen Hansl, der ein Offizier bei einem Tankkommando an der Front in Italien war, und dass er diese Woche auf Urlaub nach Wien käme, und ob ich ihn nicht treffen möchte und so weiter und so weiter, bis mir die Augen fast zufielen.

Ich sah gerade noch wie Gustel den Teig mit Butter bestrich, die Pflaumen auf den Teig legte, den Strudel aufrollte, nochmals mit Butter bestrich und ihn dann endlich in den heißen Ofen schob.

Ich dachte nochmal ganz kurz an diesen Hansl, und dann war ich eingeschlafen.

Ich weiß nicht mehr wie lange es gedauert hat, bis mich ein süßer Geruch in der Küche geweckt hatte und ich hören konnte, wie Gustel die Ofentür öffnete, und ich sah, dass sie den Strudel nochmal mit Butter bestrich, und dann schlief ich gleich wieder ein.

Der süße Duft wurde immer stärker, und ich hörte die Ofentür im Halbschlaf. Ich wachte erst richtig auf, als Gustel den Zwetschgenstrudel aus dem Ofen genommen und ihn mir praktisch unter die Nase gesetzt hatte.

Tante Christel hatte ganz selbstverständlich wie immer meinen Koffer ausgepackt, während ich von Gustel in der Küche unterhalten worden war. Meine Mutter und Christel hatten von Anfang an besprochen, dass ich die Papiere nie zu sehen bekommen sollte, und dass ich auch nie herausfinden sollte, wo genau sie in meinem Gepäck versteckt gewesen waren.

Natürlich wusste ich, dass ich irgend etwas Wichtiges oder sogar Gefährliches im Koffer hatte, aber, und darüber wundere ich mich noch heute, ich habe einfach nicht darüber nachgedacht und auch nie nach den Papieren gesucht.

In späteren Jahren bin ich ab und zu mal gefragt worden, ob ich es meiner Mutter nie übelgenommen hätte, dass sie und Christel mich in Gefahr gebracht hatten. Ich kann ganz ehrlich sagen, dass ich stolz und glücklich war, meiner Mutter und der Widerstandsbewegung geholfen zu haben, und wenn es auch nur ein kleines Bisschen gewesen ist.

Wenn wir auch nur ein einziges Leben damit gerettet haben, dann war es doch der Mühe und der Gefahr wert.

Die Wacht am Rhein

Der Dezember 1944 war kalt und dunkel und niemand war in Advents- und Weihnachtsstimmung.

Die Zeitung, der Niederdeutsche Beobachter, den wir den Niederträchtigen Beobachter nannten, und das Radio berichteten, dass die Truppen im Osten „Auf siegreichen, strategischen Rückzügen" waren, und dass für den Winter im Westen alles ruhig sei.

Trotzt dieser „beruhigenden Propaganda" wurden die Lebensmittelrationen fast wöchentlich gekürzt und alle Kohlelieferungen eingestellt.

Den Menschen war ständig kalt und sie waren hungrig; dazu herrschte die meist unausgesprochene Angst, dass die Streitkräfte der Alliierten, und besonders die der Sowjets, immer näher kamen.

Die Flüchtlinge aus dem Osten waren sehr still, oder sie erzählten solche Horrorgeschichten, dass der einzige Gefallen, den man ihnen tun konnte war, dass man sich hinsetzte und ihnen ruhig zuhörte.

Leider, leider fehlte uns manchmal einfach die Zeit dafür.

Mitte Dezember wurden unsere Schulen geschlossen. Zuerst erklärte man uns diese Zeit als frühe Weihnachtsferien, aber eine Woche später wurde dann bekannt gegeben, dass die Schulen wegen der Kohleknappheit geschlossen wurden; und Anfang Januar wurden alle Schulen als Lazarett ausgestattet.

An einem Nachmittag, Anfang Dezember, klingelte es an der Haustür, was sehr ungewöhnlich war, denn zur Sprechstundenzeit kamen die Leute ganz einfach durch die aufgeschlossene Tür.

Wenn jemand klingelte, bedeutete es, dass er jemanden aus dem Haus sprechen wollte.

Um Minna das Laufen der Treppen zu ersparen, und vielleicht auch aus Neugier, lief ich die Treppe hinunter und öffnete die Tür.

Vor mir stand ein junger deutscher Offizier, und ich konnte an seinen Schulterstücken erkennen, dass er ein Oberleutnant war.

Er stellte sich als Kurt Ebersen vor und sagte, dass er der Neffe unserer Haushälterin Minna sei.

Die Hitlerjahre aus der Sicht eines Kindes

Er war an der Ostfront verwundet worden, und da es in der Nähe des Schlachtfeldes keine Lazarette gab, und die Sanitäter und Krankenwagen weit überfordert waren, wurde er einfach alleine und zu Fuß nach Hause geschickt. Teilweise hatten ihn Militärfahrzeuge mitgenommen, ansonsten war er den weiten Weg gelaufen oder, wie ich später herausfand, gehumpelt.

Unterwegs hatten einige andere Soldaten und auch die Bevölkerung ihre kleinen Rationen mit ihm geteilt. Übernachtet hatte er in Scheunen und verlassenen Häusern.

Ich habe ihn nie gefragt, wie lange er bis zu uns unterwegs gewesen war, und ich schätze, dass er ungefähr dreihundert Kilometer zu Fuß und humpelnd zurückgelegt haben musste.

Kurt bat mich, ob er ein oder zwei Nächte bei uns übernachten dürfe und sagte, dass er dann zu Fuß in seine Heimatstadt Osnabrück im Westen weitergehen wolle.

Als wir die drei langen Treppen zu Minnas Zimmer raufstiegen, sah ich, dass sein linkes Knie steif war und es ihm auch offensichtlich sehr weh tat. Ich half ihm, die Jacke auszuziehen und dann arbeitete ich sehr lange daran, seine geschwollenen Füße aus den Militärstiefeln zu bekommen.

Ich sah, dass, ganz abgesehen von den Schmerzen, ihm das sehr peinlich war. Es musste eine lange Zeit, vielleicht

Wochen her sein, seit er seine Füße oder die Socken hatte waschen können.

Beide Füße, beide Socken und sogar die Stiefel waren mit Blut verkrustet, und er hatte offene infizierte Blasen an beiden Füßen.

Ich war zwar noch keine Hilfsschwester, aber ich wusste, mich zu benehmen und was ich zu tun hatte. Ich tat so, als wenn ich den Geruch, die offenen eitrigen Blasen und die schmutzigen Socken überhaupt nicht bemerkte.

Ich riet Kurt, sich auf Minnas Bett zu legen, während ich lief, um Minna zu holen. Ich fand sie natürlich in der Küche und sie stieß einen lauten Schrei aus als ich ihr sagte, wer auf ihrem Bett läge.

Unser Haus war voller Flüchtlinge, und während der Sprechstunde und manchmal auch sogar außerhalb dieser Stunden, saßen fünfzehn bis zwanzig Patienten im Wartezimmer und auf der Treppe, die zu unserer Wohnung führte. Wenn ich nicht selber in der Praxis half, war es gar nicht so leicht, zu meiner Mutter durchzudringen.

Als ich endlich mit ihr sprechen konnte, gelang es mir ihr zu sagen, dass ein junger Offizier, Minnas Neffe, in deren Zimmer sei, und dass ich ihn auf ihr Bett gelegt hatte.

Sobald meine Mutter ein paar Minuten frei hatte, ging sie zu Minna und „Herrn Ebersen". Wir waren damals sehr formal. Meine Mutter besprach kurz die Lage und die Notwendigkeiten mit Minna. Sie hatte nie viel Zeit, und ich stoppte sie, als sie die Treppe wieder runterkam, denn ich brauchte ihre Hilfe und Anweisungen.

Wir hatten nie genug Betten und Bettzeug, und ich sorgte mich, wo wir den verwundeten, total erschöpften Oberleutnant unterbringen sollten.

Mutti beruhigte mich und sagte, dass er in Minnas Bett bleiben würde, und sie auf dem Fußboden neben ihm schlafen würde.

Minna würde ihm das Essen und eine Waschschüssel an das Bett bringen, und sie muss, bei all ihrer Arbeit, sehr liebevoll für ihn gesorgt haben.

Bei so vielen Menschen und so viel Arbeit und Unruhe im Haus vergaß ich bald, dass Minna einen Patienten im Zimmer hatte.

Nachdem die Schulen Mitte Dezember geschlossen worden waren, begann ich ernsthaft bei meiner Mutter in der Praxis zu helfen, und ich hatte ganz besonders viel in den späten Nachmittagsstunden zu tun, wenn die Sprechstundenhelferinnen nach Hause gegangen waren.

Bis zum Herbst 1944 hatte unser Personal bei uns im Haus geschlafen und ging nur am Wochenende nach Hause. Aber seit so viele Flüchtlinge bei uns Unterkunft fanden, riet meine

Mutter allem Personal, wenn nur irgend möglich, am späten Nachmittag nach getaner Arbeit, nach Hause zu gehen.
Minna war natürlich die Ausnahme, denn sie gehörte ja zur Familie.

Wenn ich nicht in der Praxis gebraucht wurde, machte ich Patientenbesuche. Ich brachte ihnen Medikamente und oft auch Essen. Zudem wechselte ich die Verbände, was sehr häufig nötig war, denn wir hatten viele Patienten mit offenen eiternden Entzündungen.
Sie verheilten langsam und schlecht, denn es war ja eine Zeit, in der es noch keine Antibiotika gab.

Abends sterilisierte ich medizinische Instrumente und half beim Sortieren der Patientenkartei und den Abrechnungen.
Einmal die Woche, am Sonntag, schrieben Mutti und ich Rechnungen, die ich dann einmal im Monat bei der ärztlichen Verrechnungsstelle abgab.

Kein Wunder, dass ich auch als nun fast erwachsene junge Frau weiterhin keinen Fuß in die Küche gesetzt und auch nie einen Besen oder ein Staubtuch in die Hand bekommen hatte.

Schwerin war aus mehreren Gründen, welche ich erst viel später erfuhr, von den Bombenangriffen der Amerikaner während des Tages und der Engländer des Nachts, verschont geblieben. Deshalb wurde die Stadt Ende Dezember 1944 zur Lazarettstadt für alle Streitkräfte erklärt und unter den Schutz des Roten Kreuzes gestellt.

Die offizielle Erklärung dazu fand am 1. Januar 1945 statt und betraf alle Schulen, Tanzsäle und Kasernen. All diese Gebäude wurden zu Lazaretten erklärt und dementsprechend ausgestattet.

Das Staatstheater war bereits im September 1944 geschlossen worden, nach der letzten Aufführung von Beethovens Fidelio.

Auch alle Kinos mussten im Dezember ihre Türen schließen, um mehr Unterkünfte für Flüchtlinge zu schaffen.

Die eiligen Vorbereitungen auf die Umwandlung von Schulen und Tanzsälen in Krankenhäuser begann schon kurz vor Weihnachten und wir, die Schweriner Bevölkerung, beteiligten uns soweit wie irgend möglich. Unsere Apotheken lieferten Medikamente, Spritzen, Nadeln und Verbandsstoffe, und die Arztfrauen brachten Sterilisationsapparate, Blutdruckmesser und Instrumente aus der Praxis ihrer Männer, die jetzt an der Front waren.

Oberschüler und alte Männer wurden zu Zimmermännern und bauten Feldbetten, und die Wehrmacht baute in jedem Lazarett eine Feldküche ein. Ich erinnere mich nicht, woher die Matratzen, Kissen und Bettdecken, oder die Töpfe, Teller und Tassen und all die anderen vielen Sachen, die ein Krankenhaus notwendig braucht, herkamen.

Wir hatten einen kalten Winter, und wie auch in unseren Häusern, hatten wir keine Kohle für die Heizungen in den

Lazaretten, aber soweit ich mich erinnere, hat sich kein einziger Soldat oder Flüchtling über die Kälte oder die unbequemen Betten beklagt.

Sie hatten alle so viel durchgemacht und es gab so viele Dinge, um die man sich wirklich Sorgen machen musste, dass man die Unbequemlichkeiten mit seelischer Distanz hinnahm.

Doch nun zurück zu Kurt, den ich bei all meiner Arbeit in der Praxis meiner Mutter, dem Schließen unserer Schulen und meinen Hausbesuchen wirklich fast vergessen hatte.

Eines Abends klopfte es ganz leise an unsere Wohnzimmertür.

Unser Wohnzimmer war der einzige Wohnraum, den wir wirklich nur für uns hatten. Die Flüchtlinge und die Patienten respektierten unsere Privatsphäre, aber mit Kurt war es etwas anderes und er war natürlich gern gesehen. Durch seine Verwandtschaft mit Minna gehörte er zur vertrauten Familie und wurde auch dementsprechend behandelt.

Ich hatte ihn nicht die Treppe herunterkommen hören, obwohl das Manöver für ihn auch sehr schwierig gewesen sein musste, da er ja ein steifes, schmerzhaftes Knie hatte. Ich hatte ihn nicht gehört, weil er nur Socken und keine Stiefel trug.

Er entschuldigte sich sofort und erklärte, dass Minna seine Socken gewaschen und gestopft, und die Stiefel zum Schuster gebracht hatte.

Die Hitlerjahre aus der Sicht eines Kindes

Unser Schuster, ein Patient meiner Mutter und bestimmt gleichgesinnt, besohlte unsere Schuhe immer mit einem synthetischen Zeug, das wirklich nicht besser als Pappe war, aber „Für den Soldaten, der für uns gekämpft hat", war nur das Allerbeste gut genug; und er hatte richtiges Leder über seine Beziehungen bestellt. Daher mussten wir noch auf die Reparatur warten.

Kurt fragte mich, ob wir wohl eine Zeitung hätten, denn durch den langen Marsch von der Front, wusste er nicht, was inzwischen im Osten und Westen geschehen war.

Ich erklärte ihm, dass wir meines Wissens nach seit Monaten keine Zeitung mehr im Hause gehabt hätten, vielleicht wurde die einzige Zeitung der Stadt auch gar nicht mehr gedruckt, und dass wir unsere Informationen über den Osten von Flüchtlingen und den Westen aus Gerüchten bekamen. Und dann flüsterte ich Kurt ins Ohr
„Ich habe ein Kurzwellenradio in meinem Bett versteckt!".

Seine Augen leuchteten auf, und er sah mich ungläubig an. Einen eigenen Kurzwellenempfänger zu besitzen war ein Traum.

Nun mussten wir eine Möglichkeit finden, wie er das Radio sehr leise einstellen und zuhören konnte.

Dass er, wie ich es immer tat, in mein Bett kroch, sich die Decke über den Kopf zog und Nachrichten hörte, war natürlich in seinem Fall, keine Lösung.

So ging ich in unser Schlafzimmer, holte das Radio aus meinem Bett, und brachte es unter einer Bettdecke versteckt in das Wohnzimmer.

Nach einiger Überlegung beschlossen wir, dass der Platz unter dem Schreibtisch der Sicherste war, denn dann konnten wir das Radio hinter dem Papierkorb verstecken.

Das Telefon war schon lange mit einem Kissen abgedeckt, und ehrlich gestanden hatten wir keine Angst mehr, abgehört zu werden.

Im Winter 1944-45 hatten die Nazis und die Gestapo, die Geheime Staats Polizei Wichtigeres zu tun, als Telefongespräche zu belauschen, besonders da diese Aktion in all den Jahren, wie ich denke, nichts gebracht hatte.

Mutti und ich hatten unsere Geheimgespräche im Flüsterton auf der kleinen Toilette schon vor langer Zeit aufgegeben, aber das Flüstern wurde zur Gewohnheit, denn unser Haus war immer voller fremder Menschen.

Kurt legte sich der Länge nach auf den Teppich und stellte das Radio sehr leise an. Zuerst kam er natürlich auf den damals einzigen deutschen Sender, und da hörten wir zu unserem großen Erstaunen, dass Adolf Hitlers Wehrmacht einen Überraschungsangriff im Westen begonnen hatte und die westlichen Alliierten, hauptsächlich die Amerikaner, von unserer Wehrmacht überrascht und überwältigt worden waren.

Das „Unternehmen Wacht am Rhein" hatte begonnen, und die deutschen Truppen drangen siegreich nach Frankreich und hauptsächlich Belgien mit dem wichtigen Hafen von Antwerpen, vor.

Die Alliierten nannten die Schlacht „The Ardennes Counter Offensive". Erst wesentlich später wurde diese Schlacht, die vom 16. Dezember 1944 bis zum 25. Januar 1945 stattfand, dann „The Battle of the Bulge" genannt.

Dieser Name war von Journalisten erfunden worden, weil die neuen Karten, die die aktuellen Grenzen zwischen Deutschland und den westlichen Streitkräften zeigten, wie eine Ausbuchtung nach Westen, oder wie ein „Buckel" aussah.

Täglich konnte uns Kurt dann nach dem Abendessen im Wohnzimmer flüsternd Berichte von der BBC weitergeben, und die waren wesentlich glaubwürdiger als die Gerüchte und die lügnerische Propaganda des Oberkommandos der Wehrmacht.

Selbstverständlich hörte Kurt immer die British Broadcasting Company, die BBC, und das war lebensgefährlich.

Sollte ich daher nur das geringste Radiogeräusch aus dem Wohnzimmer hören, rannte ich hinein und stülpte mein einziges großes Kopfkissen über seinen Kopf und das Radio, nur um auf „Nummer sicher" zu sein, dass keine Fremden mitbekommen konnten, dass wir in unserem Hause die BBC hörten.

Wir wussten, dass wir unserem Personal vertrauen konnten, und die paar Flüchtlinge, die mit Minna oder meiner Mutter sprachen, hatten sich nur erkundigt, ob sie wüssten, wie nahe die Russen an Schwerin herangekommen waren. An dem, was im Westen geschah, hatten sie weniger Interesse, denn sie hatten keine Angst vor den Truppen der Alliierten.

Ende 1944, eigentlich seit Pearl Harbour und der Niederlage von Stalingrad, glaubten nur noch die total verblendeten und fanatischen Nazis an einen Sieg Deutschlands, oder „Deutschen Sieg", wie sie es nannten. Die Menschen wussten, dass der Krieg verloren war.

Die Frage war nur noch, welcher Teil Deutschlands in die Hände der Sowjetunion, und welcher Teil in die Hände der Westalliierten (USA, England und Frankreich) fallen würde.

An vielen Abenden in der Weihnachtszeit lagen Kurt und ich zusammen auf dem Fußboden, hielten unsere Köpfe dicht zusammen über dem kostbaren Radio und hatten meinen Schulatlas zwischen uns liegen.

Kurt erklärte mir dann in seiner ruhigen, gewissenhaften Art wie der Vorstoß der deutschen Wehrmacht nach Belgien und Nordfrankreich von statten gegangen war.

Am Heiligabend, an dem man damals normalerweise rund um einen Tannenbaum saß, an dem Kerzen brannten, saßen wir vier, meine Mutter, Minna, Kurt und ich im abgedunkelten Wohnzimmer, und ich erinnere mich an diesen Heiligabend als wenn es gestern gewesen wäre.

Mit einem Ohr hörten wir natürlich den laufenden Nachrichten der BBC und mit dem anderen hörten wir Kurts

Berichten zu, da er den ganzen Tag nicht nur den Sender der Engländer, sondern auch den Sender mit den deutschen Nachrichten gehört hatte.

Er berichtete, dass es die Absicht der deutschen Wehrmacht im Westen gewesen war, eine Offensive zu starten, um die britischen und die amerikanischen Truppen zu trennen, und um sie dann einzeln zu besiegen. Laut Hitlers Hauptquartier würde danach der Sieg über die Russen ein leichtes sein.

Der zweite, und wahrscheinlich noch wichtigere Grund der Offensive war, durch Belgien durchzustoßen, um die Kontrolle über den Hafen von Antwerpen wiederzugewinnen. Dieser Hafen bot die einzige Möglichkeit, für die Alliierten Nachschub zu bekommen, und er sollte unbedingt zerstört werden.

Wir alle wussten, dass Hitlers Pläne reiner Wahnsinn waren, und dass er sich hartnäckig weigerte, auf seine Generäle zu hören.

Es war keine gesegnete Weihnachtszeit in unserem Haus, und wir hatten immer große Angst.

Trotz allem war uns zu Sylvester feierlich zu Mute.

Zu dem Anlass zog Kurt seine neubesohlten und glänzenden schwarzen Stiefel an, und meine Mutter brachte eine Flasche französischen Sekt aus ihrem Versteck. Ich habe keine Ahnung wo sie die Flasche herbekommen hatte, und wo sie versteckt gewesen war.

Ich nehme an, dass sie diese sehr kostbare Flasche irgendwo im Garten versteckt hatte, denn der Sekt war eiskalt, ganz genau so, wie er sein musste!
Wir vier stießen mir diesem köstlichen Sekt auf das neue Jahr an, und wir wussten, dass es eines der schwersten und ereignisvollsten Jahre unseres Lebens werden würde.

Während der Feiertage wurden die Nachrichten aus dem Radio nicht besser; und schließlich kam dann am Neujahrstag die Meldung von der BBC, dass die Amerikaner ihre Streitkräfte gesammelt hatten und zum Gegenangriff übergegangen waren.

Das Unternehmen Wacht am Rhein war gescheitert und nach beiderseitigen schweren Verlusten war der Kampf, die Battle of the Bulge am 25. Januar 1945 offiziell zu Ende, und was von den deutschen Divisionen übrig geblieben war, hatte sich hinter den Westwall, die Siegfried Line, wie die Engländer diesen Befestigungswall nannten, zurückgezogen.
Am Ende des Krieges, und all die Jahre in England, hörte ich das Lied „We hang our washing on the Siegfried Line"
"Wir hängen unsere Wäsche an die Siegfriedleine".

An der Ostfront hatten die Sowjets ihre Offensive weitergeführt und näherten sich Schritt für qualvollen Schritt, während die deutschen Truppen sich genauso qualvoll zurückziehen mussten.
Als ich einen Abend im Januar von meinen vielen Pflichten nach Hause kam, war Kurt nicht mehr da, und das

Kurzwellenradio war wieder in meinem Bett. Meine Mutter erklärte mir, dass die furchtbare Wunde und Infektion in seinem Knie und die infizierten Blasen an seinen Füßen durch ihre Behandlung geheilt waren, und dass sie ihm geraten hatte zu versuchen, nach Osnabrück zu kommen, solange es noch in deutscher Hand war.

Sie meinte, es wäre in deutscher Uniform leichter, durch unsere eigene, sich zurückziehende Armee in den Westen zu kommen. Er wollte verborgene Wege suchen, um zu vermeiden, in einer Schlacht mit den Westmächten gefangen genommen zu werden.

Kurt hatte den Wanderstock meiner Mutter, den mit den Stockschildern aus dem Harz, ein Bündel mit Rauchfleisch, etwas Brot und ein Paar saubere Socken von Minna bekommen, und hatte sich auf den Weg gemacht.

Ich war traurig als ich hörte, dass Kurt nicht mehr da war und umarmte Minna und Mutti spontan und hoffte, dass Kurt heil und sicher nach Osnabrück kommen würde. Er hatte selten darüber gesprochen, aber ich wusste, dass in Osnabrück ein Mädchen auf ihn wartete.

Nach so vielen Jahren in denen ich nichts von Kurt hörte, hatte ich ihn tatsächlich vollständig vergessen.
Erst in der Mitte des Jahres 1965, als ich meine Mutter von Kalifornien aus besuchte, fragte ich sie „Was ist eigentlich aus Minna geworden?"

Da erinnerte mich meine Mutter daran, dass es ihr gelungen war, Minna nach Osnabrück zu schicken, kurz bevor die russische Armee Schwerin übernahm. Minna hatte ihren Bruder wiedergefunden, und nachdem meine Mutter 1951 in den Westen gegangen war, zahlte sie Minna bis an deren Lebensende, um 1960, eine kleine Rente.

Von Minna hatte sie gehört, dass es Kurt heil und sicher nach Osnabrück geschafft hatte, und dass er auch das Mädchen, das er liebte, wiedergefunden hatte.

Kurts Verlobte hatte fast ein Jahr lang nichts von ihm gehört und hatte, wie alle Frauen, die einen geliebten Menschen an der Ostfront hatten, angenommen, dass er entweder tot, oder in Russland vermisst war.

So viele der deutschen Soldaten waren in Russland vermisst, und das war das schlimmste Schicksal, das wir uns überhaupt vorstellen konnten.

Aber Kurt hatte überlebt und war nach Hause gekommen, wurde kurz von den Engländern gefangen genommen, und als er die britische Gefangenschaft hinter sich hatte, konnten die Beiden endlich heiraten.

Nach Minnas Tod hat meine Mutter den Kontakt zu Kurt verloren, aber nach all diesen Jahren bin ich mir ganz sicher, dass Kurt und seine Familie glücklich in Osnabrück leben.

Arbeit im Lazarett

Nach unserer ruhigen und doch etwas hoffnungsvollen Neujahrsfeier waren wir nun im neuen Jahr, im Winter von 1945. Am 2. Januar, als alles wieder zurück an die Arbeit ging, wurde von den Schweriner Behörden die Bekanntmachung gemacht, dass alle Schulen, Kinos und Tanzhallen wegen Kohlemangels geschlossen bleiben würden.

Natürlich wusste jeder, und ins besondere die Menschen, die in den Regierungsgebäuden arbeiteten, dass es sich nicht nur um Kohlemangel handelte. Die Schulen mussten als Lazarette und Krankenhäuser ausgestattet werden, und die Kinos waren sowieso seit Anfang Dezember dunkel. Zudem war seit Monaten kein Mensch mehr Tanzen gegangen. Die Menschen hatten andere Sorgen. Alle öffentlichen Gebäude wurden als Flüchtlingsunterkünfte dringend gebraucht.

Ich habe nie verstanden, für wie dumm die Naziregierung uns Deutsche wohl hielt. Ja, ursprünglich war ein großer Teil der Bevölkerung von den sozialen Versprechen und dann all den Siegen beeindruckt, aber nach so vielen Jahren der Lügen und des Elends der Flüchtlinge, der Ausgebombten und der zurückkommenden Truppen, gab es nur noch sehr wenige Fanatiker, die an die von Hitler versprochene Wunderwaffe, die zum schnellen Sieg führen würde, glaubten.

Die Gerüchtemühlen drehten weiter und schneller, und es waren ja nicht nur Gerüchte. Mehr und mehr Menschen hatten Kurzwellenradios und waren auch nicht mehr bange, die Nachrichten zu verbreiten. Wenn wir auch nicht immer an all die Gerüchte glaubten, war es doch kristallklar, dass die deutsche Propaganda wirklich lächerlich war.

Die Alliierten kamen an zwei Fronten näher und bekämpften und bombardierten die Zivilbevölkerung, zu denen die Alten, die Frauen, die Kinder und Kriegsverletzte gehörten.

Jede Nacht heulten die Sirenen bei uns und kündigten einen erneuten Bombenangriff der Royal Air Force auf Berlin an, und wenn auch bis dahin, und seit Anfang des Krieges praktisch keine Bomben auf Schwerin gefallen waren, saß die Bevölkerung doch hungrig, frierend und voller Angst im Keller oder in den wenigen, neugebauten Bunkern, bis sie endlich die Entwarnungssirenen hörten.

Dadurch, dass die Schulen nun endgültig geschlossen waren, konnten und mussten sich auch alle Jugendlichen für das Vaterland einsetzen.

Die Jungen, die sechzehn, vielleicht auch nur fünfzehn Jahre alt waren, wurden sofort in das Militär oder den Arbeitsdienst eingezogen, während es für uns Mädchen mehrere Möglichkeiten gab.

Wir konnten in einer Munitionsfabrik arbeiten, auf dem Bahnhof helfen oder beim Roten Kreuz als Hilfsschwester in den Lazaretten eingesetzt werden. Letzteres war natürlich die beste Möglichkeit, aber man brauchte gewisse Voraussetzungen und spezielles Training, um dort angenommen zu werden.

Ich hatte meiner Mutter schon jahrelang in der Praxis geholfen und hatte unter anderem gelernt, Verbände gut anzulegen, und so war ich froh und glücklich, als Hilfsschwester in einem Lazarett sofort und fraglos angenommen zu werden. Wie viel die guten Beziehungen meiner Mutter damit zu tun hatten, konnte ich nur ahnen.

Einige meiner Mitschülerinnen hatten keine Alternative und mussten in der Munitionsfabrik arbeiten oder wurden auf Militärlastwagen geladen und bei den Bauern als Hilfskräfte in den umliegenden Dörfern abgeliefert.

Das war ein grausamer Scherz.
Besonders mitten im Winter konnten die Landfrauen, deren Männer und Söhne an der Front waren, keine Stadtkinder, die Latein und Mathematik gelernt hatten, gebrauchen.

Diese jungen Mädchen aus dem Lyceum hatten bisher weder eine Kuh gemolken noch eine Mistgabel in der Hand gehabt, und diese sogenannten Helfer waren zudem noch ein zusätzlicher Mund, der gefüttert werden musste. So wurden meine Mitschülerinnen einfach wieder nach Hause geschickt.

Nach dem Krieg und viele Jahre später hörte ich erst die Schauergeschichten von ihnen, wie sie als junge Mädchen im kalten Winter, ohne Verpflegung und ohne das richtige Schuhwerk über fünfzig Kilometer durch den Schnee zurück nach Schwerin und nach Hause finden mussten.

Die schlimmsten und wirklich herzzerreißenden Aufgaben hatten die Jugendlichen, die auf dem Bahnhof eingesetzt wurden. Die Erlebnisse, die die Frauen und Mädchen über diese überfüllten Flüchtlingszüge mitbrachten, waren unvorstellbar.

Eigentlich sollten diese Helferinnen Brötchen und Kaffee verteilen, aber meistens gab es nur Wasser für die hungrigen Flüchtlinge.

Leider hatte ich damals zu wenig Zeit, mich mit meinen Freundinnen zu treffen, um mich mit ihnen zu unterhalten.

Aber einmal gelang es mir doch, bei uns im Wohnzimmer zu sitzen und eine Weile nur zu „klönen" wie wir es auf gut Mecklenburgisch nannten.

Meine Mutter hatte vorgeschlagen, mich mit Ingrid, der jungen Tochter einer Patientin, bei uns im Wohnzimmer zu treffen.

Die Hitlerjahre aus der Sicht eines Kindes

Sie kam, und wir tranken zusammen eine Tasse sehr dünnen Tee. Es war ganz offensichtlich, dass Ingrid etwas auf dem Herzen hatte, das sie loswerden mußte.

Ingrid hatte täglich „Bahnhofsdienst", und sie hatte mir schon mehrere Male, aber nur ganz kurz, von der Qual der Flüchtlinge in den Zügen aus dem Osten erzählt. Dieses Mal war es doch noch viel schlimmer.

Sie erzählte, dass, als sie auf dem Bahnsteig ihren Dienst tat, ein Zug einfuhr und eine Frau aus dem Fenster um Hilfe rief. Ingrid eilte zu der Frau. Da gab die unter lautem Weinen Ingrid ein kleines Tuchbündel in die Hand und sagte „Das ist mein Baby, mein kleiner Junge, und er ist tot. Ich darf ihn hier nicht im Zug behalten, und ich kann nicht aussteigen, denn ich habe ja noch andere Kinder hier".

Ingrid stand wie angewurzelt am Bahnsteig, mit dem toten Baby im Arm und der Zug fuhr langsam ab. Als sie das Fenster schon gar nicht mehr sehen konnte, und der Zug schon um die Kurve gefahren war, meinte sie, das laute Weinen der Mutter immer noch zu hören.

Niemand fragte Ingrid warum sie da stand, niemand bot Hilfe an.

Alle Bahnhofshelfer hatten viel zu viel zu tun und ihre eigenen großen Sorgen. Ganz automatisch ging Ingrid vom Bahnhof zu meiner Mutter in die Praxis und übergab ihr wortlos das Bündel.

So erfuhr ich, dass ich nicht die Einzige war, die mit scheinbar unlösbaren Problemen zu meiner Mutter kam. Ihre Patienten machten das genauso; und Mutti hatte sehr viele Patienten, alle mit großen Sorgen.

Meine Mutter wusste ganz bestimmt, was man mit einem toten Baby macht, und sie muss das Nötige unternommen haben; aber sie hat nie mit mir über die Einzelheiten gesprochen. Heute hoffe ich, dass sie das Bündel in das naheliegende Kinderkrankenhaus, das Annahospital brachte, und dass die Schwestern dort alles weitere für das kleine, tote Baby in die Wege leiteten.

Soviel ich weiß, war ich die Einzige aus unserer Klasse, die als Schwesternhelferin beim Roten Kreuz im Lazarett arbeitete. Obgleich es ganz bestimmt keine leichte Arbeit war, tat ich es doch sehr gerne und hatte nie das Gefühl, dass ich ein Opfer brachte oder lieber woanders hätte arbeiten wollen.

Die Oberschwester war eine ältere, erfahrene und verständnisvolle Frau, und sie schickte mich klugerweise in die Abteilung, in der die verwundeten Offiziere lagen.

Trotz aller Nazipropaganda über Gleichberechtigung und Volksgemeinschaft waren Klassenunterschiede und ungleiche Behandlung niemals mehr an der Tagesordnung als während der Nazizeit.

Die Verwundeten waren in einem großen Klassenzimmer untergebracht, in dem ungefähr zwanzig Feldbetten dicht an dicht standen, und in der Mitte des Zimmers stand ein langer Tisch. Das Zimmer hatte nur zwei oder drei Stühle und zu den ärmlichen Mahlzeiten saßen die Männer am Ende ihrer Betten. Sie konnten die leichten Betten so herumschieben, dass sie alle rund um den Tisch sitzen konnten, während sie von ihren Blechtellern aßen.

Wenn sie zum Essen Wasser trinken wollten, mussten sie sich die zwei Wassergläser, die wir auf der Station hatten, teilen. Ein Wasserhahn war auf dem Flur, aus dem ich die Gläser jedes Mal auffüllte, wenn sie leer waren.

Im Vergleich zu den Amerikanern sind die Deutschen nie gute Wassertrinker gewesen; und wenn ich jetzt darüber nachdenke, würden unsere Verwundeten alle bestimmt viel lieber Bier oder Wein getrunken haben.

In Schwerin waren wir bestimmt besser dran als in anderen Städten, denn wir hatten die ganzen Kriegsjahre gutes, trinkbares Wasser, und dafür waren wir dankbar, besonders wenn wir hörten, wie es in anderen Städten zuging.

Damals war ein Teil der Arbeit einer Hilfsschwester, die Fußböden sauber zu halten und das Geschirr abzuwaschen.

Als ich das erste Mal einen Besen in die Hand nahm, und es war wirklich das allererste Mal, beobachteten mich all diese Männer, wie ich versuchte, zu fegen, und nach ein paar

Minuten nahm mir ein nicht bettlägeriger Oberst lächelnd den Besen aus der Hand, fegte gut aus und seitdem brauchte ich nie wieder den Besen in die Hand zu nehmen. Genauso ging es mit dem Abwaschen, das in einer winzigen Schüssel mit kaltem Wasser vonstatten ging. Ich hatte offensichtlich keine Ahnung, wie ich das machen sollte, sodass ein anderer, sehr netter junger Offizier gleich am ersten Tag das Abwaschen übernahm.

Alle diese Männer erkannten, dass ich sehr gut beim Verbinden ihrer Wunden war, und keine noch so übelaussehende und wirklich stinkende Wunde scheute. Ich schien unerschüttert von dem Eiter und den Maden in den offenen Wunden.

Später im Leben wurde ich dann Mikrobiologin und lernte, wie man Wunden desinfiziert, aber schon damals wusste ich, wie man Wunden auch unter primitivsten Umständen sauber, wenn auch nicht steril, halten konnte.

Sie alle beobachteten mich, als ich am Bettrand der meist sehr jungen Soldaten saß, und mich mit den fiebernden Schwerverwundeten unterhielt. Wenn sie sterben mussten, hielt ich sie im Arm und küsste sie auf die Stirn, wenn sie sterbend nach ihrer Mutter riefen.

Ansonsten saßen die Männer nur herum und hatten nichts zu tun.

Die Hitlerjahre aus der Sicht eines Kindes

Damit sie nicht zu gelangweilt waren und nur auf traurige Gedanken kamen, brachte ich Bücher aus den Bücherschränken meiner Mutter und meiner Großmutter ins Lazarett, die immer dankbar angenommen wurden und von Hand zu Hand gingen.

Oft sahen sie mir zu, wenn ich den armseligen Verbandskasten sortierte, und sie halfen mir gerne beim Wickeln der Binden. Es war ihnen bestimmt ganz egal, dass ich so vollkommen ungeeignet für die Hausarbeit war.

Als Rote-Kreuz-Schwesternhelferin gehörte ich zum Militär, aber da ich in Schwerin wohnte, brauchte ich nicht in einem der Schwesternzimmer zu übernachten. Diese Zimmer waren furchtbar. Die Betten, schlechter als die Feldbetten der Soldaten, waren bis unter die Decke hochgestapelt, und was es an Bettwäsche gab, wurde nie gewaschen.

Ich hatte es da besser. Ich durfte abends nach Hause gehen, Mutti umarmen, eine ordentliche Mahlzeit essen und in meinem eigenen Bett schlafen. Natürlich setzte ich zudem meinen nächtlichen Telefondienst fort und hörte die Nachrichten über mein Kurzwellenradio.

Die Sendungen von dem deutschen Offizier bei der BBC, dessen Stimme ich so gut kannte, wurden weniger und weniger nachdem die britischen und amerikanischen Truppen immer tiefer nach Deutschland eingedrungen waren.

Im Februar hörten wir von der furchtbaren Feuerbombardierung Dresdens, die noch viel schlimmer als der Luftangriff auf Hamburg war, und dann hörten wir mit Schrecken die Einzelheiten der Konferenz auf Jalta, im Februar 1945.

Die Teilnehmer der Konferenz waren der sterbenskranke amerikanische Präsident Roosevelt, der britische Premierminister Winston Churchill, der wusste, dass er nicht wiedergewählt werden würde, und ein triumphierender Stalin, dessen Streitkräfte zu der Zeit nur ungefähr fünfzig Kilometer vor Berlin standen.

Damals trafen diese drei Männer von Stalin diktierte Entscheidungen über die Aufteilung des besiegten Deutschlands; Entscheidungen, die Deutschland und die Alliierten noch jahrzehntelang belasten würden.

In diesem furchtbaren Winter und Frühling ging ich weiter wie automatisch zum Dienst, hörte die Schreie der Verwundeten und das Weinen derer, die geliebte Menschen verloren hatten, und fiel abends total kaputt in mein Bett, wo ich mir mein Federbett über den Kopf zog, um die Welt um mich herum für eine Weile zu vergessen.

Bombenangriff auf Schwerin

Im Frühling 1945 versuchten wir unser Leben so normal wie möglich weiter zu führen. Unsere kleine Stadt Schwerin im Norden Deutschlands, in Mecklenburg, brauchte den Schrecken der täglichen und nächtlichen Bombardierungen glücklicherweise nicht zu ertragen.

Zudem gab es bei uns wirklich nichts zu bombardieren. Schwerin hatte keine Schwerindustrie oder irgendwelche andere Fabriken und war kein großer Eisenbahnknoten. Wir hatten weite Felder, Wälder und viele Seen. Einzig herausragend, groß und schön war unser sehr sichtbares Schloss. Ansonsten gab es im Allgemeinen nur zwei-und dreistöckige Reihenhäuser mit den Geschäften, oder individuelle Häuser und Villen.

Die einzige Munitionsfabrik lag weit außerhalb der Stadt und der kleine Flugplatz in Goerries schien vergessen.

Da aber auch ganz harmlose kleine Städte und Dörfer bombardiert wurden, fühlten wir uns nur gesichert, weil Schwerin eine vom Roten Kreuz anerkannte Lazarettstadt war, und jedes große Gebäude hatte daher ein riesiges Rotes Kreuz auf dem Dach.

Zwar hatten die Russen erklärt, dass sie sich nicht an die Regeln des Rotes Kreuzes halten würden, aber, soweit wir wussten, wurden diese Regeln von den westlichen Alliierten anerkannt.

Wir hörten später, zu unserer Scham, dass die Nazis oft nicht nur die Lazarettzüge, sondern auch Truppentransportzüge mit dem Roten Kreuz auf dem Dach gekennzeichnet hatten, und vielleicht ist damit der vollkommen unerwartete Luftangriff im April 1945 der Amerikaner auf Schwerin zu erklären.

Anfang Januar 1945 begannen die unaufhörlichen Eisenbahntransporte, die nicht mehr nur Flüchtlinge und Zwangsvertriebene aus dem Osten, sondern auch Hunderte von verwundeten und sterbenden Soldaten von der Front zu uns brachten.

Da Schwerin an keiner Haupteisenbahnstrecke lag, hatten wir es dieser günstigen Lage zu verdanken, dass die Schreckenszüge mit den Opfern, die für die Konzentrationslager in Polen bestimmt waren, südlich an uns vorbeifuhren.

Die Luftschutzsirenen heulten praktisch jede Nacht und kündeten die britischen Bomber an, die nach Berlin flogen.

Meine Mutter und ich, unser Personal und die mindestens acht Flüchtlinge, die bei uns wohnten, gingen aber nur dann in unseren viel zu kleinen Luftschutzkeller unten im Haus, wenn wir Schüsse hören konnten, was Gott sei Dank nur sehr selten der Fall war.

Die Hitlerjahre aus der Sicht eines Kindes

Schwerin hatte zwar eine Flugabwehrstation, jedoch war diese nach den ersten Monaten des Krieges nicht mehr besonders aktiv.

Zu Anfang des Krieges hatten wir noch keine Angst, bombardiert zu werden, wenn die Warnungssirenen heulten, denn niemand konnte sich vorstellen wie das war, und nach der Warnung standen wir dann immer mit den Nachbarn und dem Blockwart, der für Ordnung sorgen sollte, auf der Straße vor unserer Tür.

Da verfolgten wir, und es war glücklicherweise das einzige Mal, einen Luftkampf über Schwerin. Wir sahen zu unserem Entsetzen wie ein britisches Flugzeug im Kreuzlicht der Scheinwerfer gefangen und abgeschossen wurde.

Es explodierte in der Luft und fiel wie ein Feuerball zur Erde.

Ich war in meiner Hoffnung nicht allein, dass der Pilot sofort tot war und nicht brennend durch den Aufprall sterben musste.

Keiner von uns, die da herumstanden, triumphierte, sondern wir alle waren tieferschüttert, und ich habe das Bild des brennenden Flugzeuges mein Leben lang nicht vergessen.

Im Großen und Ganzen glaubte die meist friedlich eingestellte Schweriner Bevölkerung, dass, wenn wir die Bomber nicht angriffen, sie uns auch in Ruhe lassen würden.

Das war im Nazisinne sehr unpatriotisch, aber ich habe es nic so empfunden. Die Zerstörung unserer Stadt würde nichts zu dem von den Nazis erwarteten und immer propagierten siegreichen Ende des Krieges beigetragen haben. Wir retteten Leben und hatten unzerstörte Unterkünfte für viele verzweifelte Menschen, und das war der wichtigste Kriegsbeitrag unseres lieben Schwerins.

Nach dem Krieg, als ich in England auf die Universität ging, traf ich einen jungen Mann, der während des Krieges in der RAF, der Royal Air Force, Pilot gewesen war. Seine Kriegserfahrungen und die Erinnerungen an das ständige Bombardieren der wehrlosen deutschen Bevölkerung hatten ihn seelisch sehr belastet.

Er war immer still und zurückgezogen und sprach die ersten paar Wochen nach Schulanfang mit niemandem und ganz gewiss auch nicht mit mir, einer Deutschen.

So war ich sehr erstaunt als er mich eines Tages fragte, wo ich denn den Krieg verbracht hätte. Ich antwortete „In Schwerin, das liegt nordwestlich von Berlin".

Da leuchteten, zu meinem Erstaunen, seine Augen auf und er sagte „Schwerin, ja, ich kenne Schwerin".

Dann erzählte er mir, dass die RAF-Bomber des nachts, auf Befehl, auf dem kürzesten Wege von Süd-England nach Berlin an der Elbe entlang geflogen waren. Dabei wurden sie die ganze Strecke von der deutschen FLAK angegriffen und erlitten schwere Verluste.

Da es keinen besonderen Befehl für den Rückflug gab, nahmen sie den nördlichen, etwas längeren, aber wesentlich sichereren Weg über Schwerin. Die kleine Stadt mit ihren vielen Seen war so leicht zu erkennen, und das Bild mit dem Schweriner Schloss auf einer kleinen Insel, das an einer klaren Mondnacht wie ein Märchenschloss erschien, war eine der wenigen guten Kriegserinnerungen, die er hatte.

Die deutsche FLAK rührte sich nicht, wenn sie Schwerin auf dem Rückweg überflogen, und falls sie noch Bomben an Bord hatten, war der Befehl, weiterzufliegen und sie woanders abzuwerfen.

Ich war gerührt und erstaunt und dankte ihm, dass er und sein Geschwader meine Heimatstadt verschont hatten. Er zuckte nur die Schultern und sagte „You did not shoot at us either".
„Ihr habt ja auch nicht auf uns geschossen".

Unglücklicherweise hatten die Amerikaner, die nur tagsüber bombardierten, nicht die gleiche Einstellung.

Obgleich Schwerin bis auf den unzerstörten Bahnhof und einem ganz kleinen, so viel ich weiß, unbrauchbaren Flugplatz außerhalb Schwerins in Goerries, keine strategischen Zielpunkte bot, und ein großes Rotes Kreuz auf dem Dach jedes Krankenhauses angebracht war, bombardierten die Amerikaner Schwerin am 7. April, einem strahlend sonnigen Tag, ganz überraschend.

Es war ein Alptraum!

Die Sirenen heulten zu spät und die Bevölkerung konnte sich nicht rechtzeitig in den Luftschutzkellern in Sicherheit bringen, bevor die Bomben fielen. Der Luftangriff dauerte nur etwas unter zwanzig Minuten, aber 217 Menschen verloren ihr Leben und vierzig Wohnhäuser waren total zerstört.

Dann, als die amerikanischen Bomber abflogen, ließen sie ihre übriggebliebenen Bomben am Stadtrand auf den Friedhof fallen.

Ich ging am nächsten Tag in das zerstörte Gebiet um den Friedhof herum und sah die in Laken gewickelten Toten des Bombenangriffes in Reihen vor dem Friedhof liegen.

Junge Soldaten vom deutschen Militär, Blockwarte und auch amerikanische Kriegsgefangene, wie ich viele Jahre später erfuhr, arbeiteten, um die vollkommen zerstörten Gräber wieder in Ordnung zu bringen. Überall lagen zerbrochene Grabsteine, Menschenschädel- und Knochen, die auf die Seite geräumt werden mussten, um dann die neuen Gräber für die Bombenopfer zu graben.

Sie ließen mich nicht auf den Friedhof, um wenigstens nach dem Grabstein meines Großvaters und den zwei Brüdern meiner Mutter, die beide im ersten Weltkrieg gefallen waren, zu suchen.

Ich habe es nie fertiggebracht meiner Mutter und meiner Großmutter von meinem fehlgeschlagenen Versuch zu erzäh-

Die Hitlerjahre aus der Sicht eines Kindes

len; nur viele Jahre später erzählte mir meine Mutter, dass sie damals auch auf dem Friedhof gewesen sei. Man hatte sie den ganzen Friedhof absuchen lassen, aber selbst in späteren Jahren hatte sie die Gräber oder die Grabsteine ihres Vaters und ihrer beiden Brüder nicht gefunden. Sie müssen bei dem Angriff vollkommen zerstört worden sein.

Das Straßenbahn- und das Busdepot waren schwer beschädigt, und so viele Busse und Straßenbahnen waren zerstört, dass es für Schwerin bedeutete, mehrere Wochen lang ohne öffentliche Beförderungsmittel zu sein.

Die Engländer setzten ihre nächtlichen Luftangriffe auf Berlin fort, aber seit dem amerikanischen Luftangriff gingen wir nicht mehr ins Bett, wenn die Sirenen heulten, sondern wir gingen vollständig angezogen in den nächst gelegenen Luftschutzbunker.

Für die Leute in unserer Wohngegend war das ein ziemlich weiter Weg, und wir konnten auch manchmal nicht sofort losgehen. So kam es dann, dass oft alle Bänke schon besetzt waren, wenn wir ankamen.

Meine Mutter war so beliebt und anerkannt, dass immer jemand für sie aufstand und ihr Platz machte. Ich setzte mich dann auf den Boden vor ihre Füße, umschlung ihre Beine wie ein kleines Kind mit beiden Armen, und legte meinen Kopf an ihre Knie. So konnte ich stundenlang sitzen und sogar auch einschlafen.

Meist waren wir alle müde und erschöpft, und gewöhnlich herrschte Totenstille, bis auf die Stimme eines weinenden Kindes.

Niemand klagte über Hunger und die schlaflosen Nächte und keiner wagte etwas über die ständig drohende Gefahr zu sagen.

In der Nacht vom 13. April wurden wir alle in dem Bunker über den Lautsprecher durch die Mitteilung des Oberkommandos der Wehrmacht mit daran anschließenden Fanfarenklängen aufgeschreckt.

„Der Präsident der Vereinigten Staaten von Amerika, Franklin Deleanor Roosevelt, ist gestern am 12. April 1945 gestorben".

Kurz darauf hörten meine Mutter und ich zu unserem Entsetzen lautes Jubeln in unserem Luftschutzbunker.

Meine Mutter hielt mich bei den Schultern, bückte sich zu mir herunter und flüsterte in mein Ohr „Er war unsere letzte Rettung".

Die letzte Nacht, die wir in dem Bunker verbrachten, war die Nacht vom 30. April. Noch einmal wurde die Stille durch Trommeln und mit einem Bericht des Oberkommandos der Wehrmacht unterbrochen.

„Adolf Hitler, unser Führer, ist heute am 30. April des Jahres 1945 in Berlin gestorben".

Dieses mal gab es keine Fanfaren, nur ein langes düsteres Trommeln.

Die Hitlerjahre aus der Sicht eines Kindes

Diese Nachricht wurde mit Totenstille aufgenommen. Es gab kein lautes Jammern, aber auch kein Jauchzen der Erlösung. Jeder machte sich seine eigenen Gedanken. Obgleich die Entwarnungssirenen noch nicht geheult hatten, standen die alten Männer, die Frauen und Kinder auf, verließen den Bunker und gingen still nach Hause.

Wir hörten erst durch die Gerüchteflüsterer, dass Hitler in seinem kugel- und bombensicheren Bunker mit Eva Braun Selbstmord begangen hatte.

Wir alle wussten, dass die Welt, die wir einmal gekannt hatten, nicht mehr existierte, und dass es jetzt unsere Pflicht sein würde, den Menschen in Deutschland und Europa wieder auf die Beine zu helfen, und das durch den Krieg von Deutschland zerstörte Europa wieder herzustellen.

Hitler hatte Selbstmord begangen, weil er wusste, dass Deutschland den Krieg verloren hatte, einen Krieg, den die Nazis gar nicht erst hätten beginnen sollen.

Die furchtbare Wahrheit

An einem Spätnachmittag, Anfang April 1945, klingelte jemand an der Haustür. Das war eigentlich ungewöhnlich geworden, denn die Haustür wurde schon seit Wochen nicht mehr abgschlossen, selbst wenn keine Sprechstunde war. Wir hatten nicht genug Schlüssel für alle Flüchtlinge, die bei uns Unterkunft gefunden hatten, und die Patienten kamen einfach herein und setzten sich in das Wartezimmer oder auf die Treppe. Angst vor Dieben oder Einbrechern gab es schon seit Monaten nicht mehr.

Ich lief die Treppe hinunter und öffnete die Tür, wohl mal wieder aus reiner Neugier, und weil sowieso niemand anders die Zeit hatte an die Tür zu gehen.

Da standen fünf Menschen, ein junger Mann und vier Frauen. Der junge Mann flüsterte, dass er alles erklären würde, wenn sich die Frauen nur erstmal hinsetzen dürften. Das Wartezimmer war frei, und so öffnete ich die Tür weit.

Während ich mit dem jungen Mann an der Tür stand, zogen sich diese kümmerlich und maßlos traurig aussehenden Frauen am Treppengeländer hoch und gingen langsam an dem jungen Mann und an mir vorbei. Das gab mir die Gelegenheit sie einzeln anzusehen. Es waren alles Frauen unbestimmbaren Alters. Sie sahen so elend und verzweifelt aus, sodass sie alt oder jung sein konnten.

Ich schätzte sie alle zwischen zwanzig und fünfzig Jahre alt ein. Ihr Haar hing ihnen in Strähnen im Gesicht und ihre Kleider waren schmutzig und zerrissen.

Ich nahm an, dass sie alle Flüchtlinge waren, aber ich wusste nicht, aus welchem Land sie kamen.

Als sie alle einen Platz im Wartezimmer gefunden hatten, sahen wir uns erst einmal alle schweigend an, und dann erzählte der junge Mann mir auf sehr gutem Deutsch

„Wir sind alle Polen. Ich war in Auschwitz und wurde von einem Lager ins andere transportiert, als die Russen näherkamen, und wir wurden vor einer Woche alle entlassen. Uns wurde der Befehl gegeben nach Westen zu gehen, und ich habe diese Frauen mitgenommen, denn ich wusste, dass sie es niemals alleine schaffen würden. Sie sprechen kein Wort Deutsch und sind sehr schwach. Wir sind tage- und nächtelang gelaufen und haben dabei das Schießen der immer näher kommenden Russen im Hintergrund gehört".

Der junge Mann erzählte, dass er Medizinstudent in Warschau gewesen sei und gegen die Nazis demonstriert habe, weswegen er verhaftet worden und ins Konzentrationslager gekommen sei.

Er versicherte mir, dass die Frauen keine Verbrecherinnen waren, sondern nur in der unglücklichen Situation, jüdischer Abstammung zu sein.

Ich war erschüttert, als ich diese Frauen eine nach der anderen ansah. Sie sagten nichts, saßen zitternd da und starrten mit ihren großen traurigen Augen vor sich hin. Ich versuchte, sie anzulächeln, um ihnen Mut zu machen, aber alle sahen direkt an mir vorbei.

Gott sei Dank kam Mutti schon früh von ihren Hausbesuchen zurück, sah uns im Wartezimmer und übernahm sofort alle Verantwortung.

Sie bat Minna, einen großen Topf Kartoffelsuppe zu kochen, mit so vielem anderen Gemüse wie möglich, und alle Wurst-und Fleischstückchen, die wir im Hause hatten, hinein zu schneiden.

Dann beauftragte sie mich, die Frauen in unser Badezimmer zu bringen und ihnen mit dem Duschen zu helfen.

Wir hatten nur ein Badezimmer mit einer Badewanne und einer Duschvorrichtung, und heißes Wasser war sehr knapp. Der Heißwassertank über der Badewanne war klein und hielt nur genug warmes Wasser für ein Vollbad. Das Wasser wurde mit Elektrizität geheizt, und es dauerte eine wahre Ewigkeit den Tank zu erhitzen.

Ich wusste, dass ich schnell arbeiten musste, wenn das Wasser erstmal heiß war, um alle vier Frauen geduscht zu bekommen.

Ich half ihnen mit dem Ausziehen und legte alle Kleidungsstücke vor die Badezimmertür, denn ich hoffte, dass Minna kommen und alles aussortieren und waschen lassen würde.

So stellte ich eine Frau nach der anderen so schnell wie möglich unter die über der Wanne angebrachten Dusche und half ihnen, sich einzuseifen und abzuspülen. Selbst das Haar wurde mit dem einzigen kleinen Stück Seife gewaschen.

Der Anblick dieser armen, auf die Knochen abgemagerten, zitternden Körper war eines der erschütterndsten Anblicke meines jungen Lebens. Natürlich sah ich im Lazarett täglich viel Elend, doch der Anblick dieser Frauenkörper wird mich mein ganzes Leben lang verfolgen.

Minna hatte, wie erwartet, die Kleider und Unterwäsche der Frauen weggenommen und durch frische Sachen von mir und meiner Mutter, von ihr selber und ja, auch von den in unsrem Haus lebenden Flüchtlingen, ersetzt.

Die Flüchtlingsfrauen, die bei uns wohnten und immer hilfsbereit waren, wuschen, was sie konnten und halfen beim Putzen der erbärmlichen Schuhe.

Als die Kartoffelsuppenmahlzeit vorüber war und die Frauen sich das Wartezimmer so eingerichtet hatten, dass sie alle eine Schlafstelle gefunden hatten, fragte mich der junge Mann „Möchtest du jetzt wissen, wie es wirklich war?"

Ich sagte „Ja, natürlich, wir müssen ja endlich die Wahrheit hören".

Die Hitlerjahre aus der Sicht eines Kindes

Wir setzten uns auf die Treppe, die zur ersten Etage führte und jetzt noch, nach all diesen Jahren, wenn ich in dem Haus am Platz der Jugend zu Besuch bin, mache ich bei der Stufe Halt, auf der wir damals gesessen haben und denke für ein paar Sekunden an den jungen Mann aus Auschwitz. Ich habe seinen Namen nie gehört und für mich wird er Zeit meines Lebens „der junge Mann" bleiben.

Ich hörte ihm bis tief in die Nacht hinein wortlos zu, und so bekam ich zum allerersten Mal zu wissen, was wirklich in Auschwitz und wahrscheinlich auch in den anderen Vernichtungslagern, vor sich gegangen war.

Der junge Mann war bestimmt dankbar, dass er nun einmal ununterbrochen von der Qual und dem Horror sprechen konnte, und ich war ihm meinerseits dankbar, dass ich ihm still und ununterbrochen zuhören konnte.

So erzählte er, dass die Opfer in Güterzügen in das Lager gebracht worden waren. In jedem eintreffenden Zug waren genau eintausend Menschen. Sie wurden aus den Zügen geladen und bekamen den Befehl, sich vollkommen, bis auf die Haut auszuziehen und allen Schmuck und andere Habseligkeiten, einschließlich ihres Gebisses, abzugeben.

Sie wurden dann nackend in den Riesenduschraum getrieben und die Türen wurden verriegelt. Dann hörte der junge Mann nur die Schreie, wenn aus den Duschköpfen Giftgas statt Wasser sprühte, und dann kam der Rauch und dann der Gestank.

Der junge Mann hatte etwa eine knappe Stunde Zeit, um die Kleidung und die Habseligkeiten dieser Opfer zu sortieren, bis der nächste Transport ankam.

Es gab eine Kiste für Männerkleidung, eine für Frauenkleidung und eine für Kinder- und Babysachen. Da war auch eine Kiste für Spielzeug, und ein Kasten für Brillen und Gebisse. Dann gab es noch einen sehr großen Behälter für andere Besitztümer, wie Aktentaschen, Bücher, Gürtel, Regenschirme und natürlich alle Arten von Musikinstrumenten.

Jede Stunde kam ein Zug mit eintausend Opfern, und es kamen regelmäßig zehn Züge am Tag. So ging es über Wochen und Monate, und so wurden jeden Tag, und in jedem der Ausrottungslager, organisiert und automatisiert, zehntausend unschuldige Menschen systematisch durch Vergasung ermordet und anschließend verbrannt.

So ging es Tag um Tag bis in den Januar 1945, als die russische Armee zu nahe an das Lager kam. Die Tore wurden geöffnet, aber nur um für Arbeit noch brauchbare Menschen, wie meinen jungen Mann, in ein anderes Konzentrationslager zu transportieren.

Die anderen Gefangenen und einige ihrer Wärter mussten zurückbleiben.

Häftlinge wurden nur dann entlassen und herausgetrieben, wenn die Nazis das Lager vollkommen verlassen wollten, um nicht selber gefangen genommen zu werden.

Die Hitlerjahre aus der Sicht eines Kindes

Ich wusste, dass der junge Mann während er sprach, mir keine Einzelheit und keine Grausamkeit ersparte, und ich hörte fast die ganze Nacht regungslos zu. Trotz dieser erschütternden Geschichte saß ich ganz stoisch und still und konnte nicht weinen. Durch das tragische Schicksal so vieler Menschen in meiner Umgebung hatte ich schon lange die Fähigkeit, richtige Tränen zu weinen, verloren.

Obgleich ich doch wirklich nicht die Einzige gewesen sein konnte, die nun endlich die Wahrheit gehört hatte, wurde nichts über diese Tatsachen in den Zeitungen berichtet. Auch das Radio und die Lautsprecher des Oberkommandos der Wehrmacht berichteten nur von „Siegreichen, strategischen Rückzügen", und dass die Wunderwaffe, welche die Nazis bis an das Ende des Krieges versprachen, bald zum endgültigen Sieg führen würde.

Als ich nach dieser furchtbaren Nacht am nächsten Abend aus dem Lazarettdienst nach Hause kam, waren unsere Freunde aus dem Konzentrationslager fort und weiter in den Westen geflohen. Der junge Mann hatte sich bei meiner Mutter und Minna bedankt und sich von meiner Mutter mit den folgenden Worten verabschiedet „Bitte verstehen Sie, wir müssen weiter nach Westen, denn vor den Russen haben wir noch mehr Angst, als vor den Deutschen".

Spät abends bin ich dann, obgleich ich doch nun schon „groß" war, wie ein kleines Kind in Muttis Bett gekrochen und habe ihr alles in allen Einzelheiten erzählt, genau, wie ich es in der Nacht zuvor gehört hatte.

Sie weinte, als sie mich fest in die Arme nahm und sagte, dass sie immer geahnt hätte, dass Furchtbares in den Konzentrationslagern vor sich ging, aber davon, dass Hitler und seine Ungetüme eine solche Hölle auf Erden organisiert hatten, hätte sich ja niemand eine Vorstellung machen können.

Ich weiß nicht, ob es richtig ist, aber ich gehöre zu den Menschen, die an nationale Schuld und Verantwortung glauben, und daher werde ich diese Last bis an mein Lebensende tragen.

Die Übergabe von Schwerin

Es ist erstaunlich, aber nur ein kleiner Teil der Mecklenburger, und dazu gehören auch wir Schweriner, kann sagen, dass sie drei verschiedene militärische Besatzungen am Ende des zweiten Weltkrieges erlebt haben. Auch heute noch, nach über siebzig Jahren, ist es interessant, über den wesentlichen Unterschied der amerikanischen, der britischen und der sowjetischen Besatzung, nachzudenken.

Auf der Jalta-Konferenz, die vom 4. bis zum 11. Januar, 1945 auf der Krim stattgefunden hatte, trafen sich Roosevelt, Churchill und Stalin, um die Aufteilung Deutschlands nach der totalen Niederlage, zu besprechen.

England sollte den Nordwesten, Amerika den Westen und Südwesten, und Russland den Ostteil Deutschlands bekommen.

Den Franzosen wurde ein kleiner Teil im Südwesten, eigentlich ein Teil der amerikanischen Zone, zugeteilt.

Die beiden Hauptstädte Deutschlands und Österreichs, nämlich Berlin und Wien, sollten in vier Zonen aufgeteilt werden, die dann von den Siegermächten kontrolliert werden sollten.

Hitler hatte sich am 30. April 1945 in seinem Bunker in Berlin das Leben genommen und sein Nachfolger Admiral Dönitz hatte sofort den Befehl gegeben, dass nur noch gegen den Osten, aber nicht mehr gegen den Westen weitergekämpft werden sollte. Daher konnten die westlichen Streitkräfte, praktisch kampflos, so weit vordringen wie sie wollten.

Der amerikanische General Dwight D. Eisenhower war zu dem Zeitpunkt der Oberbefehlshaber der westlichen Streitkräfte, und er hatte den Befehl gegeben, dass diese Truppen nur bis an die, auf Jalta vereinbarte Grenze vordringen sollten.

Wir wissen nicht, ob die Amerikaner den Befehl nicht bekommen hatten oder sich ganz einfach entschlossen, ihn zu ignorieren; jedenfalls, zu Ende des Krieges, drangen die amerikanischen Truppen weit über die vereinbarten Grenzen, manchmal über dreihundert Kilometer zu weit, nach Osten vor.

Die Bevölkerung in Mecklenburg, konnte das ja nicht wissen und wir fürchteten uns sehr vor dem Einmarsch der Russen. Wir waren hingegen bereit, die Amerikaner mit Freuden zu begrüßen.

Da man in Schwerin nun wirklich nicht wissen konnte, wer zuerst da sein würde, die westlichen Alliierten oder die Russen, verlor die Stadt ihren sicheren Status als „Freistadt" und wurde sofort zur „Festung" erklärt. Falls gekämpft werden musste, wollte man bereit sein.

Festungskommandant wurde Ritterkreuzträger Oberst Panzenhagen und der Standortoffizier wurde Major Reuter, der Vater meiner besten Freundin, Gerda.

Irgendwelche Befestigungen waren nicht vorhanden, aber man hoffte, dass die natürliche Seenkette immerhin eine gewisse Barriere gegen den Feind bieten würde. Soldaten waren genug in Schwerin, aber an Waffen, besonders den schweren Waffen, fehlte es gewaltig. Die Standortkommandatur bereitete das Sprengen zweier wichtiger Brücken vor, aber im Übrigen ließ man die Dinge an sich herankommen und hoffte auf das Beste.

Als ich am 2. Mai frühmorgens unser Haus verließ, waren die Straßen ungewöhnlich leer und geheimnisvoll ruhig. Alle Flüchtlinge, die man sonst früh morgens auf der Straße sehen konnte, mussten entweder in den Häusern geblieben sein, oder sie hatten aus Angst vor den Russen Schwerin verlassen und waren weiter nach Westen geflüchtet.

Ich blieb in dieser außergewöhnlichen Stille stehen und hörte ein dumpfes Rollen von links, das sich wie ein weit entferntes Donnern anhörte, und nach etwas Überlegung war mir klar, dass die Kanonengeräusche vom Osten, also von der russischen Seite kamen und mir wollte das Herz stehen bleiben.

Aber dann, als ich genau hinhörte, konnte ich dasselbe Donnern auch aus dem Westen, von der amerikanischen Seite her, hören.

Ich stand weiterhin mucksmäuschenstill und konzentrierte mich auf das, was ich hören konnte und wohl auch zu hören hoffte.

Manchmal war das entfernte Donnern aus dem Westen lauter und manchmal war es viel stärker von der Ostfront hörbar und dann auf einmal konnte ich gar nichts mehr hören, und ich wusste nicht mehr was richtig war und was mir meine Phantasie vorspielte.

Als mir das klar wurde, fing ich an zu rennen. Ich rannte und rannte und kam dann schließlich vollkommen atemlos an meinem Arbeitsplatz im Lazarett an.

Natürlich versammelten sich meine Offizierspatienten sofort um mich herum und hatten tausend Fragen.

„Hast du Russen gesehen?"

„Waren Panzer da?"

„Sind es die Russen oder die Amerikaner?"

„Werden die Schweriner kämpfen oder sich ergeben?"

Bis der Oberst, der mir damals den Besen aus der Hand genommen hatte, und seitdem immer noch für mich fegte, seinen Arm um meine Schulter legte und sagte „Lasst sie doch erstmal zu Atem kommen. Dann wird sie uns alles erzählen, was sie weiß. In der Zwischenzeit setzen wir uns alle hin und warten, genauso wie wir es in den letzten vierundzwanzig Stunden getan haben".

Der Oberarzt und die Oberschwester gingen von Krankenstation zu Krankenstation und sagten zu den Patienten

Die Hitlerjahre aus der Sicht eines Kindes

und dem Personal, dass sie in den Zimmern bleiben sollten, um weitere Anweisungen abzuwarten.

Danach folgte im Lazarett eine ebensolche unwahrscheinliche Stille, wie ich sie auch draußen erlebt hatte. Wir warteten, ich weiß nicht wie viele Stunden, und dann geschah etwas ganz Unwahrscheinliches, wie ein Wunder.

Ein ganz leichter und mir vollkommen unbekannter Geruch kam in unser Zimmer und wir sahen uns alle erstaunt an. Da rief einer der Offiziere, der in Amerika gewesen war „Das ist Tabak aus Virginia. Ich kenne den Geruch. Die Amerikaner sind hier!"

Der Soldat, der diese Wunderzigarette rauchte, erzählte uns dann seine Geschichte.

Er hatte das Lazarett (trotz aller Befehle das nicht zu tun) verlassen, um nur mal zu sehen was draußen los war.

Als sie das hörten, verdrehten alle Männer in unserem Zimmer vom Leutnant bis zum Oberst die Augen oder verkniffen ein Lachen, und der Gefreite fuhr ungestört fort „Da sah ich diesen Amerikaner und er sah mich. Er sah meinen Arm in der Schlinge, nahm eine Zigarette aus seiner Tasche und zündete sie für mich an. Das ist alles".

Der Gefreite wurde dann von Zimmer zu Zimmer geschickt, damit alle Patienten und das Personal seine Zigarette riechen, und er ihnen beweisen konnte, dass die Amerikaner wirklich hier waren.

Ich konnte zum ersten Mal nach langer Zeit weinen, aber es waren diesmal Freudentränen. Und als eine andere Schwesternhelferin, die ich nicht einmal kannte, in das Zimmer kam, umarmten wir uns und sagten „Das Schlimmste ist jetzt vorbei"

Wir mussten dann später feststellen, dass dies wirklich nicht der Fall war, aber die Amerikaner waren jetzt da, und wir hatten nicht den leisesten Zweifel, dass wir jetzt erst einmal sicher waren.

***

In einem anderen Stadtteil geschah zur gleichen Zeit etwas ganz Anderes, nämlich die kampflose Übergabe Schwerins.

Gegen 10 Uhr morgens hörte man in der Standortkommandatur, dass die Amerikaner die Elbe bei Lauenburg überquert hatten und sich nach Norden bewegten. Dann kam die Information über das Eisenbahntelefon, dass die Amerikaner nun im Norden von Holthusen, weniger als 30 km südwestlich von Schwerin, waren. Sie waren also nahe genug an der Stadt, was zeigte, dass der Dönitzbefehl, die Truppen aus dem Westen nicht zu bekämpfen, befolgt wurde.

Oberst Panzenhagen beauftragte Major Reuter, in seinem Oberstwagen in Richtung Ludwigslust den Amerikanern entgegenzufahren und die Übergabe Schwerins offiziell zu vermitteln. Feldwebel Neubeck bot sich an, in dem Wagen mitzufahren, und das Angebot wurde gerne angenommen.

Die Hitlerjahre aus der Sicht eines Kindes

Er bekam ein weisses Wehrmachtshandtuch in die Hand, das er, auf dem Kühler sitzend, als weiße Fahne, also als Symbol der Friedfertigkeit, hin und her schwenken sollte.

Sie waren nicht sehr weit nach Süden gefahren, als sie die „Amis", wie wir die Amerikaner nannten, auf dem Berg vor der Fritschkaserne sahen.

Ich habe Einzelheiten dieser Beschreibung der Übergabe Schwerins von Herrn Reuter selbst und ganz besonders von meiner Freundin, seiner Tochter Gerda, so oft gehört, dass ich das Gefühl habe, selbst dabei gewesen zu sein.

Ein Amileutnant befahl dem Wagen mit Major Reuter rechts ran zu fahren, die Fahne nicht mehr zu wedeln, und auszusteigen. Der lässige junge amerikanische Leutnant in seinem Kampfanzug sah den tadellos gekleideten deutschen Major interessiert an und sagte dann in erstaunlich gutem Deutsch „Ihr seid unsere Gefangenen, geht zum Püsserkrug und haltet die Hände hoch".

Auf dem Weg zum Püsserkrug, einem beliebten Lokal, trafen sie ungefähr alle hundert Meter auf einen amerikanischen Posten, und schon beim ersten dieser Posten wurden Major Reuter, seine Armbanduhr und sein Siegelring abgenommen.

Viel schmerzlicher war, dass ein Ami ihm später auch einen kleinen Ring abnahm den ihm seine Tochter vor seinem letzten Feldzug geschenkt und auf den kleinen Finger geschoben hatte.

Gerda war, und ist auch heute noch meine allerbeste Freundin, und sie hat oft über diesen Ring, den sie von ihrer Großmutter bekommen hatte, und den nun ein Amerikaner gestohlen hatte, gesprochen.

Am nächsten amerikanischen Posten wurden dem Major dann auch noch seine gefütterten Lederhandschuhe abgenommen, und dann gab es nichts mehr, was die Amerikaner ihm hätten wegnehmen können.

Auf der Wiese hinter dem Püsserkrug angekommen, versuchte Major Reuter noch einmal, die Stadt offiziell zu übergeben. Er wendete sich dafür an einen Amileutnant und Feldwebel Neubeck sagte in seinem besten Schulenglisch „We will give you the town" und die Antwort, die auf gutem Deutsch zurückkam, war „Wir haben die Stadt übernommen und Sie sind unsere Gefangenen".

Sobald Major Reuter sah, dass er einen gut Deutsch sprechenden, amerikanischen Offizier gefunden hatte, sagte er „Mein Haus ist ganz in der Nähe, und bevor ich in Gefangenschaft gehe, möchte ich mir doch gerne mein Rasierzeug holen".
„Natürlich" sagte der junge Amileutnant. „Zwei meiner Männer werden Sie begleiten".

Zwei Soldaten wurden gerufen, und der Major war nun insgeheim sehr dankbar dafür, dass er bereits Mitte April, also vor drei Wochen, dem Rat eines befreundeten Offiziers gefolgt war, und seine Frau und seine sehr hübsche, siebzehnjährige Tochter zusammen mit anderen Frauen und Kindern in den Westen geschickt hatte. Sie waren jetzt sicher in einem Teil Deutschlands von dem man ausgehen konnte, dass er westliche Besatzung bekommen würde.

In seiner Villa in Ostorf angekommen, packte Major Reuter alles, was er brauchte in einen kleinen Koffer, während die Amerikaner ihm sehr beeindruckt von dem schönen Haus und dessen Ausstattung von einem Zimmer ins andere folgten.

Wahrscheinlich war Major Reuter der einzige Kriegsgefangene in diesem furchtbaren Krieg, der seine Gefangenschaft mit Schlafanzug und Rasierzeug im Gepäck antreten konnte.

***

Wir hatten jetzt zwar eine amerikanische Besatzung, und der Kampf „Bis zum letzten Tropfen Blutes", wie die Nazis den Endkampf gefordert hatten, war uns erspart geblieben, aber der Naziterror war für mich an diesem Tage noch nicht zu Ende.

Als ich abends von meinem Lazarettdienst über den Bahnhofsplatz nach Hause ging, sah ich einen leblosen Menschen an einem Laternenpfahl hängen.

Die meisten Leute gingen an diesem Gräuel mit abgewandten Augen vorbei, aber ich ging ganz nahe heran und erkannte, dass es sich um eine junge Frau handelte.

Ich sah, dass sie mit Hilfe eines Drahtes, der ihr tief in den Hals geschnitten hatte, grausam aufgehängt war.

Viel später las ich, dass sie eine Flüchtlingsfrau war, die Marianne Grunthal hieß. Sie war eine Schullehrerin aus dem Osten und sie hatte es bis ganz in die Nähe Schwerins, nämlich bis zu dem bekannten alten Wirtshaus, die Deutsche Eiche in Zippendorf, gebracht.

Eine Stunde vor dem Einmarsch der Amerikaner hatte sie gesagt „Gott sei Dank, dass Hitler tot ist".

Diese Worte waren von einem SS-Scheusal gehört worden und sie wurde dafür bestraft und aufgehängt.

Ich werde den Blick auf diese so grausam aufgehängte Frau mein Leben lang nicht vergessen; dabei hatte sie doch nur gesagt, was so viele von uns empfanden, und was ich auch täglich zu Hause hörte.

Der Ami aus Ohio

Wir hatten genau einen Monat amerikanische Besatzung, vom 2. Mai bis zum 1. Juni 1945, und nach ein paar Tagen hatte niemand mehr Angst vor den amerikanischen Soldaten. Die Schweriner sahen die Amis, wie die amerikanischen Soldaten kurz bei uns genannt wurden, bald als ihre fröhlichen und manchmal ungezogenen Jungens an.

Sobald die Amis in der Stadt angekommen waren, sprangen sie aus ihren Jeeps, mischten sich mit allen, die auf der Straße waren und fragten jeden, manchmal in Deutsch und manchmal in Englisch, ob sie eine Leica oder einen anderen Fotoapparat hätten. Die Antwort war natürlich immer „nein", und ich fand es komisch, dass sie nicht einmal wussten, dass wir seit Jahren keine Filme kaufen konnten. Selbst falls wir einen Film auf dem schwarzen Markt hätten kaufen können, so hätte es doch gar keine Möglichkeit gegeben, ihn entwikkeln zu lassen.

Die Amis kassierten alle unsere Armbanduhren und besahen jeden goldenen Ring, den eine Frau trug, sehr eingehend. Diese jungen Soldaten nahmen den Frauen, deren Männer an der Front kämpften, vermisst oder gefallen waren, ihre Eheringe ab. Das war gedankenlos und grausam, aber wenn man dann bedenkt, was viele Angehörige der SS und auch andere deutsche Truppen in Polen und Russland angerichtet hatten, ist es ja doch nicht vergleichbar. Wir hofften und beteten, dass es nicht zu Schlimmerem, wie Gewalttaten und Vergewaltigungen kommen würde.

Innerhalb sehr kurzer Zeit lernte die Bevölkerung ihren Schmuck und ihre Armbanduhren zu Hause zu lassen, und die Frauen, die trotzdem ihre Ehe- und Verlobungsringe bei sich tragen wollten, versteckten sie oben im Strumpfband.

Ich habe nie von Gewalttaten gehört. Solange man seine leeren Hände zeigte, bevor man nach der Armbanduhr oder dem Ring gefragt wurde, zuckte der Ami die Schultern und ließ einen ungestört weitergehen.

Später im Leben bin ich oftmals gefragt worden, ob es denn überhaupt Vergewaltigungen gegeben hätte, und ich habe immer geantwortet, dass ich persönlich nie von einer Vergewaltigung gehört und glücklicherweise auch nicht erlebt hatte.

Meine Mutter sagte immer lachend „Die Amerikaner brauchen nicht zu vergewaltigen, denn sie haben doch jede Menge Kaugummi an die Fräuleins zu verschenken und für Kaugummi tun die alles".

Das sagt nicht viel Positives über die Tugend der Frauen in Schwerin, aber es war Krieg, und Kaugummi wurde als etwas ganz Besonderes angesehen.

In den Hitlerjahren war Kaugummi verboten, und wir konnten keins kaufen, denn die Nazis erzählten uns, dass Kaugummi kauen die Dekadenz der Amerikaner bewies. Es kam zu Ende dieses furchtbaren Krieges wirklich nicht darauf an, ob man nun ein Nazi war oder nicht, und trotz dieser Nazipropaganda liebten wir alle, besonders die jüngere Generation, Kaugummi. Ein amerikanischer Besatzungsoffizier und sein kleiner Stab zogen in das Büro der Standortkommandatur im Arsenal am Pfaffenteich ein.

Trotz der unterschiedlichen Sprachen ist die Kommunikation zwischen den Amerikanern und den Deutschen nie ein Problem gewesen.

So viele Deutsche hatten Englisch in der Schule gelernt, und so viele Amerikaner hatten deutsche Eltern oder Großeltern.

Zusammen mit den Deutschen sorgten die Amerikaner dafür, dass die Bevölkerung Wasser, Gas und Strom hatte, und gemeinsam versuchten sie, den Flüchtlingsstrom aus dem Osten und die achtzehntausend Opfer des Konzentrationslagers Sachsenhausen-Oranienburg, die sich in den Wäldern um Schwerin versteckt hatten, zu versorgen.

Alle diese Menschen brauchten Obdach und mussten ernährt werden, viele von ihnen hatten tagelang nichts zu essen bekommen, vor allem als die Russen oder die Amerikaner im Anmarsch gewesen waren.

Auch viele dieser traumatisierten Menschen waren sehr krank, und meine Mutter versuchte, sich um sie zu kümmern. Sie ging sofort zu der Militärregierung und ließ sie wissen, dass sie bereit war, sich voll einzusetzen. Natürlich wurde ihr Angebot dankend von beiden Seiten angenommen, denn sie hatte ein Talent, mit Menschen umzugehen und ihnen nicht nur körperlich, sondern auch seelisch zu helfen.

Besonders die Menschen aus den Konzentrationslagern, „Konzentrationäre" wie sie offiziell genannt wurden, waren oft jahrelang von ihren SS-Wachen gequält worden, und sie vertrauten und sprachen daher mit niemandem.
Dasselbe hatte ich ja schon im April mit den polnischen Frauen erlebt.
Meine Mutter allerdings genoß ihr Vertrauen, und so konnte sie auf diesem Wege viel Gutes tun.

Für uns, die Zivilbevölkerung, war die schreckliche Angst der letzten Zeit vor den sich nähernden sowjetischen Truppen und den möglichen Luftangriffen von Tieffliegern, nun erst einmal vorbei. Wir kamen auf die Straße und sahen uns diese interessanten Amerikaner mit großer Neugier an, und wurden dann mit der gleichen Neugier begutachtet.

Wenn man sich immer wieder vor Augen führte, dass im 19. und auch zu Anfang des 20. Jahrhunderts Tausende von

Die Hitlerjahre aus der Sicht eines Kindes

Deutschen nach Amerika ausgewandert waren, und dass viele dieser amerikanischen Soldaten wahrscheinlich mindestens einen deutschen Großelternteil hatten und daher auch oft etwas deutsch sprechen konnten, dann kann man verstehen, dass eine Verbrüderung zwischen den Deutschen und den Amerikanern weder schwierig noch überraschend war.

Die meisten Erinnerungen an die damalige Zeit sind verblasst, aber ein Ereignis steht mir noch heute klar vor Augen und das kommt wohl daher, dass ich oft davon erzählt habe.

Es war in der ersten Woche der amerikanischen Besatzung, und ich war gerade aus dem Lazarettdienst nach Hause gekommen, als ein Patient mich die Treppe hochgehen sah und sagte „Tante Doktor möchte, dass du zu ihr in ihr Sprechzimmer kommst".

In den letzten schweren Jahren hatten alle Patienten, alt und jung, Männer und Frauen, sich angewöhnt, meine Mutter „Tante Doktor" zu nennen. Einmal bekam sie sogar einen Brief aus einem Dorf, der nur „Tante Doktor in Schwerin" adressiert war, und er ist gut bei uns angekommen.

Ich ging in den Untersuchungsraum, wo auch der Schreibtisch meiner Mutter stand, und sah zu meinem Erstaunen einen Ami auf dem gynäkologischen Untersuchungsstuhl sitzen, wobei er seine Beine baumeln ließ und eine Art Rhythmus mit beiden Händen auf den Chromsteigbügeln trommelte.

Mutti hatte mich rufen lassen, denn sie brauchte meine Hilfe als Dolmetscherin. Sie wusste, dass mein Oberschulenglisch wesentlich besser war als das, was sie vom Unterricht im Lyzeum vor über zwanzig Jahren behalten hatte. Auch wusste sie, dass ich mit meinen achtzehn Jahren schon so viel erlebt hatte, dass mich nichts mehr erschüttern konnte.

Und so verlief dann die folgende Konversation, auf Englisch.

„Warum sind Sie hier?" und die Antwort war „Eine Frau schickt mich".
„Wie heißt diese Frau?" und er nannte ihren Namen.

Mutti machte sich eine Notiz und ich sah sie mit dem Kopf nicken und daher wusste ich, dass sie diese Frau kannte.

Dann sagte er „Ich habe diese Frau in Schwierigkeiten gebracht".
Ich riss die Augen auf und dachte, dass diese Amerikaner wirklich schnelle Arbeit leisteten. Sie waren erst fünf Tage in Schwerin und dieser junge Mann meinte, dass er schon bestimmt wusste, dass er eine Frau geschwängert hatte?

Mutti flüsterte, dass diese Frau zwei Kinder und einen Mann an der Front habe, und dass sie wahrscheinlich Angst hatte, schwanger zu sein, wenn der Mann nach Hause käme.

So fragte ich „Und wie können wir Ihnen helfen?" und die Antwort war „Gebt ihr Medizin".

Die Hitlerjahre aus der Sicht eines Kindes

Ich war sehr froh, dass dieser Ami kein Mann von vielen Worten war, denn ich hatte Schwierigkeiten mitzukommen, aber Mutti hatte ihn verstanden, und sie sagte auf deutsch: „Es gibt nichts, was ich jetzt tun könnte oder tun würde, aber ich werde diese Frau im Auge behalten, und vielleicht können wir dann später mit dem Krankenhaus oder dem Lazarett etwas arrangieren".

Es war keine leichte Sache, dieses alles dem Ami auf Englisch zu erklären, aber es muss mir doch wohl gelungen sein, denn der strahlte uns beide an und sagte „Thank you, thank you" natürlich auf Englisch.

„Danke, danke" aber er blieb auf dem gynäkologischen Stuhl sitzen.

So fragte ich ihn dann den allerersten, Satz den ich auf Englisch in der Schule gelernt hatte,„. Where are you from?" Dann kam die mir vollkommen unverständliche Antwort „Oheia".

Mein Schulenglisch mit dem Oxford Akzent war meilenweit von seinem sehr amerikanischen Ohio Akzent entfern.
Wie konnte ich wissen, dass die Leute aus Ohio es „Oheia" aussprechen?

Damit war das Thema erledigt und der Ami begann nun selber Fragen zu stellen.
„Bist du Krankenschwester? Ich sehe du trägst eine Schwesternhaube mit einem Roten Kreuz" und ich erzähl-

te ihm, dass ich eine Schwesternhelferin war, die in einem Lazarett arbeitete.

Die nächste Frage verwunderte mich, denn sie war „Wann gehst du zur Arbeit"? und ich antwortete „Ich verlasse kurz nach sechs Uhr morgens das Haus und komme gegen sechs Uhr abends wieder zurück".

Ich konnte sehen, dass meiner Mutter, die einiges Englisch verstand, dieser Austausch unangenehm war, aber wir standen unter Besatzung, und es war vernünftig, wenn immer möglich, hilfreich und freundlich zu sein, und zu antworten, um keinen Ärger zu bekommen.

Der Ami sagte „Das ist nicht sicher für ein junges Mädchen alleine. Ich werde morgen früh um sechs Uhr hier sein".

Damit rutschte unser Ami von dem gynäkologischen Stuhl, sah neugierig durch die Glasscheiben in alle Schränke, war offensichtlich sehr interessiert an all den vielen Instrumenten und Verbandstoffen und sagte dann kurz „Bye" und war aus der Tür verschwunden, während Mutti und ich uns sprachlos ansahen.

Am nächsten Morgen, und ich hatte wirklich vergessen was unser Ami gesagt hatte, stand er tatsächlich vor der Haustür, hob seine Hand zum Gruß und begleitete mich wortlos, einen Schritt hinter mir her, den ganzen Weg zum Lazarett.

Die Hitlerjahre aus der Sicht eines Kindes

Er ignorierte die spöttischen Bemerkungen und Pfiffe der Amis an denen wir vorbeigingen. Die Pfiffe und das Schnalzen der Zungen besagten wohl, dass seine Kameraden dachten, dass er schon eine sehr gute Eroberung so früh am Morgen gemacht hatte.

Wir gingen wortlos, bis wir an dem Lazarett in der umorganisierten Beethoven Schule angekommen waren. Ich ging durch das Eingangstor, und wir beide verabschiedeten uns mit dem kurzen amerikanische „Bye".

Von dem Tag an stand dieser stille, kein Wort sagende Ami jeden Morgen und jeden Nachmittag zur richtigen Zeit vor der Tür und begleitete mich sicher zum Lazarett und zurück nach Hause, und falls er nicht da sein konnte, stand da ein anderer wortloser Ami, ein GI, und begleitete mich genauso. Das geschah täglich, denn wir hatten sieben Tage die Woche Dienst, für die restlichen drei Wochen der amerikanischen Besatzung.

Nach all den Schrecken des Krieges und als die amerikanische Besatzung endete, vermisste ich diesen taktvollen und stillen Amerikaner.

Ich hoffe, dass er seine dezente und mitfühlende Natur nie verloren hat, und dass er, nachdem sein Kriegsdienst vorbei war, wieder heil und sicher nach Ohio zurückgekehrt ist.

Britische Besatzung

Wir waren natürlich dankbar und sehr glücklich über die amerikanische Besatzung, aber die Menschen, die von den Beschlüssen der Jalta-Konferenz im Januar 1945 unterrichtet waren, und sahen, dass die Vereinbarungen nicht eingehalten wurden, wussten dass dieses eine strategisch unhaltbare Situation war, und dass Stalin dafür sorgen würde, dass der Traum bald ein Ende haben würde. So ist es dann auch gekommen.

Am 1. Juni wurden die Amis bei uns in Mecklenburg von den Engländern, den Tommies, wie wir sie nannten, abgelöst.

Der Herrschaftswechsel geschah lautlos und über Nacht, sodass wir es überhaupt nicht merkten; aber der Unterschied zwischen der Ami-Besatzung und der britischen Verwaltungstechnik wurde uns schon nach ein oder zwei Tagen spürbar klar.

Die Briten hatten schon seit Jahrhunderten in vielen Teilen der Welt kolonisiert. Sie hatten große Erfahrungen gesammelt und daher wussten sie, wie man ein Land übernahm, in Ordnung brachte und regierte.

Sie machten sehr vieles anders als die Amerikaner. Es gab keine Verbrüderung mehr, kein „Hallo Fräulein", kein Hupen, kein Pfeifen und kein Zungenklicken. Alle Tommies sahen stumm geradeaus und gingen pflichtbewusst ihrer Wege, ohne von uns Notiz zu nehmen.

Wir fanden das Benehmen der Briten damals wirklich seltsam, besonders seitdem wir so sehr gut mit den Amerikanern ausgekommen waren. Unter der amerikanischen Besatzung hatte ich ja meinen Schutzengel, den Ami von Ohio, und fühlte mich vollkommen sicher und beschützt während der Amerikanischen Besatzungszeit.

Wir wussten damals nicht, und ich erfuhr es auch erst viel später, dass General Eisenhower, der Amerikaner und der Oberbefehlshaber aller westlichen Streitkräfte in Europa, strikten Antiverbrüderungsbefehl erlassen hatte.

Zunächst durfte keiner der Soldaten mit einem Deutschen oder Österreicher sprechen. Dann Im Juni wurde ihnen erlaubt, mit Kindern zu reden und im Juli durften sie mit Erwachsenen auf der Straße sprechen, aber nur dann, wenn es sich um dienstliche Angelegenheiten handelte.

Im August sollte der Kommunikationsbann gegen die Deutschen und die Österreicher ganz aufgehoben werden, aber so weit ist es ja bei uns in Mecklenburg gar nicht gekommen.

Es macht mir heute wirklich Spaß, darüber nachzudenken, dass die Briten den Anordnungen des amerikanische Generals buchstäblich folgten, während die amerikanischen Truppen diese Befehle bei dem Vormarsch nach Deutschland hinein einfach ignorierten.

Viel später, als ich schon in Kalifornien lebte, hörte ich dann, dass die Amerikaner Berlin vor den Russen erobern wollten und sich daher nicht an die Befehle ihres eigenen Generals gehalten hatten.

Am zweiten Tag der britischen Besatzung wurde alles Personal des Lazaretts zu einer, wie sie es nannten, „Besprechung" zusammen gerufen. Das ganze Pflegepersonal musste sich nach Rang aufstellen.

Da ich nicht einmal wusste, ob ich einen Rang hatte, stellte ich mich wie gewöhnlich ganz an das Ende der Reihe, denn das war ja schließlich schon seit Jahren der Platz für mich gewesen. Letzten Endes machte es überhaupt nichts aus, wo man stand.

Wir wurden alle alphabetisch mit Namen aufgerufen, wobei die Engländer, wie auch die Deutschen, immer, über die Aussprache meines französischen Nachnamens „Hugues" stolperten. Danach wurde uns mitgeteilt, dass wir jetzt offiziell Kriegsgefangene der britischen Armee seien.

Am dritten Tag fuhren die Busse und die Straßenbahnen wieder, und allen Geschäften, ob sie nun Waren zum Verkauf hatten oder nicht, wurden regelmäßige Geschäftsstunden zugeteilt.

Alle Überlebenden der Konzentrationslager, und es handelte sich um achtzehntausend Menschen aus den polnischen Lagern und vor allem aus dem Konzentrationslager Sachsenhausen, bekamen Ausweise und besondere Lebensmittelkarten.

Diese berechtigten sie, in allen Geschäften, Kaufmannsläden, sowie beim Bäcker und beim Schlachter bevorzugt bedient zu werden. Sie hatten das Recht an den langen Schlangen vor den Geschäften vorbei, ganz einfach nach vorne zu gehen.

Das verursachte beachtliches Murren unter der einheimischen Bevölkerung und den wenigen Kriegsflüchtlingen, die noch in Schwerin waren. Aber die Tommies nahmen von der Unzufriedenheit keine Notiz, nach dem Motto „Verordnung ist Verordnung und Befehl ist Befehl!".

Jede lange Menschenschlange vor den Geschäften wurde von zwei oder drei Tommies, unnachgiebig und ohne irgendwelche Gefühlsregungen zu zeigen, bewacht, und so viel ich weiß, gab es nur Murmeln und Bemerkungen, aber keinerlei Streitereien.

Es gab keine öffentliche Bekanntmachung in Schwerin, aber man wusste, dass die Tommies sich eines Tages an die auf der Konferenz in Jalta festgelegten Besatzungsgrenzen halten und sich zurückziehen mussten. Das verhieß nichts

Gutes, denn wir wussten ja, dass die Russen dann einziehen würden.

Meine Mutter half so vielen Menschen wie nur irgend möglich, Schwerin zu verlassen. Sie hatte Aufzeichnungen über die Besatzungsgrenzen gesehen und daher wusste sie, dass Osnabrück und ganz Westfalen in der britischen Besatzungszone liegen würde.

So verließ auch Minna mit Hilfe und finanzieller Unterstützung meiner Mutter unsere Stadt mit einem Flüchtlingszug in den Westen, um bei ihrem Bruder in Osnabrück Unterkunft zu finden.

Natürlich war meine Mutter darauf vorbereitet, dass Schwerin in sowjetische Hände fallen würde, und sie sagte immer wieder zu mir, dass sie für mich einen sicheren Transport in den Westen finden könnte. Aber ich weigerte mich standhaft, sie zu verlassen und sagte „Solange du in Schwerin bleibst, bleibe ich auch".

Ich verstand nicht, warum Mutti Tränen in den Augen hatte, als sie mich umarmte und sagte „Wir wissen nicht, was kommt und was uns noch bevorsteht".

Der Schrecken ist hier

Genau wie vor der amerikanischen Besatzung im Mai konnten wir am 31. Juli entferntes Artilleriefeuer hören. Im Lazarett fühlten nicht nur die Soldaten, sondern auch das Personal die heranrückende Gefahr und man hörte immer wieder den gerufenen Wunsch „Ich will hier raus!"

Wir waren wie eingesperrte Tiere, und die Angst wurde immer größer, als nicht nur die Gerüchtemühlen, sondern auch die Flüchtlinge, die in die Stadt strömten, uns Horrorgeschichten vom Einmarsch der Russen erzählten.

In einer nahegelegenen Stadt hatten sie als erstes im dortigen Lazarett die schwerverwundeten, deutschen Soldaten in ihren Betten erschossen, und die Schwestern in ein Zimmer gesperrt und alle nacheinander vergewaltigt.

Wir alle warteten hilflos und wie gelähmt.

Ich hatte es noch gut, denn ich konnte abends nach Hause gehen und mich mit meiner ruhigen, zuverlässigen Mutter unterhalten, etwas Anständiges zu essen bekommen und in mein Bett kriechen.

Am 2. Juli konnten wir von unserem Esszimmerfenster aus sehen, wie der tadellos uniformierte, aufrechte britische Kommandant unsere Stadt an einen weniger tadellos aussehenden sowjetischen Offizier übergab. Die Briten marschierten ab, und die sowjetischen Truppen zogen ein.

Die russischen Soldaten waren ein jämmerlich aussehender Haufen, und wenn wir nicht solche Angst vor ihnen gehabt hätten, hätte ich beinahe Mitleid mit diesen Menschen haben können. Soweit wir sehen konnten, hatten die Sowjettruppen keinerlei motorisierte Fahrzeuge, außer einem einzigen Panzer. Die wenigen größeren Waffen wurden entweder von Soldaten geschleppt oder gezogen, und es sah so aus, als wenn wir von einem Regiment aus der Mongolei besetzt worden waren.

Diesem folgte ein Regiment von weiblichen Soldaten. Sie trugen keine Stiefel oder Schuhe, sondern ihre Füße waren in Lumpen gewickelt.

Diese Frauen sahen gar nicht so aus wie ich mir die russischen Frauensoldaten vorgestellt hatte, denen soviel Grausamkeit und Unmenschlichkeit nachgesagt wurde.

Im Lazarett hatte ich von mehreren deutschen Soldaten gehört, dass sie sich nicht vor den sowjetischen Soldaten gefürchtet hatten, aber „Oh, mein Gott", vor den Frauen in der russischen Armee hatten sie richtige Angst.

Ich blieb an diesem Tage des Einmarsches der sowjetischen Besatzung zu Hause, und wir alle erschraken, als wir ein lautes Hämmern an der Haustür hörten.

Die Flüchtlingsfrauen wussten wohl was uns bevorstand und verkrochen sich sofort in den Bodenkammern, während meine Mutter an die Haustür ging und Minna und ich hinter ihr im Schutze der Tür stehen blieben.

Mehrere dieser fremd und bedrohlich aussehenden Soldaten stürmten durch die Tür und schwärmten über unser ganzes Haus. Sie rissen die Telefonanschlüsse aus der Wand, nahmen die beiden Telefonapparate und unsere einzige Schreibmaschine, und gingen dann in die Speisekammer aus der sie alle Lebensmittel stahlen, die sie nur finden konnten.

Gott sei Dank war mein Kurzwellenradio so gut in meinem Bett versteckt, dass sie es nicht gefunden haben. Ich war froh darüber, aber viel nützen tat mir das Radio ja doch nicht mehr, denn die BBC hatte ihre Sendungen an uns eingestellt.

Natürlich fragte ich mich in dieser Zeit, was diese Russen denn eigentlich mit all diesen Telefonen und Radios machen wollten; und unsere Schreibmaschinen hatten doch kein kyrillisches Alphabet.

Ich erfuhr dann später, dass große, von der deutschen Armee gestohlene Lastwagen, diese Beute in den Osten gefahren hatten, und dass diese in Deutschland gestohlenen Sachen auf dem Schwarzmarkt in Polen und sogar in Moskau aufgetaucht waren.

In dieser Nacht tat ich etwas, was ich nur sehr selten getan hatte: ich kroch in Muttis Bett und zum letzten Mal in unserem Leben war ich ihr Baby, und das tat uns beiden gut. Wir wussten beide, dass ein neuer Tag kommen würde, der schwerer sein würde als alles, was wir bisher erlebt hatten.

Für ein paar Stunden war es warm und friedlich. Wir waren zusammen, und ich habe mein ganzes, oft schweres, Leben davon gezehrt.

Ein unheimlicher Lärm vor unserem Hause weckte uns, und als wir aus dem Fenster guckten, sahen wir, dass einer der Russen in dem Auto meiner Mutter saß und versuchte, es zu starten. Einige andere dieser Typen brüllten zur Unterstützung und tanzten um das Auto herum. Mutti sagte „Es ist wohl besser, wenn ich hinuntergehe und mich um diese Sache kümmere".

Sie zog sich schnell an, nahm ihren Autoschlüssel und ging aus der Haustür.

Ich sah vom Fenster aus, wie sie dem Mann ihre Autoschlüssel aushändigte und hörte, wie sie ihn mit eisiger Stimme fragte „Soll ich das Auto für Sie anlassen?"

Plötzlich war Totenstille und die brüllenden Sowjets schlichen weg. Der Mann im Auto schüttelte den Kopf, nahm den Autoschlüssel und ließ unseren geliebten kleinen DKW an und fuhr ihn stotternd die Straße hinunter, und wir konnten ihn noch hören, als er außer Sichtweite war.

Sechs Jahre lang im Krieg und zwei Monate lang danach, während der amerikanischen und britischen Besatzung hatte das kleine Auto sicher vor unserer Tür gestanden. Es hatte für so viele Patienten und Flüchtlinge seine Pflicht getan. Die Russen brauchten nur 24 Stunden, um es zu stehlen und es zu zerstören, denn meine Mutter fand ihr Auto wenige Stunden später nicht weit von unserem Hause entfernt. Der Wagen war gegen eine Mauer gefahren worden und total kaputt.

Als ich versuchte, Mutti deswegen zu umarmen und zu trösten, sah sie mir ernst in die Augen und sagte „Dies ist unsere eigene Schuld. Wir Deutschen verdienen, was wir jetzt bekommen. Jede Tat hat seine Konsequenz".

Sie hat diese Einstellung ihr ganzes Leben lang behalten, und ich lernte, damit zu leben. Ich weiß, dass nicht jeder mit ihr übereinstimmte, aber das nationale Schuldgefühl hat auch mich nie verlassen.

Am zweiten Morgen verließ ich das Haus zu meiner üblichen Zeit und fühlte mich unter meiner Krankenschwesternhaube mit dem Roten Kreuz darauf und in meiner Schwesterntracht irgendwie gesichert. Ohne rechts oder links zu blicken ging ich die vier Kilometer durch die Stadt ins Lazarett und kam kurz vor Dunkelheit wieder nach Hause.

Ich wusste dabei eigentlich nicht, was ich tat. Ich handelte wie betäubt und funktionierte wie eine Maschine. Später im Leben, wenn ich wirklich dachte, dass ich nicht mehr weiterkonnte, nannte ich das meinen Roboterzustand, ein Zustand in dem ich beinahe alles ertragen konnte ohne schlapp zu machen.

Ich ging noch drei weitere Tage in die Beethoven Schule zum Dienst, bis die Sowjets das Lazarett schlossen und verkündeten, dass sie es nun selbst für ihre Verwundeten bräuchten.

Unsere Besatzer mussten sich wohl etwas abgekühlt haben, denn in Schwerin erschossen sie die Patienten nicht erst, wie sie das in anderen Städten getan hatten, bevor sie das Lazarett übernahmen.

Es ist ja möglich, dass sie wussten, dass wir britische Kriegsgefangene waren und dass ihnen bewusst war, dass sie den Alliierten Erklärungen hätten liefern müssen, wenn sie uns umbrachten. Es ist aber auch möglich, dass sie gerne in unserem unzerstörten Schwerin waren, in dem sie ihre Verwundeten in unseren Lazaretten unterbringen und ungehindert in alle Häuser einziehen und sie berauben konnten.

Nach nur zwei Tagen russischer Besatzung sah ich zu meinem Erstaunen, dass mehr und mehr junge Männer rote Schlipse, ein rotes Taschentuch, ein rotes Band um den Hut oder nur ein kleines Stück rotes Tuch im Revers trugen.
Als ich meine Mutter danach fragte, erklärte sie mir, dass diese Leute, und es waren alles Männer, damit zeigen wollten, dass sie Kommunisten waren.

Sie sagte, dass es genauso gewesen sei, als Hitler an die Macht kam.

Meine Mutter hatte lange genug im Widerstand gearbeitet, um jeden heimlich überzeugten Kommunisten zu kennen. Wer jetzt auf einmal nach Ankunft der russischen Besatzung ein rotes Zeichen trug, tat das nur um bei den Sowjets politische Vorteile zu erringen; genau wie sie es bei den Nazis getan hatten.

Ich war darüber entsetzt.

Nach drei oder vier Tagen wurden viele der Lazarette zusammengelegt, und so viele der deutschen Verwundeten wie möglich wurden in eine Tanzhalle ganz in der Nähe unseres Hauses verlegt.

Nur ein Jahr zuvor hatte ich noch in dieser Halle Tanzstunden bekommen. Wenn ich diese Halle nicht so genau gekannt hätte, würde ich sie nicht wiedererkannt haben.

Die nicht zu schwer Verwundeten bauten Reihe um Reihe vierstöckige Hochbetten auf. Wegen Platz- und Materialmangels wurde der Rest der Bodenfläche mit Stroh aufgeschüttet, und die Mehrzahl der Verwundeten musste auf dem Boden auf dem Stroh liegen und dort schlafen.

Wenn der Boden saubergemacht werden musste, halfen die Patienten uns Schwestern das Stroh zu entsorgen, und ich weiß nicht, wie sie es schafften, aber manchmal fanden sie sogar frisches, sauberes Stroh.

Ich wagte nie zu fragen, wo die Krankenschwestern und Schwesternhelferinnen eigentlich schliefen, denn ich wollte nicht mit ihnen darüber sprechen. Nur der Chefarzt und ich durften spät abends nach Hause gehen, weil wir in Schwerin wohnten und uns somit eigentlich nie als richtige Kriegsgefangene fühlten.

Die sanitären Zustände in der umfunktionierten Tanzhalle waren wirklich furchtbar, und die Toiletteneinrichtungen waren entsetzlich. Zu den Tanzsälen gab es, wie es in vielen solcher Treffpunkte in Norddeutschland üblich gewesen war, nur zwei oder drei Toiletten, die hier nun nur von uns Frauen benutzt wurden.

Ich war unseren Patienten, die uns bei vieler unserer Arbeiten halfen, so sehr dankbar, dass sie diese Räumlichkeiten für uns Frauen relativ sauber hielten.
Ich empfand es als einen Akt der Ritterlichkeit in all dem Durcheinander.
Die Hunderte von Verwundeten, die noch auf den Beinen waren, verschwanden in den Hinterhöfen und nachts auf der Straße, um ihre Notdurft zu verrichten.

Die Krankenschwestern hatten keinerlei Verbandsmaterial mehr, und so lange wir noch Toilettenpapier hatten, benutzten sie dieses, um Wunden zu verbinden, aber auch dieser Bestand nahm dann bald ein Ende.

Um Verbandmaterial für das Lazarett zu besorgen, wendete meine Mutter sich an alle ihre Patienten und an die Nachbarn und bat sie um mindestens ein Bettlaken.

Die Hitlerjahre aus der Sicht eines Kindes

Die Patienten, die noch zwei brauchbare Arme hatten, halfen uns dann diese Laken in Streifen zu reissen, und wir wikkelten sie als Binden auf.

Die verschmutzten Binden brachte ich dann jeden Abend zu den Flüchtlingsfrauen nach Hause, und sie verteilten sie bei den Nachbarn zum Waschen, wenn es für unseren Haushalt zu viele geworden waren. So hatte ich jeden Morgen frische Binden, die ich ins Lazarett mitnehmen konnte.

Es gab keinen Unterschied mehr zwischen Nazi- und Nichtnazi- Haushalt. Wir hielten alle zusammen und versuchten, einander so viel zu helfen, wie nur irgend möglich.

Nach einiger Zeit erhielten wir im Lazarett eine Lieferung von Brot, und wir Schwestern hatten die Verantwortung etwas von diesem merkwürdigen Wurstzeug auf die Brotscheiben zu streichen.

Wir Schwestern saßen dabei an einem großen Tisch, und die hungrigen Männer standen um uns herum und beobachteten jede Bewegung, um wohl zu überwachen, dass wir es nicht wagen würden, auch nur das kleinste Stück Brot in unseren eigenen Mund zu schieben. Die Lebensmittelzuteilung war unsagbar unzulänglich und Hunger kann auch den freundlichsten Menschen zum Raubtier machen.

Mit Schrecken erfuhr ich irgendwann, wie das einmal täglich gereichte warme Essen, von dem auch das Personal bekam, zubereitet wurde.

Einige der Verwundeten gingen nachts auf Raubzug und fingen Hunde und Katzen. Ich erfuhr, dass sie diese im Hinterhof enthäuteten und sie dann in einem großen Kessel mit viel Wasser und etwas getrocknetem Kohl kochten. Als ich das erfahren hatte, mied ich die Hintertür und den Hof soweit wie eben möglich.

Nur einmal konnte ich abends nicht nach Hause gehen, da es auf der Straße irgendwelche Krawalle gab, und der Oberarzt niemandem erlaubte, das Gebäude zu verlasen. Ich musste im Lazarett mitessen und auf dem Stroh mit den Läusen, dem anderen Ungeziefer und den raschelnden Mäusen schlafen.

Nun kann ich sagen, dass ich außer Pferdefleisch auch Hunde und Katzen gegessen habe, aber ich spreche nicht oft darüber.

Jeden Abend ging ich langsam und vorsichtig nach Hause, denn ich traute mich nicht mehr, wie ich es bei den Engländern und Amerikanern getan hatte, zu rennen und damit Aufmerksamkeit zu erregen. Ich hatte immer eine Todesangst, was mich wohl um die nächste Ecke erwarten würde. Nach ein paar Tagen hatte ich gelernt, mich mit einem kleinen Gebet zu beruhigen, das ich immer wieder vor mich hersagte.

"Lieber Gott, ich danke dir, zeig den Weg nach Hause mir".
Es ist erstaunlich, aber es hat geholfen.

Die Hitlerjahre aus der Sicht eines Kindes

Es war wichtig für mich, abends in mein warmes und beschützendes Zuhause zu gehen und die Erinnerung an die Liebe und die Wärme des Elternhauses hat mich mein ganzes Leben lang begleitet.

Mutti umarmte mich immer, wenn ich nach Hause kam und sagte „Gott sei Dank", und meinte damit „Gott sei Dank, dass du wieder zu Hause bist". Dann brachte sie mich sofort ins Schlafzimmer, um mich zu entlausen.

Glücklicherweise hatte ich nie Kopfläuse, ich nehme an, dass die Schwesternhaube mich wohl davor schützte. Aber es war unmöglich, nicht mit Körperläusen infiziert zu werden. Ich musste die Betten der Schwerverwundeten machen und schwere Decken und Kissen dicht an meinem Körper tragen. Das schmutzige Stroh, die ungewaschene Kleidung der Verwundeten, die fehlenden Duschen, und die nie gewechselten Gipsverbände und auch die offenen Wunden mit ihrem Eiter trugen zu der Verbreitung der Bakterien, der Läuse und der Maden bei.

Wir hatten keinen Tropfen Lysol und kein einziges Stück Seife, um die Wunden zu desinfizieren.

Der Gedanke, dass ich den ganzen Tag in dieser Umgebung arbeiten mußte, war meiner Mutter schrecklich. Wir konnten ja zu Hause auch nicht regelmäßig duschen und unsere Unterwäsche waschen, und so saß meine schwerbeschäftigte Mutter auch noch abends bei mir und tötete jede Laus in meiner Unterwäsche, indem sie das Ungeziefer zwischen ihren Daumennägeln zerdrückte.

Ich habe das knackende Geräusch heute noch im Ohr.

Was die Außenwelt anbetraf, erfuhren wir nichts. Mein Kurzwellenradio gab keinen Ton von sich und Zeitungen hatte es schon lange nicht mehr gegeben.

Gerüchte kamen natürlich durch und enthielten nur schlechte und unheimliche Nachrichten, und ich war inzwischen so weit, dass ich nicht mehr hinhören wollte.

Eines Tages, mitte August, nach ungefähr zwei Wochen sowjetischer Besatzung, sprach mich einer unserer Patienten an. Er fragte „Wann kommt der Tommy wieder?"

Das war eine Frage, die mich stockstill stehen ließ, und ich bat ihn die Frage doch bitte noch einmal zu wiederholen, da ich meinen Ohren nicht traute, was ich gehört hatte. Der junge Mann wiederholte: „Ich fragte, wann er zurückkommt".

Auf meine Frage „Wer soll zurückkommen?" antwortete er „Der Tommy, das hat er doch versprochen".

Als ich endlich verstanden hatte, von wem er sprach, vermutete ich, dass hinter seiner Frage mehr stecken musste. So setzte ich mich auf eine Treppenstufe und bat den Soldaten, sich neben mich zu setzen und mir die ganze Geschichte genau zu erzählen.

Darauf erzählte er mir, dass er im gleichen Zimmer gewesen war, als sich ein britischer Offizier von unserem Chefarzt verabschiedete, und dass der Engländer gesagt hätte „Wir kommen wieder. Ich verspreche es Ihnen". Die Unterhaltung war ganz leise und auf Englisch geführt worden, und niemand hatte von dem sehr jungen Soldaten Notiz genommen, als der ganz unbeachtet gelauscht hatte. Dank des ausgezeichneten Unterrichts in einem Realgymnasium konnte er sehr gut Englisch sprechen und verstehen.

„Was glauben Sie, meinte der englische Offizier damit?" fragte ich, und die Antwort war „Das weiß ich nicht. Er hat nur gesagt, dass sie noch im August zurückkommen würden".

Natürlich erzählte ich diese Nachricht meiner Mutter, sobald ich zu Hause ankam, und sie sagte, dass sie Ähnliches gehört hatte mir aber nichts davon gesagt hätte, weil sie nicht wagte, an gute Gerüchte zu glauben.

Und so taten wir weiterhin unsere Arbeit und warteten und hofften, dass vielleicht wenigstens einmal ein gutes Gerücht wahr werden würde.

Flucht aus der Heimat

Wir warteten und warteten.

Mutti hatte von einem Soldaten der sowjetischen Besatzung gehört, dass die Amerikaner am 6. August eine Atombombe auf Hiroshima in Japan abgeworfen hätten, und dass sie am 9. August Nagasaki mit einer zweiten Atombombe bombardiert hatten.

Da diese Nachricht ja mehr als nur ein anderes Gerücht war, kam meine Mutter ins Lazarett um Dr. Gebhart, dem leitenden Oberarzt, der ein Kollege und Freund von ihr war, davon zu berichten und dann auch mir davon zu erzählen. Wir wussten wirklich nicht, was diese Nachricht für uns bedeutete.

Ich fragte mich damals, ob diese Atombombe dasselbe war wie die Wunderwaffe von der die Nazis so viele Jahre geschwärmt hatten, sie aber nie zu Stande gebracht hatten?

Die paar Russen, die überhaupt mit uns sprachen, wussten auch nicht was eine Atombombe war, aber man hörte sofort das Gerücht, dass die Nutzung dieser Bomben große Spannungen zwischen den Sowjets und den westlichen Alliierten ausgelöst hatten, und dass Stalin wütend war, und dass es wahrscheinlich bald Krieg zwischen Ost und West geben würde.

Ich verbrachte die Nächte jetzt im Lazarett auf Stroh liegend, zusammen mit den anderen Schwestern und den Läusen, deren Kribbeln ich die ganze Nacht fühlte.
Es war zu gefährlich abends auf die Straße zu gehen. Die Feindseligkeit unserer Besatzer wurde immer spürbarer, denn es war ja ganz offensichtlich, dass die meisten Deutschen zu den westlichen Verbündeten und nicht zu den Sowjets hielten. Wir alle blieben Tag und Nacht nur noch im Lazarett, unser Gefängnis, wie wir es nannten.

Mutti besuchte mich abends so oft wie möglich, aber an einem Abend winkte sie mir nur zu, als sie an mir vorbeikam, und ging direkt in das Dienstzimmer vom Chefarzt.

Kurz danach wurde ich in das Dienstzimmer gerufen, und Dr. Gebhart sagte zu mir „Deine Mutter möchte mit dir sprechen" und er ließ uns allein.

Mutti gab mir einen kleinen Koffer, auf den ein großes rotes Kreuz geklebt war, und dann nahm sie mein Gesicht in beide Hände und sagte
„Mein geliebtes, einziges Kind, jetzt werde ich dich auf sehr lange Zeit nicht mehr sehen, denn die Engländer kommen morgen, um alle ihre Gefangenen in die britische Zone zu transportieren. Dieser Koffer enthält eine Erste-Hilfe-

Ausrüstung, und da du ein Krankenschwesternkleid trägst, können wir hoffen, dass der Koffer nicht kontrolliert wird. Passe sehr gut auf diesen Koffer auf und öffne ihn nicht, bis du in Sicherheit in der britischen Zone und alleine in einem Zimmer bist. Ich habe eben mit Dr. Gebhart gesprochen und ihn gebeten, dass er dafür sorgen wird, dass dein Name auf der Liste der deutschen Gefangenen steht, damit du in diesem Gefangenentransport mitkommst. Offiziell müsstest du eigentlich hier-bleiben, da du hier gemeldet bist und ein Zuhause hast. Die britische Zone kann kaum noch mehr Menschen aufnehmen, denn sie haben sowieso schon zu viele Flüchtlinge und Kriegsgefangene untergebracht. Wenn du erstmal in Hamburg und aus der Kriegsgefangenschaft entlassen bist, setze dich mit deinem Vater über das internationale Rote Kreuz in der Schweiz in Verbindung. Dein Vater wird für dich sorgen".

Ich habe damals nicht richtig verstanden, wie meine Mutter wissen konnte, dass die Engländer am nächsten Tag kommen würden, aber sie hatte eben Beziehungen.

Ich umarmte meine Mutter und flüsterte „Ich wollte aber doch bei dir bleiben" und wusste nicht, dass ich sie zum letzten Mal umarmte und dass ich sie für viele Jahre nicht wiedersehen würde.

Ich fühlte, wie unsagbar schwer dieser Abschied für meine Mutter sein musste.

Meine Eltern hatten vor dreizehn Jahren, im Winter von 1932, auf den Wunsch meiner Mutter alle Verbindungen zueinander vollkommen abgebrochen, und während dieser ganzen Zeit hatte sie den Namen meines Vaters nicht ein einziges Mal erwähnt. Sie hatte so getan, als ob ich überhaupt keinen Vater hätte, und deswegen hatte ich das Thema mit ihr auch niemals angeschnitten.

Sie gab mir einen Zettel auf dem drei Namen standen, mit, wie ich später herausfand, sehr unzulänglichen Adressen, und sie warnte mich, ihn nicht zu verlieren.

Auf dem Zettel stand:
Dr. med. Otto Marienfeld, Papworth Hall, England

Herr und Frau Schnoor
1943 in Hamburg ausgebombt, nach Schwerin geflohen, nach Hamburg zurückgekehrt.

Tula Himsted
Aus Schwerin geflohen, jetzt vermutlich in Hamburg-Blankenese.

Am nächsten Morgen ging ein Ruf von Mund zu Mund durch unser überfülltes Lazarett: „Ein englischer Rot-Kreuz-Zug wird den Hauptbahnhof pünktlich um 13 Uhr verlassen, und wer nicht da ist, kommt nicht mit!"

Die Hitlerjahre aus der Sicht eines Kindes

Innerhalb weniger Minuten verließen wir unser Lazarett, das provisorische Gefängnis, und folgten drei englischen Soldaten zu Fuß.

Wir waren ungefähr 350 Verwundete, das Pflegepersonal, und von irgendwoher erschienen 20 oder 30 gesunde deutsche Kriegsgefangene, die uns mit den Schwerverwundeten halfen, indem sie die Tragbaren trugen und auch das armselige Gepäck der Verwundeten schleppten. Wir folgten den Tommies, die gewaltig zuschritten, so gut wir konnten, die ganze Wismarsche Straße entlang bis zum Bahnhof.

Unterwegs mussten wir den sowjetische Soldaten, die gar nicht wussten, was los war, und den endlos erscheinenden Flüchtlingsströmen, die täglich in Schwerin ankamen, ausweichen, indem wir laufend über die Bordsteinkannten des Bürgersteiges rauf und wieder runter stiegen.

Am Bahnhof angekommen, stürzte sich diese Menschenwelle auf den Zug und ich, eine der jüngsten und bestimmt gesündesten dieser Menschen, war nach diesem Gewaltmarsch vollkommen außer Atem, sodass mein Herz raste.

Ich hatte Tränen in den Augen, als ich mich in einem Abteil des Zuges auf einer Bank zwischen zwei Verwundete quetschte.

Ich war dankbar, dass ich im Zug saß. Der Zug war wie eine Oase in all dem Geschubse, Gedränge und dem Lärm.

Ich hatte meinen gefalteten Wintermantel im Rücken und hielt meinen kleinen Koffer krampfhaft auf meinem Schoss.

Meine Füße lagen auf einem großen Seesack, den zwei Soldaten sehr vorsichtig auf den Boden zwischen die Sitze gelegt hatten.

Als der Zug sich langsam und pünktlich um 13 Uhr in Bewegung setzte, flüsterte mir einer der Soldaten ins Ohr „Sei sehr vorsichtig wo du hintrittst. Meine Freundin ist in dem Sack".

Ich war mir ganz sicher, dass Mutti irgendwo auf dem wimmelnden Bahnsteig stand, um einen letzten Blick auf ihr einziges Kind zu werfen, aber gesehen habe ich sie nicht.

Und nun saß ich in dem überfüllten Abteil des Roten-Kreuz-Zuges, den die Engländer geschickt hatten, um ihre Kriegsgefangenen in die britische Zone zu bringen. Ich war achtzehn Jahre alt, trug eine graue Schwesternhaube, die mein ganzes Haar bedeckte. Der gefaltete Mantel hinter meinem Rücken und der kleine Koffer auf meinem Schoß waren mein einziger Besitz.

Keiner sagte uns, wo uns dieser Zug hinbringen würde.

Es war wirklich sehr gut, dass ich in diesem Moment nicht wusste, dass vierzig Jahre vergehen würden, bevor ich wieder in meine Heimatstadt reisen konnte.

Der Zug fuhr langsam und quietschend an der Paulskirche vorbei und am Ostorfer See entlang. Ich hatte meine Augen geschlossen, damit ich den Radweg, den ich so oft nach Goerries entlang geradelt war, nicht sehen musste.

Jetzt war die Hauptsache, dass meine Papiere für die Britischen MPs (die Militärpolizei) in Ordnung waren. Mehrere junge, britische Soldaten kamen durch den Zug und kletterten geduldig über all die Verwundeten und das Gepäck hinweg. Wir alle hielten den Atem an, dass sie das Mädchen, das stockstill in dem Seesack zu unseren Füssen lag, nicht finden würden.

Nach all diesen Jahren denke ich, dass die Briten es mit ihrer Inspektion nicht so genau genommen haben. Schließlich waren doch all die deutschen, unverletzten Kriegsgefangenen, die uns mit den Verwundeten geholfen hatten, auch auf diesem Zug, und deren Namen standen bestimmt nicht auf der Lazarettliste; und es war eigentlich offensichtlich, dass der große Seesack zu unseren Füßen mehr als Gepäck enthielt.

Auf einmal hörten wir Schüsse.

Wir alle hoben automatisch unsere Hände über den Kopf, und ich bückte mich über den Seesack zu unseren Füssen.

Die Amerikaner hatten ihre Atombomben auf Hiroshima und Nagasaki geworfen, anscheinend ohne die Sowjets vorher zu verständigen, und hatten damit gezeigt, dass sie die Sowjets absichtlich vergessen hatten, obwohl die Briten, die Amerikaner und die Sowjets einmal Verbündete gewesen waren.

So erklärten wir uns, dass die Sowjets unseren Zug, die Eisenbahnschienen und jedes kleine Dorf, durch das wir durchfuhren, beschossen.

Über uns konnten wir das Brummen eines Flugzeuges hören.

Natürlich war jeder Waggon unseres Zuges eindeutig mit einem Roten Kreuz gekennzeichnet, aber die Sowjets hatten uns oft genug gesagt, dass das Rote Kreuz ihnen nichts bedeute.

Wir warteten auf Bomben und klirrendes Glas, aber es geschah weiter nichts.

Das Flugzeug war anscheinend nur auf einem Aufklärungsflug, und die Schießerei sollte wohl nur der Beunruhigung dienen. Wir hatten keine große Hochachtung vor dem sowjetischen Militär, und einige unserer Soldaten murmelten „Die können nicht mal richtig zielen".

Niemand war verletzt, und wir hatten nicht einmal ein zerbrochenes Fenster.

Es schien, als ob uns die Sowjets nur zeigen wollten, dass sie mit diesem Transport nicht einverstanden waren. Als die Schießerei vorbei war, setzten die MPs ganz ruhig ihre Kontrolle fort, und erstaunlicherweise waren die Papiere aller Leute in Ordnung.

Der Zug rollte langsam über die unsichtbare, die Grüne Grenze, die Ostdeutschland, die zukünftige DDR (Deutsche Demokratische Republik), den sogenannten Brotkorb Deutschlands und Westdeutschland, die zukünftige BRD (Bundesrepublik Deutschland), das Industriegebiet Deutschlands, für 44 Jahre trennen sollte.

Die Hitlerjahre aus der Sicht eines Kindes

Nachdem wir die Grenze überquert hatten, bat der Eigentümer des Seesackes, dass wir alle unsere Füße hochheben sollten, und er öffnete ganz vorsichtig den Reißverschluss seines Seesackes. Das junge Mädchen setzte sich auf und schnappte nach Luft. Sie sah zerzaust, erschrocken und verweint aus. Ihr Freund kniete neben ihr auf dem Boden, nahm sie in seine Arme und küsste und küsste sie.

Ich dachte kurz „Soll er sie doch erst einmal zu Atem kommen lassen", aber wir alle saßen ganz still und sahen die beiden an, während der Zug langsam nach Westen rollte.

Hinter den Roggenfeldern, die sich so friedlich im Wind wiegten, sah ich den Kirchturm von Ratzeburg, und da ich die Strecke oft mit meiner Mutter im Auto und auch mit der Bahn gefahren war, wusste ich, dass wir selbst in diesem Schneckentempo Hamburg innerhalb von zwei Stunden erreichen müssten.

Aber ich hatte verkehrt gedacht.

Ich wußte nicht, wo wie waren, als der Zug quietschend zum Stillstand kam und eine Stimme laut rief „Alle aussteigen".

Natürlich folgten wir diesem Befehl sofort, und als wir auf dem Bahnsteig versammelt waren, rief dieselbe Stimme „Wir werden im Luftschutzbunker übernachten".

Okay!

Ich sah einen nicht sehr einladenden Betonblock mit einer einzigen Tür am Ende des Bahnsteiges, und die Menschenmenge begann sich langsam in seine Richtung zu bewegen.

Da waren Soldaten mit mittlerweile verkrusteten Kopfverbänden, Schwerverwundete auf Tragbahren, viele mit Gipsverbänden an Armen und Beinen, und andere, die sich mühsam auf Krücken fortbewegten.

Ich ließ sie alle an mir vorbeigehen und war eine der Letzten, die durch die kleine Tür in den Bunker eintrat. Natürlich waren alle der wenigen Bänke schon besetzt und ich ging einfach tiefer und tiefer in den Bunker herein bis ich ein kleines Stück freien Betonboden in einer Ecke sah und mich dort auf den kalten, harten Boden setzte.

Ich beobachtete, wie jeder begann, sich ein kleines Nest zu bauen.

Einige hatten sogar eine graue Militärdecke, einige hatten eine weiche Tasche, die als Kopfkissen dienen konnte, und einige Soldaten hatten sogar Rucksäcke, die alle möglichen Dinge enthielten, die jetzt zu Schätzen geworden waren.

Soviel ich mich auch umguckte, den Soldaten mit dem Seesack und das Mädchen sah ich nicht, und ich hoffte, dass sie beide in Sicherheit waren.

Ich beobachtete die Aktivitäten meiner Mitreisenden und entschloss mich, mir auch ein Nest zu bauen.

Die Hitlerjahre aus der Sicht eines Kindes

Ich faltete meinen Mantel zu einem Kissen, setzte mich hin und stellte den kleinen Koffer unter meine Füße. Ich hatte wenig, um ein Nest zu bauen, und so lehnte ich mich an die Wand und beobachtete meine Umgebung.

Wir alle saßen sehr dicht beieinander. Es herrschte eine beinahe unheimliche Stille, und ich hoffte, dass es bei den vielen Menschen wenigstens nicht zu kalt auf dem Betonboden werden würde. Zu meiner großen Beruhigung sah ich einige Luftschächte an der Wand.

Ganz in der Nähe von uns war eine Tür, auf der Toilette stand, und ein Soldat stand davor und drückte immer wieder auf die Klinke, aber es war klar, dass die Tür verschlossen war, und dass wir eine andere Lösung finden mußten.

So beobachtete ich das Tageslicht, dass ich durch den Luftschacht sehen konnte, und als es dunkel wurde, tat ich, was alle anderen auch taten; ich nahm meinen Mantel und meinen Koffer und ging nach draußen und suchte und fand einen Busch wo ich meine Notdurft verrichtete.

Die Umgebung des Bahnhofes und des Bunkers würden am nächsten Morgen einen ekelerregenden Anblick bieten, und in Gedanken konnte ich die Einheimischen fluchen hören über die unzivilisierten Flüchtlinge aus dem Osten. In späteren Jahren würden sie die aus Ostdeutschland kommenden Menschen respektlos die Ossis nennen.

Als ich in den Bunker zurückkam, konnte ich natürlich keinen Platz für ein neues Nest finden, und so ging ich wieder tiefer und tiefer in den Bunker, und als ich an den Platz kam, an dem ich vorher mein Nest hatte, sah ich, dass eine Feldflasche darauf stand.

Der Soldat neben mir hatte meinen Platz für mich freigehalten!

Er ließ mich aus seiner Flasche trinken und dann gab ich sie ihm dankend zurück.

Keiner sagte ein Wort. Wir waren alle allein mit unseren Ängsten, Sorgen und vielleicht sogar ein bisschen Hoffnung.

Als ich mein Nest wieder bauen wollte, wusste ich nicht, ob ich auf meinem Mantel schlafen oder mich damit zudecken sollte. Schließlich legte ich ihn auf den Boden und legte meinen Kopf auf den kleinen Koffer, der mit seinem weichen Leder und der Erinnerung an meine Mutter tatsächlich ein gutes Kopfkissen war.

Die Menschen um mich herum begannen sanft zu schnarchen, aber ich war überzeugt, dass ich nicht einschlafen konnte und ließ meine Gedanken wandern.

Ich meinte wieder das Schießen um uns herum zu hören und wusste nicht, ob das die Amerikaner oder die Sowjets waren. Würden wir morgen wirklich in Hamburg oder irgendwo anders im Westen ankommen? Ob wir wohl jemals etwas zu essen bekommen würden? Mein Gott dieser Boden ist hart.

Mein Bett zu Hause ist warm und weich... und dann war ich doch eingeschlafen.

Im Lager – wo soll ich hin?

Es ist seltsam, dass ich mich vom ersten Tag meiner Flucht aus Schwerin an jede kleine Einzelheit erinnere, aber an den zweiten Tag kann ich mich eigentlich nur auf das Wenigste besinnen. Vielleicht war der Schock, jetzt auf einmal von allem, was ich kannte und liebte, losgerissen zu sein, viel größer als ich damals verstand.

Ich hatte das Gefühl, alles Selbstbewusstsein verloren zu haben, und dass ich nur eine Puppe war, die hin und her geworfen wurde.

Ich fühlte nichts. Ich hatte keinen Hunger, keinen Durst, keine Schmerzen und, was das Schlimmste war, keine Hoffnung.

Ich bewegte mich innerhalb einer Menschenmenge, und wenn mir befohlen wurde nach rechts oder nach links zu gehen, oder in einer Menschenschlange stehenzubleiben, tat ich das, und die Befehle und die Ordnung gaben mir eine gewisse Sicherheit.

Ein Bus hatte uns vom Zug aus in eine Kaserne außerhalb Hamburgs gebracht und das Pflegepersonal war von den

Verwundeten getrennt worden. Später hörten wir, dass unsere Unterkunft Kriegsgefangenenlager genannt wurde, während die Verwundeten, die natürlich auch Gefangene waren, in ein Lazarett transportiert worden waren, wo sie gepflegt werden konnten.

Die Militärregierung hatte einen Tisch in der Nähe der Bustür aufgestellt und dahinter saß ein Britischer MP, der unsere Papiere kontrollierte.

Meine wichtigen Papiere hatte ich in einer kleinen Stofftasche, die ich um den Hals trug, zusammen mit meinem Militärausweis, die wichtige Liste mit den Namen und Adressen, die meine Mutter für mich aufgeschrieben hatte, und ein paar Reichsmark.

„Verstehst du Englisch oder brauche ich einen Dolmetscher?" fragte der MP.

„Ich verstehe und spreche Englisch" war meine tapfere Antwort.

Meine alte Englischlehrerin, Fräulein Ehlers, die mit den lustig rutschenden Strümpfen, die so alt war, dass sie schon meine Mutter in Englisch unterrichtet hatte, wäre sehr stolz auf mich gewesen.

„Wenn du in Hamburg bleiben willst, brauchst du eine Aufenthaltsgenehmigung von der britischen Militärregierung. Du hast drei Tage Zeit. Hamburg kann keine weiteren Flüchtlinge aufnehmen. Versuche nicht, illegal in der Stadt zu bleiben".

Ich versicherte dem MP, dass ich mehrere mögliche Adressen hatte und zeigte ihm den Zettel, den Mutti für mich geschrieben hatte. Er notierte irgendetwas auf seiner Liste, gab mir meine Papiere zurück und rief „Next" „der Nächste".

Danach wurde ich wie automatisch in eine andere mir endlos erscheinende Menschenschlange eingegliedert, und ein britischer Soldat kam vorbei und gab jedem von uns eine Blechschüssel, einen Blechbecher und einen Löffel und sagte in Englisch: „Haltet diese Sachen fest, sie sind für eure Mahlzeiten".

Viele der jungen Frauen, die neben mir standen, konnten nicht verstehen, was der Tommy gesagt hatte, und ich musste schnell übersetzen.

Abgesehen davon, dass er in Englisch gesprochen hatte, wurde mir zum ersten Mal klar, wie leise die Engländer sprechen, selbst die Soldaten, im Vergleich zu uns Deutschen.

Während wir weiter in der langen Schlange warteten und nicht wussten, worauf wir warteten, was mir mittlerweile auch egal war, sah ich einen anderen Tommy kommen, der uns Wasser in unsere Blechbecher goss.

Als ich das sah, zog ich schnell meinen schweren Mantel an, obgleich es August war, und stellte meinen kleinen Koffer zwischen meine Füße, damit ich bloß eine Hand frei hatte, um den Becher hinzuhalten, und dann war da ja auch immer noch die Hoffnung, ein Stück Brot zu bekommen.

Der Mann, der das Wasser ausschenkte, nahm es nicht zu genau und mir lief Wasser über den Arm und den Mantel herunter.

Natürlich trank ich das Wasser pflichtschuldig, weil all die anderen es taten, obgleich ich kein Wasser trinken mochte, eine Abneigung, die mich bis heute begleitet.

Am Ende dieses Schlangestehens müssen wir wohl bei den Waschräumen oder zumindest bei den Toiletten angekommen sein, aber ich weiß das nicht mehr so genau.

Meine nächste Erinnerung an den ersten Tag in der britischen Zone ist die, dass ich oben auf einem dreistöckigen Bett saß und meine Zimmergenossinnen von da oben beobachtete. Es waren nicht dieselben Mädchen, mit denen ich in Schwerin zusammengearbeitet hatte, aber sie schienen sich alle untereinander zu kennen und es war eine lebhafte, geschäftige und muntere Schar.

Die reichliche Menge einer deftigen Kartoffelsuppe, die wir in unseren Blechschüsseln empfangen hatten, schien ihnen erneut Energie gegeben zu haben.

Die Mädchen machten ihr Bett, kämmten sich gegenseitig das Haar, packten ihre Rucksäcke aus und wieder ein, zählten ihr Geld, sortierten die Geldscheine und das Kleingeld und plauderten endlos. Offenbar war ihre größte Sorge herauszufinden, wie man am schnellsten eine Bleibe und Arbeit in der britischen Zone finden konnte.

Wir alle waren dem Roten Kreuz zugeordnet, und so hofften auch sie, dass diese Organisation ihnen bei der Wohnungs- und Arbeitssuche behilflich sein würde.

Ich hörte all dem zu und hatte keine Ahnung, was ich wohl am nächsten Tag machen sollte.

Plötzlich entdeckte mich eins der jungen Mädchen, hoch oben auf meinem Bett sitzend, und rief „He Kleine, und wo fährst du morgen hin?"

„Ich habe eine Adresse von einer früheren Nachbarin in Blankenese", war meine Antwort, aber ich ließ sie nicht wissen, dass ich überhaupt keine richtige Adresse hatte.

„Uuuh" kam die Antwort einstimmig zurück. Ich wusste damals nicht, dass Blankenese eine der besten Adressen in Hamburg war.

„Hast du genug Geld?" war die nächste Frage.

„Nicht sehr viel, ich habe noch nicht darüber nachgedacht", war meine blöde, aber ehrliche Antwort.

„Was hast du denn vor zu tun? Wirst du versuchen eine Aufenthaltsgenehmigung zu bekommen, um Arbeit zu finden?"

„Ja, ich bin sicher, eine Aufenthaltsgenehmigung zu bekommen, aber Arbeit will ich nicht suchen. Ich muss eine

Schule finden, um mein Abitur zu machen, bis ich ein Visum bekommen habe, um dann damit zu meinem Vater nach England zu fahren".

Das war für die Mädchen anscheinend wieder keine gute Antwort, und nach ein paar „Uuuuhs" herrschte eine Weile eisige Stille.

Da begriff ich, dass ich in einer anderen Welt aufgewachsen war, und dass ich einfach nicht „dazu gehörte". Es war mir klar, dass jetzt ganz bestimmt nicht der richtige Zeitpunkt war, meinen kleinen Koffer aufzumachen.

Ich rollte mich in meiner schmutzigen Schwesterntracht zusammen, deckte mich mit meinem Mantel zu, legte meinen kleinen Koffer unter meinen Kopf und versuchte auf meiner Strohmatratze einzuschlafen.
Ich fühlte mich einsamer und verlassener denn je in meinem Leben.

Am nächsten Morgen stand ich mal wieder in einer langen Schlange, um mich zu melden, denn wir waren ja noch Kriegsgefangene, und wurden natürlich täglich registriert. Außerdem hofften wir alle, danach auch etwas zum Frühstück zu bekommen. Als ich da ziemlich hoffnungslos in der Reihe stand, hörte ich jemanden meinen Namen rufen.
Meinen Nachnamen „Hugues" auszusprechen, gab immer Schwierigkeiten, und daher konnte ich manchmal gar nicht erkennen, dass ich ausgerufen wurde.

Ein Tommy übergab mir wortlos ein Stück Papier. Auf dem Papier stand der Name Schnoor und eine Adresse in Langenhorn, einem Stadtteil von Hamburg.

Gelobt sei die deutsche Bürokratie! Sie registriert jeden Menschen, und das deutsche System war sofort von der britischen Militärregierung übernommen worden.

Die Schnoors waren das Ehepaar, das meine Mutter im Sommer 1943, nach dem furchtbaren Bombenangriff auf Hamburg, aufgenommen hatte. Sie waren noch während des Krieges, als die Möglichkeit einer sowjetischen Besatzung drohte, nach Hamburg zurückgekehrt.

So konnte ich am nächsten Tag das Aufnahmelager verlassen. Ich habe damals nicht gewusst, wo in Hamburg Langenhorn eigentlich lag.

Als mein Militärpass den nötigen Entlassungsstempel erhielt, und ich also keine Kriegsgefangene mehr war, bekam ich sehr strenge Anweisungen, mich innerhalb von drei Tagen bei der britischen Militärregierung in Hamburg zu melden.

Ich kannte Hamburg gut genug, sodass ich mir sicher sein konnte, dass ich, dank der guten U- und S-Bahnverbindungen, Langenhorn finden würde.

Jede Haltestelle hatte gute Karten des Bahnnetzes an der Wand angeschlagen, und als ich an der ersten Haltestelle war, und die mir so bekannten Karten und Fahrpläne an der Wand ansah, kam mein Selbstvertrauen zurück.

Ich hatte gehört, dass die Briten innerhalb von ein paar Tagen, nachdem sie Hamburg besetzt hatten, den Nahverkehr wieder in Ordnung gebracht hatten, und das konnte ich von meiner Sicht aus bestätigen, denn ich brauchte nur wenige Minuten, um die richtige Linie zu finden, in der Bahn zu sitzen und auf dem Weg nach Langenhorn zu sein.

Als ich aus dem Fenster guckte, dachte ich, dass mein Herz stehenbleiben würde.

Da waren Trümmer, soweit das Auge sehen konnte, keine Gebäude, keine Bäume, kein Verkehr.

Nach dem schweren Bombenangriff auf Hamburg, im Sommer 1943, war meine Mutter mit so vielen anderen Schwerinern an den Außenrand Hamburgs gefahren, um den armen, ausgebombten Menschen zu helfen, aber ich glaube nicht, dass sie damals schon diese grausame, komplette Zerstörung gesehen hatte, denn der Bombenangriff im Sommer 1943 war ja leider auch nicht der einzige Angriff auf Hamburg geblieben.

Wir hatten natürlich gehört, dass in der ersten Nacht vierzigtausend Menschen umgekommen und eine Million obdachlos geworden waren, aber in unserem unzerstörten Schwerin, konnte ich mir diese Ausmaße der Zerstörung einfach nicht vorstellen.

Die Hitlerjahre aus der Sicht eines Kindes

Das deutsche Publikum bekam nie in der Wochenschau, im Kino, oder von Bildern in der Zeitung zu sehen, wie Deutschland im Sommer 1945 aussah. Es war immer nur von großen Siegen oder strategischen Rückzügen die Rede gewesen.

Der Anblick der Stadt aus dem S-Bahnfenster wurde besser, als die Bahn ihren Weg weiter nach Norden machte, und als ich an der Haltestelle Langenhorn ausstieg, sah ich nur Gärten mit kleinen Gartenlauben. Die Pfade zwischen den Gärten waren mit deutscher Ordnung nummeriert, und sogar die Gartenlauben hatten eine Hausnummer.

Ich lief von einem Gartenpfad zum anderen, bis ich schließlich die Hausnummer der Schnoors, die auf meinem wertvollen Zettel stand, gefunden hatte.

Eigentlich war es nicht zu fassen, dass dieses kleine Gartenhaus genug Platz hatte, dass jemand darin wohnen konnte, aber die Nummer auf meinem Zettel war dieselbe wie die an der Gartenpforte. So ging ich mit meinem Köfferchen in der Hand, meinen schweren Wintermantel tragend, unsicher über das, was da kommen würde, auf Zehenspitzen leise durch einen kleinen Blumengarten und klopfte zögernd an die Haustür.

Bei Schnoors in Langenhorn

Ich konnte mich eigentlich überhaupt nicht an die Schnoors erinnern, denn selbst im Sommer 1943 hatten wir schon so viele Flüchtlinge im Haus, dass ich sie einfach nicht alle kennenlernen konnte. Doch Herr und Frau Schnoor erkannten mich sofort ‚und beide schrien vor Freude auf, als ich bei ihnen vor der Tür stand. Ich muss ein schrecklicher Anblick gewesen sein, in dem schmutzigen Kleid, ungekämmt und ungewaschen, und ganz unbeschreiblich traurig und müde.

Oma Schnoor, wie ich sie bald nannte, nahm mich in die Arme, hielt mich ganz fest und sagte „Deine Mutter hat uns geholfen, und jetzt werden wir für dich sorgen. Wir danken Gott, dass wir diese Gelegenheit haben".

Die Schnoors wohnten in einer Gartenlaube, die nur aus einem Raum bestand, inmitten eines sorgfältig gepflegten Gartens. In einer Ecke des Raumes stand eine kleine elektrische Kochplatte neben einem Ausguss. Allerdings war da kein Wasserhahn über dem Becken, und ich nahm sofort an, dass das Wasser von einer Pumpe irgendwo aus dem Garten geholt werden musste. In einer anderen Ecke stand ein Bett, und daneben ein kleiner Tisch mit zwei Stuhlen.

Oma Schnoor zeigte mir ein kleines Häuschen inmitten der Gemüsebeete, was ich natürlich sofort als die Toilette erkannte. Dann zeigte sie mir auch die Wasserpumpe, die sie, wie auch die Toilette, mit mehreren Nachbarn teilten.

Nachdem ich das Nötigste gesehen hatte, zeigte sie auf ihr Bett und sagte

„Leg dich erstmal hin und ruhe dich aus, denn heute Nacht musst du dann auf dem Fußboden schlafen. Ich gehe nachher zu den Nachbarn und werde eine Decke und ein Kopfkissen borgen, und danach koche ich eine Suppe für uns zum Mittagessen".

Ich muss wohl ein oder zwei Stunden zum ersten Mal ruhig und beschützt geschlafen haben, als Oma Schnoor mich zum Essen rief.

Da sie nur zwei Stühle hatten, rückten sie den Tisch nahe ans Bett, sodass Herr Schnoor auf dem Bett sitzen konnte. Sie teilten ihre Kartoffel-Gemüse-Suppe und ein kleines Stückchen trockenes Brot mit mir.

Es kam mir wie ein Festessen vor, und innerhalb von ein paar Stunden hatten diese liebevollen und sorgenden Menschen meine Energie und meine positive Lebenseinstellung wiederhergestellt.

Die Hitlerjahre aus der Sicht eines Kindes

Ich wollte, dass alle Flüchtlinge auf dieser Welt mit so offenen Armen empfangen werden könnten.

Während der nächsten zwei Tage blieb ich erstmal bei den Schoors in ihrer Gartenlaube mit dem schönen Garten. Schon am nächsten Tag hatte Oma Schnoor mein blau-weiß gestreiftes Schwesternkleid und alle meine Unterwäsche genommen und alles einzeln in einer kleinen Blechschüssel gewaschen. Es war die einzige Schüssel in dem kleinen Haushalt, und sie wurde für alles benutzt.

Oma Schnoor musste die Wäscheklammern bei ihrer Nachbarin borgen und dann, während meine Wäsche draußen in der Augustsonne trocknete, füllte Oma Schnoor die Schüssel noch einmal mit warmem Wasser. Da konnte ich mich endlich selber, nach so langer Zeit, gründlich mit Seife waschen. Auch meine praktischerweise kurz geschnittenen Haare wurden zum ersten Mal nach sehr langer Zeit gewaschen. Nachdem ich Oma Schnoors einziges Nachthemd angezogen hatte, ging ich in den Garten und spülte mein Haar unter der Pumpe.

Herr Schnoor zeigte mir sehr stolz seinen Gemüsegarten. Im vergangenen Frühling hatte ein Nachbar ihm etwas Saat gegeben, und während um Hamburg herum gekämpft wurde, und die Menschen starben, ist das Gemüse gewachsen, als wenn es wüsste, dass es später im Jahr ein Lebensretter sein würde.

Nachdem meine Kleidung getrocknet war, borgte sich Oma Schnoor von der Nachbarin ein elektrisches Bügeleisen, und nach ein paar Stunden gab sie mir ein sehr ansehnliches, fast wie neu aussehendes Kleid zurück.

Da ich die Schwesternschürze ja nun nicht mehr brauchte, hatte Oma Schnoor ein paar Streifen von ihr abgeschnitten und daraus einen Gürtel genäht, der dem sackartigen Kleid beinahe etwas Form gab.

Den Rest der Schürze nahm sie sehr dankbar selbst an. So wurde diese in Stücke geschnittene Schürze zu einem Abwaschlappen und zwei nötig gebrauchten Geschirrtüchern umgearbeitet.

Herr Schnoor benutzte die Sicherheitsnadel, die meine Schürze an das Kleid gehalten hatte, und steckte mir damit eine Blume an die Schulter und etwas später machten Oma Schnoor und ich uns auf, um Besorgungen zu machen.

Die Tagesration für die deutsche Bevölkerung bestand damals aus 770 Kalorien, die dann meistens aus Brot und Kartoffeln bestanden. Der Gedanke daran erschüttert mich heute noch, wenn ich bedenke, dass die Schnoors diese kleine Ration mit mir teilten, bis ich meine eigenen Lebensmittelmarken bekommen konnte.

Wir mussten lange in einer Menschenschlange warten, bis wir im Kaufmannsladen zwei Eier, ein kleines Stück Käse, etwas Mehl, und beim Schlachter 200 Gramm gehacktes Pferdefleisch bekamen.

Gott sei gedankt für Herrn Schnoors wunderbaren Gemüsegarten, ohne den es uns viel schlechter gegangen wäre. Wir kochten etwas von dem gehackten Pferdefleisch mit Kohl und Kartoffeln, und mit ein ganz wenig Fantasie aßen wir eines meiner mecklenburgischen Lieblingsgerichte: Kohl und Kartoffeln! Nach dieser dankbar angenommenen Mahlzeit setzte Oma Schnoor den Kessel auf, machte warmes Wasser und wusch unsere paar Teller in der kleinen Schüssel ab. Ich trocknete das Gescirr mit dem Tuch, das vor Kurzem noch ein Stück meiner Schwesternschürze gewesen war, und stellte alles auf die Borte über der Kochplatte, während ich eine Melodie aus der „Fledermaus" vor mich hin summte.

Nun in Sicherheit und mit der menschlichen Wärme der Schnoors kamen meine Lebensgeister zurück, und ich begann wieder zu hoffen und an eine heile Welt zu glauben.

Ich suche nach Tula

Nach zwei Tagen der liebevollen Fürsorge der Schnoors hatte ich mich genug erholt, um das Wohnungsamt und die Einwohnermeldestelle in Hamburg zu suchen, um mich dort zu melden. Oma Schnoor gab mir genügend Kleingeld für die U-Bahn und einen Apfel, und ich war bereit, den Lebenskampf wieder aufzunehmen.

Man hatte mir geraten, meine Amtsbesuche so früh wie möglich am Morgen zu beginnen, damit ich wenigstens etwas weiter nach vorne in der langen Warteschlange zu stehen kam, und das tat ich dann auch.

Als ich an der U-Bahnhaltestelle Langenhorn ankam, war ich erstaunt, wie gut organisiert Langenhorn war, denn gleich draußen am Eingang zum Bahnhof war eine Liste angeschlagen, die alle Adressen der wichtigsten Ämter und die dazugehörigen Bahnstationen zeigte, und so konnte ich mich sehr schnell in Hamburg zurechtfinden.

Mein erstes Ziel war natürlich das Amt für die Aufenthaltsgenehmigung, damit ich erst einmal die Erlaubnis bekam, mich überhaupt in dem bereits überfüllten Hamburg aufhalten zu dürfen. Das zuständige Amt lag in einem der riesigen, unversehrten Gebäude an der Innenalster, einem Binnensee, der künstlich aus dem Bachlauf der Alster, der durch Hamburg und dessen Zentrum fließt, entstanden ist.

Die Vorwarnung, so früh wie möglich los zu gehen war gut, denn obgleich es noch vor acht Uhr war, begann die Menschenschlange zum Aufenthaltsgenehmigungsamt schon draußen um den halben Block herum.

Als ich nach über zwei Stunden des Wartens endlich an den richtigen Sachbearbeiter kam, hatte ich die ganze Lebensgeschichte aller der Leute, die um mich herum standen gehört, und alle diese Geschichten waren wesentlich trauriger und hoffnungsloser als die meine.

Ich legte meine Entlassungsdokumente der Militärregierung vor und natürlich auch den kleinen Zettel, auf den meine Mutter die Adresse meines Vater in England, und die zwei möglichen Kontakte in Hamburg, nämlich Tula Himsted und den Namen der Familie Schnoor, aufgeschrieben hatte.

Mein Sachbearbeiter, ein Engländer, sagte, dass er die Suche nach meinem Vater in England weiterleiten, und mir eine Aufenthaltsgenehmigung für eine Woche in Hamburg geben würde, damit ich mich um eine Lebensmittelkarte bewerben könnte, und dass ich dafür in ein anderes Gebäude gehen müsse.

Die Hitlerjahre aus der Sicht eines Kindes

Er warnte mich, dass ich mich in einer Woche wieder bei ihm zu melden hätte, und dass er mir nur dann die Aufenthaltsgenehmigung verlängern könne, wenn ich eine Unterkunft bei Freunden oder Verwandten, die genug Platz hatten, in Hamburg gefunden habe.

Als ich ihn fragte, wo ich denn hingehen solle, falls ich niemanden finden würde, antwortete er in perfektem Deutsch „Genau dahin, wo du hergekommen bist".

Damit wusste ich dann, dass ich Tula Himstedt, die einmal bei uns gegenüber in Schwerin in der Körnerstrasse gewohnt hatte, unbedingt finden musste. Es war mir klar, dass ich für einen Aufenthalt bei Schnoors in der kleinen Gartenlaube niemals eine Wohnungsgenehmigung bekommen würde.

Die Behörde, die für die Zuteilung der Lebensmittelkarten verantwortlich war, befand sich neben dem prächtigen Rathaus, welches trotz der massenhaften Bombardierungen Hamburgs, zumindest äußerlich erschien es so, keinen Schaden genommen hatte.

Während ich in der langen Warteschlange stand, konnte ich das Gebäude, das im Neo-Renaissancestil Ende des 19. Jahrhunderts gebaut worden war, in aller Ruhe studieren. Nachdem ich all die Zerstörung und die Ruinen in Hamburg gesehen hatte, tat mir die Schönheit und die Harmonie dieses Gebäudes richtig gut.

Gleichzeitig war ich zwar hungrig und müde, aber ich wusste, dass ich jetzt nicht ungeduldig werden durfte.

Als ich endlich bei einem zuständigen deutschen Beamten angekommen war, gab ich auch Ihm Muttis, inzwischen für mich sehr wertvoll gewordenen Zettel. Ich beobachtete den Mann, als er systematisch in einem großen, handgeschriebenen Buch Seite um Seite umschlug und dann nach langer Zeit aufsah und sagte „Eine Tula Himstedt gibt es hier in Hamburg nicht".

Ich musste mich direkt am Tisch festhalten und man konnte mir bestimmt meine große Enttäuschung ansehen, als ich zitternd fragte „Und was mache ich jetzt?"

Der Mann war so höflich und verständnisvoll und sagte, dass er mir eine für sieben Tage gültige Lebensmittelkarte geben würde, und dass er doch noch weiter suchen wollte. Ich sollte mich in zwei oder drei Tagen noch einmal wieder bei ihm melden.

Danach setzte ich mich auf eine Bank auf dem Rathausplatz, aß meinen Apfel und fuhr dann bedrückt zu den Schnoors nach Langenhorn zurück.

Ich kann mich überhaupt nicht mehr daran erinnern, was ich in den nächsten zwei Tagen bei Schnoors machte. Ich dachte nur immer sorgenvoll, was aus mir werden sollte, wenn der nette deutsche Beamte Tula nicht finden würde. So sehr ich mich auch nach meiner Mutter und Schwerin sehnte, wusste ich doch, dass eine Rückkehr nach Schwerin sinnlos war,

Die Hitlerjahre aus der Sicht eines Kindes

denn Mutti würde dann nur Angst haben, dass mir dort etwas Schreckliches geschehen könnte.

Der Gedanke, dass die britische Militärregierung sich überhaupt bemühen würde, meinen Vater in England zu finden, kam mir gar nicht in den Sinn. Ich war davon überzeugt, dass für uns Deutsche, nach allem, was in der Nazizeit geschehen war, die ausländischen Besetzer, eine der Siegermächte, wenig für uns tun würden.

Da hatte ich mich allerdings geirrt.

Wenn ich über die zwei Wartetage nachdenke, hoffe ich doch, dass ich während dieser mir endlos erscheinenden Warte-und Übergangszeit Oma Schnoor, ungeschickt wie ich damals war, trotzdem bei der Wäsche und dem endlosen Kartoffelschälen und Gemüseputzen geholfen habe, oder dass ich zu Herrn Schnoor in den Garten gegangen bin, um dort ein bisschen bei der Gartenarbeit mitzumachen. Aber ich fürchte, dass ich das nicht getan habe, denn ich hatte ja nicht einmal meiner Mutter geholfen, als sie noch die Zeit hatte, ab und zu mal in ihren schönen Garten zu gehen um ein Gemüsebeet zu jäten oder Salat zu ernten.

Zwei Tage später machte ich mich wieder auf den Weg zum Wohnungsamt, denn ich dachte, je öfter ich mich melde, desto geringer sei die Möglichkeit, dass man mich nach Schwerin oder sonst irgendwo hinschickte oder, dass man mich vollkommen vergessen würde.

Also begab ich mich wieder auf den Weg zum Rathaus, und hatte wieder etwas Kleingeld für die U-Bahn und diesmal zwei Wurzeln von Oma Schnoor in der Tasche. Der mir nun bekannte Weg und die Warteschlange waren genauso lang, die Geschichten der Wartenden genauso traurig wie beim ersten Mal, und ich hatte wenig Hoffnung, als ich wieder bei dem Mann vom vorigen Mal stand.

Er erkannte mich sofort und streckte lächelnd seine Hand aus, was eigentlich bei Behördenbesuchen nicht üblich war. Er erzählte mir, dass sich die britische Militärregierung eingeschaltet hatte und über das internationale Rote Kreuz in Genf nach meinem Vater in England suchen würde; und dass daher unbedingt ein Platz für mich in Hamburg gefunden werden musste, bis die Verbindung zu meinem Vater in England hergestellt werden konnte.

Der nette Mann erklärte mir, dass sie zwar keine Tula Himstedt gefunden hätten, aber dass es einen Wolfgang Himstedt gäbe, der bei seiner Schwester, Gertrud Köhncke im Hochkamp in Hamburg, im Stadtteil Blankenese, gemeldet sei.

Ich sprang in meiner Aufregung vom Stuhl auf und sagte viel zu laut und schnell hintereinander weg
„Natürlich, dass ist Wölfi! Ich kenne ihn. Er war immer von zu Hause weg, weil er irgendwo Jura studierte. Ja, und Tulas richtiger Name ist Gertrud, nur niemand nannte sie so. Meine Mutter und ich hatten das vergessen. Natürlich ist Tula verhei-

ratet und heisst nun nicht mehr Himstedt. Vor vielen Jahren war ich doch sogar eine Brautjungfer auf ihrer Hochzeit".

Der Beamte strahlte, als er meinen Wortschwall unterbrach und sagte „Wir können die Verbindung zu dieser Frau nicht selbst herstellen, aber wir raten Ihnen, ihre Bekannte zu besuchen, und wenn Sie bei ihr unterkommen können, lassen Sie sich das von ihr schriftlich geben, und kommen zu uns mit dem Beweis zurück. Viel Glück und auf Wiedersehen".

Ich war wie vom Blitz getroffen und rannte den ganzen Weg bis zur Dammtor U-Bahn Haltestelle, und wartete ungeduldig auf die nächste U-Bahn.

In Langenhorn angekommen, rannte ich den Weg bis zu den Schnoors, um ihnen atemlos meine gute Nachricht zu überbringen.

Bereits am nächsten Morgen nahm ich meinen kleinen, noch immer nicht geöffneten Koffer und wieder etwas Kleingeld von Oma Schnoor in die Hand und machte mich auf den Weg nach Blankenese und Hochkamp.

Unser Abschied war kurz, aber wir hatten ja von Anfang an gewusst, dass unser Zusammensein nur von kurzer Dauer sein konnte.

Am Bahnhof stellte ich fest, dass ich umsteigen musste, und dass die Haltestelle Hochkamp eine S-Bahn Haltestelle vor der von Blankenese lag. Ich löste eine Fahrkarte und verfolgte dann auf dem Streckenplan, der sich an der Decke des Waggons befand, die Bahnroute von Station zu Station, damit ich genau wusste, wann Hochkamp kam und ich aussteigen musste.

Ich fragte mich an jeder Ecke durch, wie ich von der Haltestelle Hochkamp zu der Strasse kommen konnte, in der Tula wohnte, aber an den Straßennamen, den ich damals so oft gebrauchte, kann ich mich heute nicht mehr erinnern.

Es war ein sehr langer Weg, der dann vor einem typisch deutschen Mietshaus endete. Ich konnte von draußen sehen, dass dieses Gebäude drei Stockwerke mit insgesamt sechs Wohnungen, einem Kellergeschoss und einen Dachboden hatte.

Vor dem Haus war ein kleiner, erstaunlich gut gepflegter Rasen, und als ich um das Haus ging, konnte ich im Hinterhof ebenfalls einen großen Rasen, eine Schaukel und mehrere Wäscheleinen sehen, auf denen eine Menge Wäsche lustig im Sonnenschein baumelte.

Ich ging durch die offene Haustür und klingelte linker Hand bei Apartment „B", und nach ein oder zwei Minuten stand Tula in der Tür und sah mich fragend an.

Wir hatten uns ungefähr seit zehn Jahren nicht gesehen, doch obgleich wir uns äußerlich sehr verändert hatten, besonders ich, die von einem Kind zu einer jungen Frau herangewachsen war, erkannten wir uns sofort wieder.

Tula begrüßte mich, aber ganz gewiss nicht so herzlich wie die Schnoors, die mich mit offenen Armen und Tränen in den Augen empfangen hatten.

Man muss bedenken, dass damals fast täglich Flüchtlinge aus der Sowjetzone an Türen klopften und klingelten, meist bei denen, die schon früher in den Westen gekommen waren.

Die früher Angekommenen hatten auch um Wohnungserlaubnis kämpfen müssen, denn in Hamburg herrschte durch die schweren Bombenangriffe schon seit Jahren großer Wohnungsmangel. Monate und Jahre später, und ohne Wiederaufbau, gab es einfach keinen Platz für die Menschen, die jetzt aus Pommern, Mecklenburg und Brandenburg aus Angst vor der sowjetischen Besatzung in den Westen geflüchtet waren.

Tula sah mich kurz an und fragte „Bist du hungrig?"
Ich schüttelte meinen Kopf in Verneinung und fragte „Kann ich auf ein paar Tage hier bleiben?"
Als sie wortlos nickte, sagte ich „Ich muss mein Gesicht waschen, und ich brauche einen Augenblick, um zu mir zu kommen".

Tula sah mich gelassen an, wie ich da in dem umgenähten Schwesternkleid mit meinem kleinen Koffer und dem Wintermantel über dem Arm dastand, und wenn sie dabei gedacht hatte, dass ich armselig oder bedauernswert wirkte, ließ sie es mich nicht wissen.

„Wir haben zur Zeit kein warmes Wasser und auch kein Gas, um einen Kessel aufzusetzen. Seife und Handtuch sind im Badezimmer. Danach kannst du in mein Schlafzimmer gehen, dich ausruhen und auspacken. Wir sehen uns dann später".

Als ich dann auf Tulas großem Bett saß, das aus zwei Einzelbetten bestand, die nach deutscher Art zusammengeschoben waren, öffnete ich meinen kleinen Koffer.

Ich sah, dass die oberste Schicht aus vielen Binden und verschraubten Salbentöpfen bestand. Das war genau wie in einem Verbandskasten.

Als ich die Binden vorsichtig auseinanderwickelte, fielen Geldscheine heraus, und als ich mehr Binden auseinanderwickelte, kamen immer mehr Geldscheine dazu.

Nachdem ich die Geldscheine zur Seite gelegt hatte, rollte ich erst sehr sorgfältig alle Binden wieder auf, denn kein Erste-Hilfe-Lehrling würde je eine nicht aufgewickelte Binde herumliegen lassen.

Danach begann ich, die Salbendosen aufzuschrauben. Jede Dose hatte eine dünne Schicht Salbe, dann kam ein Stück Pergamentpapier und darunter kam eine dicke Rolle kleinerer Geldscheine zum Vorschein, und so war das mit jeder Salbendose.

Ich nahm die Geldscheine heraus, verschraubte die Salbendosen wieder und stapelte das Geld.

Die nächste Schicht in dem Koffer bestand aus meinem blauen Winterkleid, etwas Unterwäsche und zwei paar Strümpfen.

Mit Erstaunen sah ich auf meine unerwarteten Schätze und mich erfüllte eine riesengroße Dankbarkeit. Meine Mutter musste monatelang Geld für mich beiseite gelegt haben, und dann die letzte Nacht damit zugebracht haben, mir diesen erstaunlichen Verbandskasten einzurichten.

Sie wusste, dass es eine lange Zeit dauern würde, bevor ich meinen Vater finden und ein Ausreisevisum für England bekommen konnte, und dass ich mutterseelenallein in Hamburg, einer vom Krieg größtenteils verwüsteten Stadt, irgendwie überleben musste. Das Einzige, dass sie mir mitgeben konnte, war Geld.

Ich sortierte und zählte die Geldscheine sehr sorgfältig und war erstaunt und dankbar für die für damalige Zeiten, Riesensumme von 45000 Reichsmark; das war genug, um ein großes Haus oder mehrere Autos zu kaufen, oder um eine Reise um die Welt zu machen.

Aber es gab keine Häuser oder Autos, und es gab überhaupt nichts zu kaufen, denn die Läden waren leer und wer wollte schon jetzt auf Reisen gehen?

Jedoch gab es den Schwarzmarkt, auf dem Vieles zu bekommen war, aber nur für viel Geld. Wer Geld hatte, brauchte nicht zu verhungern.

Dank meiner Mutter hatte ich jetzt genug Geld um finanziell im Haushalt zu helfen, wo immer ich auch war, und vielleicht zur Schule zu gehen, um mein Abitur zu machen und außerdem würde ich auch meine Traumreise nach England bezahlen können.

Nachdem ich das Geld noch einmal durchgezählt hatte, wickelte ich es sorgfältig in ein Unterhemd und verstaute es wieder in meinem kleinen Koffer, unter den Binden und den, jetzt leeren, Salbendosen.

Ich schloss die Schlafzimmertür hinter mir und ging zu Tula in die Küche. Tula war gerade dabei, einen Grießbrei für ihre zweijährige Tochter Margaret zu kochen denn das Gas war unerwarteter Weise wieder gekommen.

Ohne aufzusehen sagte sie „Ich habe keine Betten mehr, aber wir können ein Handtuch aufrollen und das auf die Verbindung zwischen meinen beiden Betten legen und so kannst du zwischen mir und Cohn (sie war ein Flüchtling aus Ostpreußen), schlafen. In dieser Dreizimmerwohnung sind wir acht Personen, aber du bist willkommen, hier bei uns zu wohnen, solange es notwendig ist".

Mir fiel ein Stein vom Herzen, und normalerweise wäre ich Tula um den Hals gefallen, aber Tula war ein etwas kühler Typ, nicht jemand, dem man einfach um den Hals fiel, auch wenn man noch so dankbar war.

Wir setzten uns an den Küchentisch, und während Tula die immer hungrig erscheinende kleine Margaret fütterte, erzählte ich ihr von dem Geld in meinem Koffer und meiner guten Chance, vielleicht in weniger als einem Jahr nach England auswandern zu können.

Obwohl Tula nicht gewusst hatte, dass ich Geld mitgebracht hatte, und dass die Möglichkeit bestand, dass ich schnell gute Beziehungen zu der Militärregierung haben würde, hatte sie mich trotzdem aufgenommen und mir erlaubt, das Wenige, was ihr und ihrem Kind noch geblieben war, mit mir und sieben anderen Menschen zu teilen.

Dieser schreckliche Krieg mit seiner Grausamkeit und die schweren Zeiten nach der Niederlage, brachten entweder das Allerbeste oder das Schlechteste aus den Menschen heraus.

Ich hatte das große Glück, trotz des Hungers und des Leidens, eigentlich das ganze Jahr in Hamburg, nur die beste Seite der Menschen zu sehen und zu erleben.

Heimatlos in Hamburg

An meinem ersten Morgen bei Tula stand ich schon ganz früh auf und hatte nicht einmal gemerkt, dass die mir fremde Frau, die doch direkt neben mir geschlafen hatte, schon aufgestanden und in den Dienst gegangen war.

Ich wollte unbedingt so früh wie möglich aufs Wohnungsamt gehen, um die Bestätigung, die Tula mir sofort gegeben hatte, vorzuzeigen und mich offiziell, als in Hochkamp wohnend, anzumelden. Solange ich keine Aufenthaltsgenehmigung hatte, bekam ich auch keine Lebensmittelkarten, und der Gedanke sorgte mich sehr. Ich wollte Tulas knappe Lebensmittelration, die sie für ihren Haushalt zusammen bekam nicht belasten, ohne meinen Teil dazu beizutragen.

Ich war schon eine Stunde vor der Öffnung der Behörde am Platze, und so reichte die Warteschlange wenigstens noch nicht um den ganzen Häuserblock herum.

Ich gab dem zuständigen deutschen Beamten Tulas Bestätigung, in die sie geschrieben hatte, dass ich solange bei ihr wohnen könne, bis ich meinen Vater in England gefunden hatte und zu ihm ausreisen konnte.

Nach meinen vielen Besuchen bei den Behörden wusste ich inzwischen, welch erstaunliche Wirkung es auf die Deutschen Beamten hatte, wenn sie herausfanden, dass ich möglicherweise eine Verbindung nach England hatte.

Ich wurde sofort rücksichtsvoll und höflich behandelt. Ich weiß nicht, ob diese fremden Leute, wenn sie nur gewusst hätten, wie ungewiß diese Beziehungen waren, und wie wenig ich damit für sie, oder für mich selber tun konnte, auch so zuvorkommend gewesen wären.

Dieses Mal wurde meine Aufenthaltsgenehmigung anstandslos auf vier Wochen verlängert, und ich bekam die dementsprechenden Lebensmittelkarten, und viele mehrmals gestempelte Papiere.

Mein nächstes Ziel waren die Schnoors in ihrer Gartenlaube in Langenhorn.

Ich hatte eine feste Rolle aus mehreren Hundertmarkscheinen gemacht und drückte sie Oma Schnoor in die Hand, nachdem sie mich mit offenen Armen begrüßt hatte.

Danach hielt sie mich ganz fest im Arm und begann vor Freude zu weinen, und sie versicherte mir immer wieder, dass sie wirklich nicht an Geld gedacht hätten als sie mich aufnahmen, und dass meine Mutter doch viel mehr für sie, ih-

Die Hitlerjahre aus der Sicht eines Kindes

ren Mann, und ihre Tochter, sowie den Schwiegersohn, getan hätte.

Allerdings konnte ich doch sehen, dass sie über das Geld sehr glücklich war.

Die Schnoors bekamen eine sehr kleine Altersrente sowie das Gartenhaus von der britischen Verwaltung der Stadt Hamburg. Der Gedanke, vielleicht ein halbes Pfund Kaffee auf dem Schwarzmarkt kaufen zu können, muss ihr wie ein Traum vorgekommen sein. Zu der Zeit war ein halbes Pfund Kaffee der größte Luxus, den wir Deutschen uns überhaupt vorstellen konnten.

Oma Schnoor fragte mich, ob ich was gegessen hätte, und meine Antwort war „Ich weiß es nicht".

Eine merkwürdige Antwort, nicht zu wissen, ob man gegessen hatte, aber so war es das ganze Jahr in Hamburg. Jede Mahlzeit war so klein, dass ich eigentlich genauso hungrig nach dem Essen wie vor dem Essen war, und so vergaß ich oft, ob ich überhaupt etwas gegessen hatte oder nicht.

Oma Schnoor sah mich ernst an und sagte „Also nicht".

Sie rief ihren Mann herein, und wir drei tranken Oma Schnoors wundervollen Pfefferminztee, mit Pfefferminze aus dem Garten, und wir aßen ein kleines Stück Brot mit Hüttenkäse.

Der Abschied von den Schnoors war schwer für mich, aber mit einer vierwöchigen Aufenthaltsgenehmigung und den dementsprechenden Lebensmittelkarten fühlte ich mich reich. Ein neuer Lebensabschnitt hatte für mich begonnen, und ich habe die Schnoors danach nie wiedergesehen.

Ich nahm die U- und S-Bahn zurück zu Tula. Und jetzt hatte ich endlich genug Ruhe, um mich bei ihr in der Wohnung umzusehen, und mich mit den Menschen, mit denen ich auf lange Zeit zusammenwohnen sollte, bekannt zu machen.

Ich erinnerte mich kaum an Tula aus meiner Kinderzeit. Ich kannte sie, weil Tulas Familie, die Himstedts, meiner Großmutter gegenüber in der damaligen Körnerstraße in Schwerin wohnten.

Deren vier Kinder, drei Töchter und ein Sohn, waren alle mindestens zehn bis fünfzehn Jahre älter als ich, und dann war da noch eine Tochter in meinem Alter, die Irmchen hiess.

Diese kleinste und viel jüngere Schwester hatte ein schweres Nierenleiden, und wie mir später klar wurde, war sie von ihrem ersten Lebenstag an schwer krank. Das arme Kind verbrachte mehr Zeit im Annahospital, dem Kinderkrankenhaus ganz in der Nähe, als zu Hause.

Damals, als ich noch bei Oma wohnte, wenn Irmchen zu Hause war, bat Frau Himstedt meine Großmutter, mich herüber zu schicken, um mit Irmchen zu spielen. Ich verstand sehr schnell, dass Irmchen viel zu krank war, um mit mir zu spielen, und so saß ich meistens bei ihr am Bett und las ihr vor, oder ich erfand lustige Personen und schauspielerte ihr was vor.

Irmchen starb, als ich zehn Jahre alt war, kurz bevor wir von Oma auszogen, und ich erinnere mich an sie und ihren Geburtstag, den fünften August, noch heute.

Es ist möglich, dass sich Tula an meine Freundschaft mit Irmchen erinnerte, als ich bei ihr in Hamburg an der Wohnungstür stand, und dass sie mich daher nicht wegschikken wollte - aber sie hat Irmchen nie erwähnt.

In Tulas kleiner Dreizimmerwohnung wohnten wir zu neun Personen.

Für mich waren die Hauptpersonen natürlich Tula und ihre kleine zweijährige Tochter Margaret. Tulas Mann war ein Hauptmann beim deutschen Militär und war irgendwo an der Ostfront. Sie litt jahrelang unter der Ungewißheit, ob er gefangen worden oder gefallen war.

Ich hörte viele Jahre später, dass er zwei Jahre nach dem Krieg plötzlich in der Tür stand und in Tränen ausbrach, als er seine Frau und seine kleine Tochter sah. Ein kranker, gebrochener Mann, der sich nie wieder erholte, aber er war nach Hause gekommen.

Dann war da „Cohn", eine korpulente, etwas grob aussehende Frau, die aus Ostpreußen stammte. Ihr Alter lag bei Mitte Zwanzig, aber sie sah wesentlich älter aus. Sie hatte ihre ganze Familie, und alles was sie je besessen hatte verloren, aber sprach nie darüber. Cohn arbeitete tagsüber als Chefköchin in einem Militärkrankenhaus. Sie schlief ein ganzes Jahr lang neben mir in demselben Bett, aber obwohl wir doch so dicht beieinander lebten, wusste ich nichts über sie, nicht einmal ihren Vornamen.

Tulas Schlafzimmer war so klein, dass wir Margarets Kinderbett aus dem Wege rollen mussten, wenn wir an den Kleiderschrank wollten. Auch Tula sprach nicht viel mit mir. Und obwohl wir doch so eng beieinander wohnten, lernten wir uns nicht weiter kennen.
Jeder lebte in seiner eigenen Welt.

Tulas Schwester, Pützi, ich habe keine Ahnung wie sie richtig hieß, und ihr Mann Karl wohnten in dem ursprünglichen Esszimmer. Er trug seinen Hut salopp und schief, hatte ungesund aussehende Haut, und ich fand, dass er „Schlafzimmeraugen" hatte. Er war ein Kettenraucher, etwas, was ich noch nicht erlebt hatte, aber er hatte Verbindungen zum Schwarzmarkt und war derjenige der unter anderem durch diese Verbindungen dafür sorgte, dass wir alle den kommenden Winter überlebten.

Ich mochte Karl und bewunderte dessen Einstellung, dass er trotz der englischen Besatzung seinen Namen nicht änderte. Viele andere, die zum Beispiel „Hans" hießen, nannten sich auf einmal „John", und aus Wilhelm wurde „Bill", aber Karl blieb Karl, auch wenn alle anderen, die „Karl" hießen, sich jetzt „Charlie" nannten.

Die Hitlerjahre aus der Sicht eines Kindes

Karl und Pützi hatten einen elf- oder zwölfjährigen Sohn, der eigentlich so gut wie nie aus ihrem Zimmer heraus kam und an dessen Namen ich mich nicht erinnere. Ich sah ihn nur manchmal, wenn er auf dem Weg zur Schule durch die Wohnung kam und seine Schulbücher in einem Einkaufsnetz trug.

Dann war da auch noch Tulas älterer Bruder Wolfgang, den ich unter dem Namen Wölfi in Erinnerung habe. So weit ich das übersehen konnte, tat er eigentlich gar nichts. Er war für mich ein ewiger Jurastudent, und ich erinnere mich, dass mir Irmchen mehrere Male erzählt hatte, dass Wölfi mal wieder durchs Examen gefallen war, obwohl wir beide damals nicht wussten, was das bedeutete.

Trotzdem war Wolfgang ein gescheiter Mann, dem ich vertrauen konnte, und ich sah in ihm einen Beinahe-Rechtsanwalt, mit dem ich meine Finanzen besprechen konnte.

Ich folgte seiner Empfehlung, 30.000 Reichsmark bei der Deutschen Bank zu deponieren. Wie sich später herausstellte, war das ein sehr guter Rat, auf den ich selbst unter den damaligen Umständen wohl nicht gekommen wäre.

Wolfgang hatte mir den Vorschlag gemacht, weil er befürchtete, dass es durch Karls viele Geschäfte auf dem Schwarzmarkt zu einer Hausdurchsuchung hätte kommen können, und dann wäre mein Geld sofort von der Polizei beschlagnahmt worden.

Ich fand die Idee gut, mein Geld sicher auf der Bank liegen zu lassen, während ich nach England ging, wo mein deutsches Geld sowieso nutzlos war. Als 1950 die Reichsmark entwertet wurde, wurde mein damals deponiertes Geld auf 4% in Deutsche Mark umgerechnet und das Geld konnte dann sicher auf der Deutschen Bank liegen bleiben.

Wolfgang wurde ein guter Freund, aber er bat mich, ihn nie wieder Wölfi zu nennen. Er begleitete mich auf den vielen Wegen zu den Behörden in der Stadt, um endlich eine fristlose Aufenthaltsgenehmigung zu bekommen.

Bei dem ewigen Hunger und der Existenzangst konnten alle diese Wege deprimierend sein. Es wurde mir bald klar, dass es praktisch unmöglich war, eine permanente Aufenthaltsgenehmigung zu bekommen. Hamburg war zum größten Teil durch die Bomben zerstört und fast alle Wohnhäuser waren Ruinen. Flüchtlinge aus dem Osten, ehemalige Konzentrationslagergefangene und heimkehrende Soldaten, kämpften um Obdach und Lebensmittel.

Ich habe es Wolfgang zu verdanken, dass ich schließlich eine richtige, fristlose Aufenthaltsgenehmigung bekam, und mich nicht mehr von Monat zu Monat um Lebensmittelkarten bewerben musste.

Wolfgang erzählte den Beamten lange Geschichten über meinen wohlbekannten Vater, der Professor an der Cambridge

Die Hitlerjahre aus der Sicht eines Kindes

Universität sei, was aber eigentlich garnicht stimmte, und er sprach wiederholt von meiner fünfzigprozentigen englischen Staatsbürgerschaft, was natürlich auch nicht der Wahrheit entsprach. Ich hätte es ja niemals gewagt, solche Geschichten zu erzählen. So versteckte ich mich dabei hinter Wolfgangs breitem Rücken.

Die deutschen Beamten schienen von diesen Geschichten beeindruckt zu sein, und einen Monat später war ich eine unbefristete, legale Einwohnerin Hamburgs!

Wir hatten noch einen Mann in unserer Wohngemeinschaft. Er war immer freundlich und immer höflich, aber ich habe keine Ahnung, wer er war. Er ging nie aus, saß und las alle Bücher, die er finden konnte oder spielte mit Margaret.

Auch fand ich nie heraus, wo er schlief; bei uns jedenfalls nicht, und ich hatte immer das Gefühl, dass er vielleicht, wie so viele andere, untergetaucht war.

Er kam mir nicht wie ein ehemaliger SS-Mann vor, ich meinte, die alle gefühlsmäßig zu erkennen, aber ein hoher Ex-Nazi hätte er schon gewesen sein können.

Es war eine Zeit, in der man keine Fragen stellte.

An die Küche in Tulas Wohnung kann ich mich kaum erinnern, denn ich glaube, dass die Küche ganz Tulas Bereich war. Sie kochte für uns alle und war sehr gerecht in der Verteilung der Lebensmittel. Sie übernahm alle unsere Lebensmittelkarten, machte die Einkäufe, und wenn sie dann nur Steckrüben auf unsere Gemüsemarken bekommen konnte, dann aßen wir eben nur Steckrüben zu jeder Mahlzeit. Manchmal waren die Rüben auch noch roh, wenn es kein Gas gab, und Tula sie nicht mit etwas Salz im Wasser kochen konnte.

Ich vermute, dass Tula ab und zu eine kleine Unterhaltung mit Cohn hatte, wenn die Dinge gar zu schlecht liefen, denn Cohn hatte von uns allen letzten Endes die allerbesten Beziehungen und konnte über die Tellerreste aus dem Krankenhaus verfügen.

Wir aßen nie alle zusammen, denn wir hatten ja nicht einmal einen Tisch, der groß genug für uns alle war, und es ist auch sehr gut möglich, dass Tula nicht genug Tassen, Teller und Bestecke hatte, und dass wir deswegen abwechselnd in Schichten essen mussten.

Pützi nahm ihr Essen für sich und ihre Familie mit in ihr Zimmer, Wolfgang und der geheimnisvolle Mann aßen später im Wohnzimmer, Tula, Margaret und ich aßen in der Küche, und Cohn aß an ihrem Arbeitsplatz im Krankenhaus.

Es wurde allgemein akzeptiert, daß ich vom Kochen und Abwaschen nichts verstand, und so wurde es mir überlassen, das Badezimmer zu putzen, an dessen jede kleine Ecke ich mich heute noch erinnere.

Da es ja niemals genug warmes Wasser zum Duschen oder gar für ein warmes Wannenbad gab, wurde die Badewanne sozusagen als Wäschekorb benutzt, in den jeder seine schmutzige Wäsche warf.

Ich änderte das schnell, indem ich einen großen Pappkasten für schmutzige Wäsche zu Verfügung stellte und zusah, dass die Badewanne immer mit kaltem Wasser zur Reserve gefüllt war. Es gab manchmal ein oder zwei Tage lang kein Wasser, und mit der immer vollen Badewanne konnten wir immerhin die Töpfe füllen und Wasser bereit haben, wenn das Gas wiederkam, oder uns wenigstens kalt waschen.

Ab und zu ergatterte Karl ein Stück Seife auf dem Schwarzmarkt und ich sorgte dafür, dass die Seife immer auf einem trockenen Teller lag, damit nichts verschwendet wurde. Wenn die Seife nass war, würde sie aufweichen und unbrauchbar sein. Ich habe heute noch eine Phobie gegen Seife, die in einer nassen Schüssel schwimmt.

Ich erinnere mich auch noch daran, dass Karl drei- oder viermal eine Rolle Toilettenpapier mit nach Hause brachte, was mit großer Freude begrüßt wurde und meine ewigen Warnungen, doch bitte sparsam damit umzugehen, muss meine Mitbewohner wirklich genervt haben. Ansonsten benutzten wir natürlich Zeitungspapier, aber auch das war meistens sehr schwer zu bekommen.

Wir Frauen hatten auch nur Zeitungspapier für unsere monatlichen Bedürfnisse, und das ist und bleibt eine meiner schlimmsten Erinnerungen an das Jahr in Hamburg. Immer, wenn ich an Frauen auf der Flucht und in Flüchtlingslagern denke, wundere ich mich, was die wohl machen würden, wenn sie nicht einmal Zeitungspapier bekämen, und das Erschütternde ist, dass auch heute, in einer Zeit, in der es so viele Flüchtlinge gibt, kaum eine Frau darüber spricht.

Da wir ja alle Flüchtlinge waren, hatten wir natürlich keine Handtücher und Bettwäsche mitgebracht. Daran denkt man nicht, wenn man in letzter Minute seinen Koffer oder Seesack packt. Wir alle benutzen Tulas geringen Wäschebestand. Sie war ja eine Kriegsbraut und hatte wenig zu ihrer Aussteuer bekommen.

So rationierte ich den Handtuchgebrauch im Badezimmer. Wir hatten immer vier Handtücher im Bad, zwei für Männer und zwei für Frauen, und dann eins für oben und eins für unten und man konnte nur hoffen, dass die neun Personen in unserem Haushalt diese Tücher nicht durcheinander brachten.

Jeden Morgen, nachdem alle im Badezimmer fertig waren, ging ich ins Bad und sorgte dafür, dass alle vier Handtücher sorgfältig aufgehängt waren, damit sie richtig durchtrocknen konnten. Mir sind heute noch nasse Handtücher genauso zuwider wie sie es mir damals waren.

Einmal im Monat hatten wir „große Wäsche", aber auch nur dann, wenn es Karl gelungen war, Brennholz und Seifenpulver auf dem Schwarzmarkt zu erringen.

Im Keller war eine Waschküche mit einem großen Wasserkessel, in dem man das Wasser mit Brennholz erhitzen konnte, und es gab zwei Waschbecken zum Spülen.

Die Hitlerjahre aus der Sicht eines Kindes

Pützi hatte die Verantwortung für die Waschküche übernommen, und ich wußte wenig über das, was da vor sich ging, aber wenn ich zu Hause war, half ich beim Aufhängen der Wäsche. Das war gar nicht so einfach, denn in Hamburg regnet es viel, und wir rannten rein und raus, um jeden Sonnenstrahl zu erwischen, um die Wäsche trocken zu kriegen. Manchmal mussten wir die ganze nasse Wäsche in die Wohnung bringen und sie über die Möbel hängen, um sie überhaupt trocken zu bekommen.

In meiner Beschreibung über das Leben in Tulas Haus habe ich nichts oder nur sehr wenig über menschliche Beziehungen gesprochen. So sehr ich auch jetzt darüber nachdenke, kann ich nur sagen, dass ich wirklich ein ganzes Jahr lang keinerlei menschliche Beziehungen hatte. Wir saßen nie zusammen oder spielten zusammen Karten; wir aßen ja nicht einmal zusammen. Niemand hatte eine Schulter, an der man sich hätte ausweinen können, und niemand hatte einen Freund, mit dem man auch mal lachen konnte.

Tula klagte niemals darüber, dass sie nicht wußte, ob ihr Mann tot oder am Leben war, und ob sie ihn jemals wiedersehen würde; Cohn sprach nie darüber, dass sie offensichtlich alles verloren hatte, und dass sie nichts vom Rest ihrer Familie wußte. Wolfgang hatte noch Frau und Kind in Schwerin und wußte nichts über sie, und der Geheimnisvolle hatte bestimmt seine eigenen Gründe, derentwegen er mit niemanden über sich selbst sprach.

Ich, die wahrscheinlich die besten Möglichkeiten für eine gute Zukunft hatte, war so erschüttert über die Tatsache, dass meine Mutter unerreichbar war, teilte meine Gefühle ebenfalls nicht. Wir existierten zusammen, wir überlebten zusammen und wir wussten alle, dass wir es alleine niemals schaffen würden.

Ich hatte immer das Gefühl, dass ich seelisch alleine war, und oft, wenn der Hunger mich nicht zu schwach machte, ging ich in Blankenese am Elbufer spazieren und sah den Frachtschiffen nach, die vorbeiglitten, und ich versuchte, mir vorstellen, wo sie wohl hinfuhren und wo sie wohl hergekommen waren.

Ich kämpfte gegen Hunger und eine endlose Müdigkeit, die man heute wohl Depression nennen würde. Ich hatte vergessen, dass mein Körper einmal ein gut trainiertes Instrument gewesen war, aber obgleich ich in Hamburg immer hungrig war, geschah doch genug Gutes. Ich hatte immer die Hoffnung auf eine bessere Zukunft, und so gab es doch immer wieder ein kleines Licht am Ende des Tunnels.

Meine britische Verbindung

Kurz nachdem ich meine Aufenthaltsgenehmigung für Hamburg erhalten hatte, wollte ich mich einmal selbst erkundigen, wie es um die Suche nach meinem Vater in England stand. Mir war klar, dass ich das nur von der Dienststelle des Internationalen Roten Kreuzes erfahren konnte. Allerdings konnte mir niemand sagen, wo diese Dienststelle war, und so entschloss ich mich, direkt in das Hauptamt der britischen Militärregierung zu gehen, um mich dort zu erkundigen.

Die Engländer hatten sich natürlich im elegantesten Hotel Hamburgs, dem Vier Jahreszeiten, am Ufer der Binnenalster niedergelassen.

Eigentlich brauchte man Papiere, Genehmigungen und Empfehlungen, um in das Hauptquartier der Militärregierung Einlass zu finden, aber ich ging ganz einfach durch die offene Tür und tat so, als ob ich genau wüsste, wo ich hingehen wollte.

Allerdings stockte ich doch, als ich die roten Teppiche auf den vielen Treppen und die rot tapezierten Wände sah, und ich kam mir unglaublich klein, schäbig, schlecht angezogen und ungepflegt vor.

Ein uniformierter Engländer, den ich auf der Treppe traf, und den ich fragte, wo ich wohl das Büro des internationalen Roten Kreuzes finden könnte, war erstaunlich höflich, und begleitete mich treppauf und treppab, und lange Korridore entlang, bis wir in der offenen Tür der Dienststelle des Roten Kreuzes standen.

Vielleicht waren sie von der sichtlichen Anstrengung, mit der ich versuchte, alles auf Englisch zu sagen beeindruckt, oder vielleicht tat ich ihnen auch nur leid; jedenfalls war ich bisher, seit ich Schwerin verlassen hatte, nie so höflich behandelt worden.

Der Mann hinter dem Schreibtisch trug eine Uniform eines mir unbekannten Typs, aber er hatte ein Rotes Kreuz am Ärmel seiner Jacke, und ich gab ihm dann die letzte Adresse meines Vaters aus dem Jahr 1936.

„Papworth Hall in England".

Auf die Frage „Welche Stadt?" konnte ich natürlich keine Antwort geben, und auf die Frage „Wo und wann ist er geboren", zuckte ich nur mit den Schultern. Aber als der Mann dann fragte „Was ist sein Beruf", sagte ich sehr stolz: „Mein Vater ist Arzt".

Der Mann hinter dem Schreibtisch sagte, dass sie mich sofort benachrichtigen würden, wenn sie meinen Vater gefunden hätten. Ganz ehrlich gesagt, hatte ich sehr wenig Hoffnung, jemals wieder vom Roten Kreuz oder der Militärregierung zu hören.

Die Infrastruktur Deutschlands war total kaputt und man konnte sich überhaupt nicht vorstellen, dass es in anderen Ländern womöglich besser zuging. Ganz offensichtlich funktionierte das internationale Rote Kreuz mit seinem Hauptsitz in Genf, in der Schweiz, mit hervorragender Tüchtigkeit, denn schon nach zwei Wochen bekam ich eine Nachricht.

Zum Erstaunen unserer ganzen Nachbarschaft hielt ein britisches Militärauto vor unserem Mietshaus, und ich, die das Auto bereit vom Wohnzimmerfenster aus gesehen hatte, war schon an der Wohnungstür, als ein junger Tommy sehr laut und lange klingelte und mir eine Botschaft überreichte.

In dem Brief stand ganz kurz, dass ich mich innerhalb der nächsten 48 Stunden bei „Colonel Swanson, Chief Medical Officer" bei der britischen Militärregierung im Hotel Vier Jahreszeiten am Alsterufer in Hamburg melden sollte.

Ich dachte, mir würde das Herz stehen bleiben, und ich hätte mich eigentlich ganz gerne ein paar Minuten ruhig hingesetzt, um nachzudenken, aber dazu hatte ich natürlich keine Gelegenheit.

Sobald der englische Jeep abgefahren war, stürzten sich alle, die in der Wohnung waren, und auch noch ein paar Leute aus den Nachbarwohnungen, in Tulas Wohnzimmer und wollten wissen, was denn nun los war.

Ich erklärte, dass ich es eigentlich auch nicht wusste, aber dass es bestimmt irgend etwas mit meinem Vater in England zu tun hätte, und dass ich sofort in die Stadt fahren müsste. Es war noch früher Nachmittag und ich wusste, dass ich, wenn ich mich beeilte, noch zur Geschäftszeit im Hotel Vier Jahreszeiten ankommen konnte.

Natürlich bot Wölfi sich sofort an, mit mir mitzukommen, aber ich sagte
„Das muss ich alleine machen", ergriff meinen Mantel und meinen Hut, und machte mich auf den Weg.

Mein Brief von der Militärregierung verschaffte mir natürlich sofort Zugang in das Hotel, und ein junger, britischer Soldat brachte mich an die Tür des eleganten Bürozimmers von Colonel Swanson.

Der Soldat klopfte, stand stramm, machte einen militärischen Salut und fragte, ob er mich ins Zimmer bringen dürfe. Er stand wieder stramm, sagte „Yes Sir", salutierte wieder, und öffnete die Tür weit, salutierte noch einmal und sagte noch einmal „Yes Sir", schloss die Tür hinter mir, und ich hörte ihn davon stampfen.

Der Mann, der hinter dem Schreibtisch saß, erschien mir klein, und trotz seiner Oberstuniform nicht besonders beeindruckend.

Er hatte dünnes rotes Haar und einen erstaunlich großen rothaarigen Schnurrbart. Er stand nicht auf und fragte mich mit der typisch britischen, leisen Stimme auf tadellosem Deutsch: „Wissen Sie, warum Sie hier sind?"

Ich zuckte mit den Schultern, obgleich ich eigentlich wusste, dass hier vielleicht ein „No Sir" angebracht gewesen wäre, denn er hatte mir keinen Stuhl angeboten.

„Ich bin ein Studienfreund Ihres Vaters. Wir waren zusammen auf der Universität in Edinburgh, und ich habe einen Brief von ihm an Sie. Bitte lesen Sie ihn zu Hause".

Er fuhr dann fort „Gibt es etwas, das ich jetzt für Sie tun kann? Bekommen sie genug zu essen?"
Meine Antwort auf diese Frage kam schnell.
„Nein, wir haben nicht genug zu essen und sind eigentlich immer hungrig, aber wir kommen durch".

„Wir Engländer sind auch rationiert, und ich kann Ihnen leider keine Lebensmittel mit nach Hause geben, aber ich kann Sie hier zum Essen einladen. Würde Ihnen das gefallen?"

Natürlich antwortete ich mit „Yes", aber ein kleines rotes Licht leuchtete in mir auf und die Warnungen meiner Mutter in solchen Fällen schossen mir durch den Kopf, was mich allerdings nicht daran hinderte, seine Einladung anzunehmen.

Als ich wieder zu Hause bei Tula angekommen war, las ich den Brief meines Vaters. Er war sehr kurz und in einer schwer leserlichen Ärztehandschrift geschrieben.

Er schieb mir, dass er wieder geheiratet habe, eine englische Krankenschwester, und dass er Amtsarzt für Tuberkulose im County Durham sei. Er wohnte in South Shields, einer kleinen Industriestadt, im Nordosten Englands, in der Nähe von Newcastle-on-Tyne.

Auch schrieb er, dass Herr Dr. Swanson, den er auf der Universität von Edinburgh kennengelernt hatte, sich bereit erklärt habe, Briefe für uns auszutauschen und mir, soweit es ihm möglich war, zu helfen.

Am nächsten Abend war ich dann bei Dr. Swanson zum Dinner eingeladen.Ich kam mir wie eine Königin vor, als ich in dessen elegantes, privates Esszimmer geführt wurde. Der Tisch war für zwei Personen mit Weingläsern gedeckt und mit einem Blumenstrauß geschmückt.

Ich fühlte mich in meinem ewigen, blauen Schulmädchenkleid unpassend angezogen, aber Dank meiner guten Erziehung durch meine Mutter und meiner genauso streng erzogenen Großmutter fühlte ich mich meinem Gastgeber mittleren Alters in den Tischmanieren und auch in der Konversation, ob auf Englisch oder Deutsch, mindestens ebenbürtig.

Allerdings musste ich mich sehr beherrschen, das Essen nicht herunter zu schlingen und die Konversation aufrecht zu erhalten.

Der gute Oberst und Freund meines Vaters aß wenig, aber ließ die Augen nicht von mir, und ich vergaß daher die Warnungen meiner Mutter keine Minute. Nach dem Essen nahm Dr. Swanson sein Weinglas, ging hinüber zu einem grossen Sessel und setzte sich. Als ich an ihm vorüber ging, um mich auf den anderen Sessel zu setzen, ergriff er mein Kleid und versuchte, mich auf seinen Schoss zu ziehen.

Ich stand vor ihm, mit meinem Weinglas in der Hand und sagte ganz ernst „Ich tue sowas nicht".

Seine Antwort darauf war „Die meisten Frauen würden das tun, aber vielleicht bist du ja noch keine Frau".

Meine Antwort darauf war leicht „Da haben Sie Recht," und ich setzte mich, mit meinem Weinglas in der Hand, auf den anderen Sessel.

Es war ja egal, ob ich sowas tat oder nicht. Ganz sicher würde ich es nicht mit einem Mann tun, der im Alter meines Vaters war, und zudem die Nerven hatte zu denken, dass er mich mit einem Dinner kaufen konnte.

Der Oberst bat mich noch, meinem Vater nichts von dieser Episode zu erzählen, denn er wusste, dass mein Vater sehr böse auf ihn sein würde. Ich versprach, dass dieser Abend unser Geheimnis bleiben würde und ich habe dieses Versprechen bis jetzt gehalten.

Hamburgs Einwohnern und den Menschen in ganz Deutschland stand ein schwerer Winter bevor, und ich weiß nicht, ob ich ohne die Hilfe Dr. Swansons durchgekommen wäre.

Als Erstes sorgte er dafür, dass ich einen Platz in der von den Engländern gegründeten Sprachschule bekam, wo ich bis zur Dolmetscherreife studieren konnte.

Zudem vermittelte er die Korrespondenz zwischen meinem Vater und mir, und auf die Bitte meines Vaters sorgte er dafür, dass ich mir wöchentlich den Manchester Guardian, noch heute eine der besten englischen Zeitungen, im Hotel Vier Jahreszeiten abholen konnte.

Die Zeitung war mir eine sehr große Hilfe bei meinem Englischlernen und half mir auch, mich langsam in die britische Politik und das parlamentarische System einlesen zu können.

Dann, im Juli des Jahres 1946, also genau ein Jahr nach Kriegsende, war es Herr Dr. Swanson, der mir stolz meine offizielle Ausreisegenehmigung überreichte.

Es muss eine der allerersten Ausreisegenehmigungen gewesen sein, die in der britischen Zone ausgestellt worden war.

... aber zum Dinner hat er mich nie wieder eingeladen.

Der Hungerwinter

Mit der Hilfe von Colonel Swanson, der sich schnell von seiner Niederlage mit mir erholt hatte, und auch mit Hilfe der Papiere der Militärregierung, konnte ich mich schon am nächsten Tag bei der von den Engländern gegründeten Dolmetscherschule anmelden.

Ich war hochbeglückt, denn als Flüchtling wurde ich zu den Hamburger Oberschulen nicht zugelassen um mein Abitur zu machen. Nur die Schüler, die in Hamburg geboren waren, und solche, die in die Stadt zurückgekehrt waren, wurden in den staatlichen Schulen aufgenommen. Die meisten Schulgebäude waren zertrümmert und die noch intakten Schulen überfüllt.

An Lehrern fehlte es allerdings nicht, denn viele Lehrer, die während des Krieges ihre Wohnungen durch Bombenangriffe verloren hatten und geflohen waren, kehrten gerne wieder nach Hamburg zurück.

Wenn Lehrer, Ärzte, und andere Menschen mit wichtigen Berufen sich meldeten, auch wenn sie nicht aus Hamburg stammten, bekamen sie sofort eine Aufenthaltsgenehmigung.

Kurz nachdem ich in Hamburg angekommen war und eine Aufenthaltsgenehmigung bekommen hatte, wollte ich mich eigentlich in einem Militärkrankenhaus zur ehrenamtlichen Arbeit melden, aber selbst das wäre schwierig gewesen, denn einen Arbeitermangel gab es in Hamburg damals nicht.

Die britische Dolmetscherschule war in einer der elegantesten Villen in Uhlenhorst gelegen, einem Stadtteil, der die Kriegszerstörungen relativ gut überstanden hatte; und diese Schule war die allerbeste Lösung für mich.

Wir hatten täglich von 9 bis 13 Uhr Unterricht. Da es ein sehr weiter Weg von Blankenese nach Uhlenhorst war, und ich nach der Schule nie direkt nach Hause fuhr und stattdessen die Stadt erkundete, war ich praktisch den ganzen Tag unterwegs, und nur nachts und am Wochenende zu Hause bei Tula.

Karl sorgte rührend dafür, dass ich einen Bleistift, sogar mit einem Radiergummi am Ende, und ein Schulheft vom Schwarzmarkt bekam. Ich war so viel besser gestellt als meine Mitschüler, weil ich Karl für seine Einkäufe immer gleich bezahlen konnte.

Es gab natürlich keine Schulbücher, und die einzige Möglichkeit, etwas zu behalten war, sehr gründliche Notizen zu machen, während unsere Lehrerin Mrs. Klempner ihre Vorträge hielt.

Mrs. Klempner war eine geborene Engländerin aus Bristol und die Witwe eines deutschen Mannes, der schon im Polenfeldzug gefallen war. Ihr Schicksal empfand ich als tragisch, da sie alleine und verlassen in Kriegsdeutschland lebte, ohne jede Verbindung zu ihrer Familie in England zu haben. Auf Grund ihrer englischen Herkunft war sie bei den Hamburgern nicht gerade beliebt, vor allem als die britischen Bomben auf Hamburg fielen.

Sie wartete jetzt auf eine Militärausreisegenehmigung, genau wie ich, und hatte durch Colonel Swanson diese Stellung bekommen. Sie war einmal eine Sekretärin gewesen und konnte hervorragende englische Geschäftsbriefe schreiben, aber soviel ich weiß, Lehrerin war sie niemals gewesen.

Einmal in der Woche ging ich in Colonel Swansons Büro und brachte ihm einen Brief an meinen Vater, und empfing ab und zu einen kurzen Brief von ihm als Antwort, aber die Hauptsache war, dass ich die englische Wochenzeitung, den Manchester Guardian für mich abholen durfte.

Ich las diese Zeitung gründlich vom Anfang bis zum Ende und hatte sie immer bei mir, damit ich auf meinen langen Bahnfahrten immer etwas zu lesen hatte. Sobald ich die Zeitung aufschlug, hatte ich immer ein oder zwei Mitreisende, die über meine Schulter guckten und eifrig mitlasen.

Wenn ich die Zeitung ganz durchgelesen hatte, gab ich sie weiter an Mrs. Klempner, die immer rührend dankbar war, und diese Zeitung immer nach ein paar Tagen zurückbrachte, denn sie wußte genau, dass dieses Zeitungspapier noch einen weiteren Nutzen für uns hatte.

Alle paar Tage durfte unsere ganze Klasse den Gerichtsverhandlungen gegen Nazis, besonders von denen, die in den Konzentrationslagern gewütet hatten, zuhören. Diese Gerichtsverhandlungen waren genauso wie die in Nürnberg, aber in kleinerem Ausmaß, denn in Nürnberg wurden die führenden Nazis verhört und gerichtet, während es sich in Hamburg, wie auch in den anderen Städten um die vielen „kleineren" Leute, wie Aufseher, handelte. Sie hatten zwar nicht die großen und bekannten Namen, aber sie hatten trotzdem unbeschreibliche Verbrechen begangen oder sie zumindest ermöglicht, wie sich aus den Verhören ergab.

Natürlich wusste ich damals viel mehr als meine Klassenkameraden über die Verbrechen, die in den Konzentrationslagern vor sich gegangen waren. So war ich nicht halb so erschüttert wie selbst Mrs. Klempner und konnte mich mehr auf das rein Sprachliche, die Übersetzungen des Deutschen ins Englische konzentrieren.

Für Mrs. Klempner und meine Mitschüler war es jedes Mal ein erschütterndes Erlebnis.

Alle Angeklagten waren Deutsche, und die offiziellen Dolmetscher waren alle Briten. Ich hatte immer das Gefühl, dass das Deutsch dieser „Dolmetscher" einfach nicht gut genug war, und dass die Übersetzungen viel zu wünschen übrig ließen, und so nicht alle Details und Wahrheiten weitergegeben wurden.

Die Hitlerjahre aus der Sicht eines Kindes

Allerdings waren die Verbrechen gegen alle Menschenrechte so ungeheuerlich, dass selbst der beste Dolmetscher diese Angeklagten nicht hätte retten können.

Es wunderte mich, dass Mrs. Klempner nicht als Dolmetscherin eingestellt worden war, denn ihr Deutsch war ausgezeichnet. Als ich sie dazu fragte, erklärte sie mir, dass sie in den Jahren vor dem Krieg gezwungen worden war, ihre britische Staatsangehörigkeit aufzugeben, da sie mit ihrem deutschen Mann in Deutschland leben wollte.

Sie hatte damals für die Nazis viele mündliche und schriftliche Übersetzungen gemacht und war daher als offizielle Dolmetscherin bei den Verhören von der britischen Militärregierung nicht zugelassen.

Es schien mir ein großer Verlust in diesen schweren Zeiten, und ich sagte ihr das auch, wofür sie dankbar schien. Mrs. Klempner lachte nur und sagte, sie hätte noch Glück gehabt, dass sie während des Krieges und nach dem ihr Mann im Polen gefallen war als Engländerin nicht in einem Konzentrationslager gelandet war.

Weiterhin hätte sie doppelt Glück gehabt, da die britische Besatzung sie auch nicht interniert hatte, weil sie doch ihre britische Staatsangehörigkeit aufgegeben und für die Nazis Übersetzungen gemacht hatte.

Mein Interesse an der englischen Sprache, das mich mein ganzes Leben lang nicht verlassen hat, wurde natürlich durch Mrs. Klempner, die Dolmetscherschule und dem Manchester Guardian immer weiter angeregt, und man muß sich einmal meine Begeisterung vorstellen, als Karl eines Tages mit dem dicken Buch Vom Winde verweht von Magaret Mitchell erschien. Es war eine Übersetzung des amerikanischen Buches Gone with the Wind.

Während der Nazizeit war es verboten, Bücher von ausländischen und jüdischen Autoren zu lesen, und soweit ich weiß, gab es solche Bücher auch nach der Olympiade, durch die ja einiges Internationales ins Land gekommen war, in keiner Buchhandlung mehr zu kaufen.

Die einzige Ausnahme war William Shakespeare, dessen Werke wir in Übersetzung in der Schule glesen hattnen.

Nach dem Krieg gab es auf dem Schwarzmarkt alles, solange man das Geld dazu hatte. Man konnte Kleidung, Bettwäsche, Küchengeräte, Wein und Sekt, Lebensmittel und auch von den Nazis verbotene Bücher, kaufen.

Der amerikanische Bestseller Gone With the Wind war ins Deutsche übersetzt und von den Nazis verboten worden, und jetzt besaß ich dieses Buch. Ich liebte es, über die mir so fremde Welt der Amerikaner zu lesen und hoffte dadurch auch, etwas amerikanische Geschichte zu lernen.

Tula hatte keine Bücher, und Flüchtlinge hatten keine mitgebracht, und so war Vom Winde verweht das einzige Buch, das ich in diesem Jahr in die Hand bekam.

Obgleich ich legal auswanderte war mein Status doch der eines Flüchtlings und ich durfte nur einen kleinen Koffer mitnehmen. So musste ich das Buch dann auch in Deutschland zurücklassen, als ich endlich nach England auswanderte.

Im September 1946, kurz nach meiner Ankunft in England und zu meinem 20. Geburtstag, gab mir mein Vater das dicke Buch Gone with the Wind, und nun natürlich in Englisch, und ich begann es gleich wieder von Anfang an zu lesen, was meinen Englischkenntnissen bestimmt nicht schadete.

Wenn ich an diesen Winter von 1945 auf 1946 in Hamburg zurückdenke, wundere ich mich immer, wie ich es überhaupt fertiggebracht habe, immer unterwegs zu sein, immer was lernen zu wollen, und dann abends auch noch meine Zeitung und mein einziges Buch zu lesen, denn ich kann mich an keinen Tag erinnern, an dem der Hunger mich nicht quälte.

Manchmal, wenn es wirklich unerträglich war, und wenn ich vor Hunger weder ein noch aus wusste, ging ich an die Küchentür zu Cohns Lazarettküche. Ich saß dann da wie ein Bettler und wartete, bis Cohn aus der Küche kam.

Cohn und ich wohnten beide in Tulas Schlafzimmer und schliefen sogar ein ganzes Jahr lang in demselben Bett, und doch waren wir auf Grund unserer unterschiedlichen sozialen Herkunft weit voneinander entfernt und wussten wenig übereinander.

Einmal sagte sie, als sie mir ein bisschen Kohl und ein paar Kartoffeln gab, die ich wie ein wildes Tier herunterschlang „Du armes Kind, du bist nicht an diese harten Zeiten gewöhnt, stimmt das?"
Sie hatte echtes Mitleid mit mir und hatte bis dahin nie etwas darüber gesagt.

Ab und zu brachte Cohn einen großen Topf mit einem Gemisch von Kartoffeln, Gemüse, und manchmal sogar etwas Fleisch nach Hause und stellte ihn wortlos auf den Küchentisch. Vermutlich hatte sie das Essen vom Boden ihrer Kochtöpfe gekratzt, bevor diese abgewaschen wurden, und wir waren uns auch nicht ganz sicher, ob sie nicht auch die Reste von den Patiententellern mit in den Topf gefüllt hatte, aber das war uns allen in der Hungersituation egal.

Tula verteilte das Essen sehr gerecht. Keiner meckerte, und wir alle waren Cohn so sehr dankbar.

Irgendwann im März 1946 stand meine geliebte Cousine, Dörchen aus Schwerin, vor unserer Tür. Während der Nacht hatte sie die Grenze zwischen der russischen-und britischen Besatzungszone illegal überquert. Obgleich sie natürlich hungrig und erschöpft war, setzten wir uns sofort zusammen ins Wohnzimmer, und nachdem ich sie immer wieder umarmt und auch Freudentränen geweint hatte, erzählte sie mir etwas von dem, was in Schwerin in den letzten acht Monaten geschehen war.

Ihre Mutter, meine geliebte Tante Eische, und alle ihre Geschwister hatten den Krieg überlebt, waren zusammen und lebten so gut man zu dieser Zeit in der russischen Zone eben leben konnte.

Sie war jetzt auf der Suche nach ihrem Vater im Westen. Ihr Vater war ein bekannter Arzt der Hitlerjugend in Schwerin, der aber auch sehr viel Gutes getan hatte und bei seinen Patienten sehr beliebt war.

Die Engländer hatten ihn, wahrscheinlich weil er immer mit mächtigen Nazis in Verbindung gestanden hatte und selber an vielen Parteiaktivitäten teilgenommen hatte, verhaftet, und er wartete in einem Lager irgendwo in der britischen Zone auf seinen Prozess.

Dörchen blieb nur die eine Nacht, in der ich auf dem Fußboden schlief. Mein einziges Kleid war als Kopfkissen aufgerollt, und ich hatte mich mit meinem Mantel zugedeckt, während Dörchen an meiner Stelle in dem Bett mit Tula und Cohn schlief, und so wenigstens ein richtiges Kopfkissen und einen Teil der Decke hatte.

Die Hauptsache war natürlich für mich, dass Dörchen mir einen Brief von meiner Mutter brachte. Es war das erste Lebenszeichen, das ich nach acht Monaten von ihr hatte. Ich war sehr dankbar darüber zu wissen, dass meine Mutter überhaupt noch am Leben war.

In dem Brief stand, dass die russische Verwaltung Schwerins das Haus meiner Mutter und deren Praxis, schon ein paar Tage nachdem ich geflohen war, besetzt hatte.

Eine Patientenfamilie hatte dann meiner Mutter ein Zimmer in deren Haus überlassen, in dem sie wohnte, und aus dem sie ihre Praxis so gut wie möglich fortsetzte. Das Haus war in der damaligen Rostocker Straße, ganz in der Nähe ihres eigenen Hauses, und ihre Patienten waren ihr unendlich dankbar, dass sie die russische Zone nicht, wie so viele andere, die in ähnlicher Lage waren, verlassen hatte.

Dörchen hatte keine Pläne, nach Schwerin zurückzugehen, aber sie hoffte doch irgendwie, eine Verbindung mit ihrer Familie herzustellen, sodass sie meiner Mutter Bescheid sagen konnten, dass ich gesund war und auf mein Ausreisevisum wartete.

Es waren schlimme Zeiten, die aber auf eine geheimnisvolle Weise das Allerbeste aus uns hervorbrachte.

Der Gedanke, dass wir als Menschen alle zusammengehören und für einander sorgen müssen, wurde für mich zu meiner Lebensphilosophie.

Man muss überleben

Nachdem ich zwei oder drei Monate bei Tula gewohnt hatte, kam Karl zu mir und fragte mich, ganz aus dem blauen heraus, ob ich schon jemals einen Destillierapparat gebaut und bedient hätte. Meine Antwort war „Natürlich habe ich das gemacht. Ich hatte schließlich eine Eins in Physik".

Karl hatte den großen Plan, eine kleine Destillerie im Keller aufzubauen, und dafür brauchte er mehr technische Kenntnisse, als die, die er besaß. Er hatte aus einem Physikschulbuch ein Bild von einem Destillierapparat und machte sich damit nun auf den Schwarzmarkt, um die notwendigen Teile zu besorgen.

Schon nach ein paar Tagen hatte er alle Bestandteile beisammen, und für mich war es dann ganz einfach, mit Hilfe des Bildes, diesen Destillator aufzubauen.

Karl bereitete eine stinkende Masse aus Kartoffelschalen, und ich weiß nicht, aus was sonst noch, zu. Ich stellte damals keine Fragen, das tat man zu der Zeit nicht, aber ich nehme an, dass die Kartoffelschalen von Cohn aus dem Lazarett, und die anderen Zutaten vom Schwarzmarkt kamen.

Die Masse musste regelmäßig gerührt werden, das übernahm Karl und er sagte mir nur wenn die Maische fertig war. Karl und ich gingen dann spät abends in den Keller und brachten das Zeug irgendwie zum Kochen. Wenn wir Gas oder Strom hatten, gab es da einen richtigen Laborbrenner oder eine elektrische Kochplatte, aber meistens gab es des nachts ja weder Gas noch Strom. Für diesen Fall, und es war meistens so, hatte Karl eine mit Gas gefüllte Flasche auf dem Schwarzmarkt organisiert.

Die Masse wurde zum Kochen gebracht, und ich konnte dann fast die ganze Nacht, meistens bei Kerzenlicht, sitzen, und jeden Tropfen Alkohol in das bereitgestellte Gefäß verfolgen.

Wenn alles destilliert war, brachte Karl die Flaschen, die Korken und auch die notwendigen Kümmelkörner in den Keller.

Ich war sehr stolz, wenn ich wieder eine Flasche wirklich guten „Kümmel", wie der Schnaps noch heute genannt wird, gebraut hatte.

Karl machte seine Schwarzmarktgeschäfte mit dem Schnaps im Stadtteil St. Pauli, dem Hafenbezirk Hamburgs, wo es viele dunkle, kleine Bars, Restaurants und zweifellos auch viele Bordelle gab.

Ich begleitete ihn nie zu seinen Schwarzmarkgeschäften und war ihm dankbar, dass er mich auch nie als seine

Geschäftspartnerin, sondern immer nur als seine Köchin einsetzte, und auch so bezeichnete.

Auf St. Pauli tauschte Karl unseren Kümmel gegen Brot, Käse, Waschpulver, Briefpapier oder Toilettenpapier ein, je nachdem, was gerade angeboten wurde. Wenn er dann mit seiner vollen Aktentasche nach Hause kam, versammelten wir uns alle um ihn herum und staunten beim Auspacken, was er so alles besorgt hatte.

Natürlich sprachen wir nie über Karls und meine Brennereiaktivitäten des nachts im Keller, aber im Laufe der Zeit konnte ich doch fühlen, dass ich als gleichberechtigtes Mitglied der Wohngemeinschaft anerkannt war.

Manchmal dachte ich, dass eine Flasche unseres guten Kümmels eigentlich mehr als ein glitschiges Brot, oder ein kleines Stück Käse und etwas Stopfgarn bringen sollte, aber nach guter Überlegung war mir dann doch klar, dass Karl seine Auslagen hatte. Ohne die vergammelten Kartoffelschalen, die Hitzequelle, die Flaschen und die Korken, ganz abgesehen von den wertvollen Kümmelkörnern, hätten wir ja niemals unseren guten Kümmel machen können.

Irgendwo musste das ja alles herkommen.

Trotz meiner Pflichten im Haushalt, zu denen die Badezimmeraufsicht und das Wäscheaufhängen gehörten, war meine Einsamkeit in Tulas Haushalt eigentlich vollkommen. Niemand fragte mich, wohin ich ging, oder wo ich gewesen war, oder wann ich nach Hause kommen würde; und manchmal dachte ich sogar, dass weder Tula noch Cohn es merken würden, wenn ich des Nachts nicht zwischen ihnen lag.

Da sich niemand darum kümmerte, blieb ich oft nach meinem Dolmetscherunterricht in der Innenstadt, die ich von meinen vielen Besuchen in Hamburg von vor dem Krieg schon sehr gut kannte.

Es war ein sehr merkwürdiges Gefühl, durch die leeren Abteilungen der großen Geschäfte, besonders die des Kaufhauses Alster Haus zu gehen, und all die leeren Regale zu sehen. Dann dachte ich oft sehnsuchtsvoll an die vergangenen Zeiten, in denen man im Alster Haus alles kaufen konnte, was es in unserem kleinen, bürgerlichen Schwerin nicht gab.

Um das Haus offen halten zu können, verkaufte das Alster Haus Theater- und Konzertkarten, denn in dieser verwüsteten, hungernden Stadt konnte man abends ins Theater gehen, Schauspiel- und Ballettvorstellungen sehen und ganz hervorragende Opern hören.

Die Eintrittskarten waren nicht billig, aber man muss eben bedenken, dass die Kostüme, und wahrscheinlich auch die Lebensmittel, für die Künstler nur auf dem Schwarzmarkt zu bekommen waren. Niemand kann eine Wagnerarie singen, oder zwei Stunden auf Zehenspitzen tanzen, wenn man von 770 Kalorien am Tag existieren muss.

Zwar hatte ich ja keinerlei anderen Besitz, aber Dank meiner vorsorglichen Mutter hatte ich Geld, und konnte so viele Theaterkarten kaufen wie ich wollte; und die Erinnerungen an diese wirklich ausgezeichneten Vorstellungen in dem Hungerwinter von 1945/46 werden mich mein Leben lang begleiten.

Kurz nach meiner Ankunft in Hamburg war ich direkt in das Staatsopernhaus gegangen und hatte den Ballettsaal gesucht. Schon von weitem konnte ich ein Klavier und eine bekannte Stimme, die „eins, zwei, drei, bam, bam, bam" rief, hören. Wie ich schnell herausfand, war es die Stimme von Erika Klütz, die unsere zweite Ballettmeisterin in Schwerin gewesen war, und die eine neue Gruppe von Tänzerinnen für die Hamburger Staatsoper trainierte. Sie lud mich sofort ein, mitzumachen, aber ich erzählte ihr von der Dolmetscherschule und meinen Plänen, so bald wie möglich nach England auszuwandern.

So brachte ich es nie zur Balletttänzerin in Hamburg, aber ich konnte zu jeder Probe in der Oper erscheinen, und da Frau Klütz eine Schülerin der legendären Mary Wigman gewesen war, lernte ich zur gleichen Zeit, schon durch das Zusehen bei meinen Besuchen im Ballettsaal des Opernhauses viel über modernen, expressionistischen Tanz.

Leider wurde moderner Tanz während der Nazijahre nicht unterstützt, und so hatte ich diese Art der Ausbildung bisher verpasst. Mir ging es in vielerlei Hinsicht wirklich wesentlich besser als vielen anderen Flüchtlingen in Hamburg, und trotz des allesüberwiegenden Hungers erinnere ich mich an diese

Zeit als eine Zeit meiner Ausbildung und der Entwicklung meiner Person.

Aus Hunger und Verzweiflung begingen Menschen Untaten, die sie unter normalen Umständen bestimmt nicht begangen hätten. So hörten wir, dass Menschen im Norden Hamburgs die Eisenbahnschienen aufgegraben hatten. Das gestohlene Metall verkauften sie dann auf dem Schwarzmarkt und das Holz wurde als Feuerholz verbrannt. Sie hatten damit eine sehr wichtige Eisenbahnstrecke auf sehr lange Zeit stillgelegt.

Beschuldigt wurden meist Flüchtlinge, aber niemand weiß, ob Einheimische oder Flüchtlinge das Holz und die Schienen gestohlen hatten.

Irgendwie hatte ich immer ein unsicheres Gefühl, wenn Karl mit einem Arm voller Feuerholz erschien. Wir erwarteten das Holz sehnlich, denn wir brauchten es für unseren monatlichen Waschtag, aber es war besser, nicht darüber nachzudenken, wo das Holz wohl herkam.

Damals froren wir alle, waren alle hungrig und ziemlich verzweifelt, und ich muss zugeben, dass ich in dieser Situation nie auf die Idee kam, etwas Ungesetzliches zu tun, denn ich wusste, dass wir es ohne den Schwarzmarkt nicht durch den Winter geschafft hätten.

Es war eine Frage des Überlebens, und obgleich ich manchmal körperlich und auch seelisch sehr erschöpft war,

war ich doch so viel besser dran als meine Mitmenschen. Ich hatte doch immer noch wenigstens die Hoffnung, dass ich das alles eines Tages hinter mir liegen lassen und ein neues Leben in einem anderen Land beginnen konnte.

Abschied von Deutschland

Manchmal kommt es nicht darauf an, was man kann und was man weiß, sondern nur, wen man kennt, und welche Beziehungen man hat.

Es waren Dr. Swanson von der britischen Militärregierung in Hamburg, und mein Vater in England, die es möglich machten, dass ich, als eine der ersten Auswanderinnen, die britische Zone Deutschland mit legalem Flüchtlingsstatus verlassen durfte.

Der so sehr hilfreiche Colonel Swanson musste sich enorm bei der Militärregierung, dem britischen Außenministerium und dem Schweizer Roten Kreuz für mich eingesetzt haben, um mir das wertvolle Stück Papier, das Military Exit Permit, die Militärausreisegenehmigung, zu beschaffen.

Swanson bestellte mich Anfang August 1946 in sein Büro und strahlte über das ganze Gesicht, als er mir das wertvolle Dokument, nach einem ganzen Jahr Aufenthalt in Hamburg, überreichte. Ich hätte ihn aus Dankbarkeit umarmen und ihm einen Kuss geben können, aber da ich mich an den kleinen

Zwischenfall bei unserem ersten und einzigen gemeinsamen Abendessen erinnerte, unterließ ich das dann lieber doch.

Bevor ich zu glücklich sein und mich zu sehr freuen konnte, sagte er „Bitte bedenke, dass dieses nur eine Ausreisegenehmigung, ein Exit Permit, aber keine offizielle Reiseerlaubnis, Einreiseerlaubnis oder Aufenthaltsgenehmigung für dich in England ist. Einem deutschen Staatsbürger wird es im Moment noch nicht erlaubt auszureisen und den Englischen Kanal, zu überqueren. Vielleicht hat dein Vater ja irgendwelche Kontakte zu Schifffahrtverbindungen".

…und glücklicherweise hatte mein Vater gerade solche Kontakte.

Roland, der einzige Sohn des Inhabers der Tyne -Tees Schifffahrtslinie in Sunderland, einem Nordseehafen an der Ostküste von England, hatte während des Krieges im Alter von 14 Jahren eine Lungentuberkulose bekommen. Zu der Zeit waren Antibiotika, besonders gegen Tuberkulose, nur ein Traum, der erst viele Jahre später in Erfüllung ging.

Für viele Menschen, besonders in dem kalten und nassen Nordosten Englands, und auch bei schlechter Ernährung, war Tuberkulose (TBC) oft ein Todesurteil.

In diesem Kohle verbrennenden Industriegebiet in Nordostengland gab es zu wenig frische Luft und Sonnenschein, um eine natürliche Heilung erwarten zu können. Zudem war es während des Krieges unmöglich, auch wenn man noch so viel Geld hatte, in die Schweiz oder in den

Süden Englands zu reisen, wo es Sanatorien für TBC-Kranke gab.

Mein Vater war damals einer der führenden Spezialisten für Lungenkrankheiten in Nordengland, und obgleich er noch kein Britischer Staatsbürger war, arbeitete er für das staatliche Gesundheitsamt in South Shields, einer Hafenstadt in der Nähe von Sunderland und Newcastle-on-Tyne.

Er behandelte den jungen Roland zwei Jahre lang und die Tuberkulose heilte aus. Obgleich mein Vater nur seine medizinische Pflicht getan hatte, glaubte der Vater und Schifffahrtsredakteur meinem Vater einen großen Gegendienst schuldig zu sein.

Als mein Vater von meiner Militärausreisegenehmigung gehört hatte, wandte er sich an Rolands Vater um Hilfe, obgleich das gar nicht so leicht für meinen Vater war, denn es fiel ihm immer sehr schwer, jemanden um einen Gefallen zu bitten.

Der dankbare Vater Rolands war sofort einverstanden, mich auf einem seiner Schiffe nach England zu holen, aber da waren gewisse gesetzliche Schwierigkeiten. Daher musste er zu meinem Vater, so ungefähr Folgendes gesagt haben.

„Ich habe ein Frachtschiff, das regelmäßig Holz vom Hamburger Hafen nach Sunderland transportiert. Die nächste Fahrt wird so ungefähr am 15. August von Hamburg aus losgehen. Die Schifffahrtsgesetze verbieten jedoch eine weibliche Person an Bord zu haben. Es handelt sich um ein reines Handelsschiff, das für keine Passagiere zugelassen ist, und wir haben keine Stewardess an Bord. Ihre Tochter wird die ganze drei-bis vier-tägige Fahrt in ihrer Kabine unter Deck bleiben müssen. Außerdem bekommt unsere Mannschaft nur sehr kleine und knappe Essensrationen, und ich möchte nicht, dass sie die auch noch mit Ihrer Tochter teilen. Sie müsste ihre eigenen Lebensmittel mit an Bord bringen. Sagen sie ihr, dass sie sich vom 13. August an bereithalten soll. Wir werden ihre Tochter über die Militärregierung benachrichtigen".

Das alles hatte mein Vater Herrn Dr. Swanson mitgeteilt, der es mir Wort für Wort in seinem Büro wiedergab. Ich hatte ungefähr fünf Tage, um mich vorzubereiten.

Um an Essen zu kommen, wollte ich Karl, meinen einzigen Kontakt zum Schwarzmarkt, nicht belästigen, obgleich er mir selbstverständlich bereits wertvolle Hinweise gegeben hatte, sodass ich die Essensbeschaffung auch alleine machen konnte.

Ich hatte immer das Gefühl, dass meine Mitmenschen nicht gerade von dem Gedanken begeistert waren, dass ich rauskommen konnte, während sie in Deutschland festsaßen. Einer sagte sogar zu mir „Nur Ratten verlassen ein sinkendes Schiff!" Daher sprach ich so wenig wie möglich über meine geplante Reise.

Ich machte mich zum ersten und einzigen Mal auf den Weg nach St. Pauli, um ein ganzes Brot zu kaufen. Karl hatte mir den Tipp gegeben, wo ich ein ganzes Brot auf St. Pauli kaufen konnte. Ich hatte gehört, dass man mit Brot und Wasser eine ganze Zeit lang überleben konnte. Ich war mir sicher, dass mir die englische Schiffsbesatzung an Bord wenigstens Wasser geben würde.

Auf St. Pauli angekommen, ging ich ein paar Stufen in eine sehr dunkle Bar herunter und begann mit dem Mann hinter der Theke zu verhandeln. Wenn man nichts einzutauschen hatte, stiegen die Preise sofort, und außerdem hatte ich auch gar kein Handelstalent und so kostete mich das eine Brot ein kleines Vermögen. Es war schwer und nass, „glitschig", wie meine Mutter es genannt hätte, aber es war Brot, und das war wichtig.

Bei Tula begann ich dann meinen Koffer zu packen, was schnell und ohne Schwierigkeiten ging.

Die Salbendosen und Binden, in denen meine Mutter das Geld versteckt hatte, brauchte ich nicht mehr, und ich besaß ja auch sonst nichts, und das Geld ließ ich ich natürlich auf der Deutschen Bank liegen.

Ich hätte das Buch Vom Winde Verweht gerne mitgenommen, aber das Brot liess keinen Platz dafür. Ich hatte schon damals das Gefühl, dass bei meinem Vater nichts Deutsches willkommen sein würde, und so ließ ich meinen einzigen Besitz, das Buch, bei Tula.

Das blaue Schulmädchenkleid hatte ich schon vor Monaten schwarz färben lassen, denn es war vollkommen verblichen und fleckig gewesen, aber die schwarze Farbe hatte auf meine paar Stücke Unterwäsche abgefärbt, und so schämte ich mich jetzt schon bei der Vorstellung, meinen Koffer vor Dyllis, der neuen Frau meines Vaters, womöglich auspacken zu müssen.

Die Schuhe, die ich aus Schwerin mitgebracht hatte, hatten den Winter nicht überstanden. Karl hatte daher ein paar Schuhe in Größe 36, mit Holzsohlen, auf dem Schwarzmarkt für mich gekauft. Die Schuhe waren so schwer und steif und passten nicht richtig, sodass mir meine Füße immer weh taten.

Nach dem Packen legte ich meinen Wintermantel und meinen Hut bereit und wartete auf die Nachricht, dass es nun endlich losgehen konnte.

Tula hatte inzwischen ein Telefon, und so brauchte Dr. Swanson keinen MP zu schicken um mich zu benachrichtigen, und ich erinnere mich, dass der Anruf am 16. August kam. Das Gespräch war auf Englisch, ganz kurz und knapp, und informierte mich, dass ich am nächsten Morgen um 6 Uhr am Hafen am Pier Nummer 23 sein sollte.

Wolfgang brachte mich zum Hafen, und ich war dankbar, dass die Stadtbahnen schon so früh fuhren. An den Abschied von Tula, Margaret, Cohn und Pützi, erinnere ich mich überhaupt nicht mehr, und ich hoffe nur, dass ich mich anständig für alles bedankt habe. Auch kann ich mich nicht mehr erinnern, wie ich mich von Wolfgang verabschiedete, und wie ich überhaupt auf das Schiff gekommen war.

Ich erinnere mich aber ganz klar, dass ein Matrose meinen Koffer genommen hatte und mich wortlos mehrere ganz enge,

Die Hitlerjahre aus der Sicht eines Kindes

steile Stufen herunter unter das Deck geführt hatte. Er brachte mich, ohne ein Wort zu sagen, in eine kleine Kabine und machte die Tür zu.

So setzte ich mich auf die Koje, packte mein Brot aus und wartete.

Ich hoffte, dass jemand kommen und mir ein Glass Wasser bringen würde, und mir vielleicht zeigte, wo die Toilette war.

Es war mir auch klar, dass der Kapitän und die Mannschaft etwas Illegales für mich taten, und dass das Beste, was ich tun konnte war, dass ich so unsichtbar wie möglich blieb, bis wir auf offener See waren.

Nach einiger Zeit konnte ich fühlen, wie die Motoren langsam zu arbeiten begannen, und dann merkte ich, dass das Schiff sich vorwärts bewegte.

Ich stellte mich auf meine Zehenspitzen, um aus dem Bullauge sehen zu können.

Wir schipperten ganz langsam aus dem Hamburger Hafen und glitten an großen Handelsschiffen, an vielen kleineren Schiffen und an einer Werft vorbei.

Ich erkannte das alles, denn zu guten Zeiten war ich so oft in Hamburg und im Hafengebiet gewesen. Ich war traurig, dass mein Bullauge auf der „falschen" Seite lag, und dass ich so nicht von Blankenese Abschied nehmen konnte.

Ich hatte während des einsamen vergangenen Jahres so viele Spaziergänge in Blankenese am Elbeufer entlang gemacht, und der Blick über die Elbe auf das lang gezogene flache Land an dem gegenüberliegenden Ufer, und die vorbeigleitenden Schiffe, hatten mich oft mit Ruhe und Hoffnung erfüllt.

Die Mündung der Elbe ist sehr lang. Es sind ca 150 km vom Hamburger Hafen bis zur Nordsee, und unser kleines Handelsschiff brauchte eine lange Zeit, bis ich an dem Schaukeln des Schiffes spüren konnte, dass wir auf offener See waren.

In dem Moment hörte ich ein Klopfen an meiner Tür, und als ich die Tür vorsichtig einen Spalt aufmachte, kam eine große, behaarte Hand durch die Öffnung, die mir eine dampfende Tasse Tee gab. Die Hand verschwand dann sofort wieder, und ich machte die Tür schnell zu.

Hier muss ich gleich vom englischen Tee erzählen, der den meisten Engländern noch heute so viel wichtiger ist, als den Deutschen der Kaffee.

Im Norden Englands wird der Tee unglaublich stark zubereitet, sodass er beinahe schwarz aussieht, und wird dann mit viel Zucker und Milch serviert.

Manche Engländer trinken ihren Tee auch lieber mit einem Schuss Carnation Kondensmilch, und in all den Jahren in Nordengland habe ich niemanden getroffen, der seinen Tee mit Zitrone oder gar Süßstoff getrunken hätte.

Und jetzt hatte ich meine erste Tasse englischen Tees in der Hand, und sogar noch heute, nach über siebzig Jahren, kann ich den ersten Schluck des englischen Tees in meiner Fantasie schmecken und riechen. Der Tee war sehr heiß und süß, und ich fühlte, wie er über meine Zunge, in meine Kehle und dann langsam in meinen Magen lief und sich von da in meinen ganzen Körper ausbreitete.

Ich konnte schon nach dem ersten Schluck fühlen, wie mein Leben, meine Energie und meine Jugend zurückkamen. Gott sei Dank war ich noch so jung und gesund, dass eine Tasse Tee mir meine Lebensfreude- und Kraft zurückgeben konnte.

Von diesem Moment an wurde meine Reise auf der ziemlich wilden Nordsee in dem kleinen englischen Handelsschiff ein unvergessliches Abenteuer.

Ich weiß nicht, wie viel Zeit vergangen war, denn ich hatte schon lange keine Armbanduhr mehr, bis ich ein zweites Klopfen an meiner Tür hörte.

Dieses Mal blieb der Matrose in der offenen Tür stehen, stand etwas stramm und sagte „The Captain is asking you to dinner", „Der Kapitän bittet Sie zum Abendessen".

Ich dachte, dass ich nicht richtig gehört hätte, kam aber natürlich wie ein Blitz aus der Tür geschossen, und selbstverständlich erinnere ich mich an jede Minute dieser Mahlzeit.

Wir waren acht Personen, die um einen runden Tisch herum saßen. Ich saß zur Linken des Kapitäns, und dann waren da sechs Männer der Besatzung. Es gab etwas Ähnliches wie einen Fleischauflauf, über den ich dann viel später in England lernte, dass meine erste englische Mahlzeit „Steak and Kidney Pudding", nämlich „Auflauf mit Rindfleisch und Nieren" war. Ich war begeistert und unglaublich hungrig, und aß die mir zugeteilte Portion so schnell wie möglich auf.

Hier muß ich dazu sagen, dass die meisten Engländer, auch die weniger gut erzogenen, ganz enorm langsame Esser sind. Sie balancieren alles Essen sorgfältig auf dem Rücken ihrer Gabel, auch die Erbsen, während wir Deutschen unsere Gabeln voll laden, das Ganze in unseren Mund stopfen, und oft viel zu schnell hinunterschlucken, besonders wenn wir sehr hungrig sind.

So war es nicht sehr überraschend, dass mein Teller schon leer war, bevor der Kapitän und seine Mannschaft überhaupt erst richtig zu essen begonnen hatten.

Der Mann, der links von mir saß, ich fand später heraus, dass er der Erste Offizier war, nahm meinen leeren Teller und schickte ihn wortlos um den Tisch herum, und jeder legte etwas von seinem Essen auf meinen Teller, und als der Teller bei mir wieder ankam, war er, wie zu Beginn der Mahlzeit, voll beladen.

Ich konnte nichts sagen und weinte beinahe vor Dankbarkeit, und selbst heute bin ich noch gerührt, wenn ich an dieses, mein erstes, Dinner zurückdenke.

Die Hitlerjahre aus der Sicht eines Kindes

Diese Seeleute, die selber so knappe Rationen bekamen, dass sie eigentlich nie genug zu essen hatten, waren bereit, das Bisschen, das sie hatten, mit einem deutschen Mädchen zu teilen.

Ich erinnere mich eigentlich nicht, wie ich meine Kabine wiedergefunden habe, aber weiß, dass ich schnell in meine Schlafkoje krabbelte. Es war eine sehr lange Zeit her, seitdem ich tatsächlich ein Bett für mich alleine gehabt hatte.

Ich wickelte mich in meine Decke, als das Schiff gewaltig zu schaukeln begann. Mir kam der Gedanke „Hoffentlich falle ich nicht aus dem Bett", aber an Seekrankheit dachte ich keine Minute, denn die Möglichkeit, das wundervolle Essen wieder abgeben zu müssen, war mir unerträglich. So schaffte ich es ohne Schwierigkeiten, durch eine der stürmischsten Nächte dieser Überfahrt, zu schlafen.

Als ich am nächsten Morgen in meinem Wintermantel draußen erschien, wurde ich mit einer gewissen Hochachtung, die ich nicht verstand, begrüßt.

Mir wurde dann langsam auf Englisch erklärt, dass während der Nacht ein gewaltiger Sturm gewütet hätte, sodass sogar mehrere der Mannschaft seekrank geworden wären, und dass sie immer an meiner Tür gelauscht hätten, um zu hören, ob ich Hilfe brauchte. Der Kapitän hätte sogar ein paar Mal geklopft, aber ich hätte nicht geantwortet.

Ich sagte, ich hätte wunderbar, wie ein Baby, geschlafen, und mir ginge es ausgezeichnet. Da grinsten sie alle von Ohr zu Ohr.

Nach dem Frühstück fragte mich einer der Offiziere, ob ich nicht vielleicht gerne auf die Brücke kommen würde, um zu sehen, wie das Schiff gesteuert wurde.

Natürlich erklärte ich mich sofort bereit und fand den Blick von der Brücke aus sehr aufregend. Es war kalt, und ich freute mich, dass ich meinen Wintermantel und ein Kopftuch dabei hatte, und ich wollte stundenlang an der Reling stehen und nur auf das Wasser gucken.

Der Wind hatte sich gelegt, der Himmel war klar, und rundherum konnte ich nur das Meer und den blauen Himmel sehen, was mich tief beeindruckte.

Ganz besonders faszinierte mich, was so am Schiff vorbei schwamm. Da war Holz, allerlei Abfall, von dem ich nicht erkennen konnte, was es war, und dann auf einmal tauchte eine Mine auf, an der wir friedlich vorbei glitten, die uns aber alle daran erinnerte, dass wir noch vor kurzer Zeit einen furchtbaren Krieg gegeneinander geführt hatten.

Nach einiger Zeit kam der Kapitän und fragte mich, ob ich Lust hätte, das Schiff zu steuern. Ich sah ihn natürlich etwas zweifelnd an und sagte dann aber „Natürlich, liebend gern".

Es sah nicht besonders kompliziert aus. Man sieht ganz einfach auf den Kompass und sorgt dann dafür, dass die Nadel immer auf der gleichen Stelle bleibt, indem man das Steuerrad mal ein wenig nach rechts und mal ein wenig nach links dreht.

Allerdings war es nicht so leicht, wie es aussah. Ich konzentrierte meinen Blick auf den Kompass, wusste ganz genau, wo die Nadel sein musste, und doch konnte ich sie nicht an der richtigen Stelle halten, soviel ich auch am Steuerrad drehte.

Als ich endlich dachte, dass es Zeit war, das Steuern des Schiffes an den Steuermann zurück zu geben, kam der Kapitän und zeigte mir die Kielwasserlinie, die das Schiff nach meinem Steuern hinterlassen hatte. Sie lief entweder nach rechts oder nach links, aber kein einziges Mal gerade aus.

Es war mir direkt peinlich, aber alle Seeleute lachten, und sagten, dass sie es zuerst auch nicht besser gemacht hätten.

Obgleich ich die nächsten drei Tage eigentlich nur auf der Brücke verbrachte, wurde ich nicht wieder an das Steuerrad gelassen.

Wir hörten Radio, und es müssen wohl Hörspiele gewesen sein, denen die Mannschaft zuhörte, denn manchmal brachen sie in lautes Lachen aus, aber ich hatte keine Ahnung, worum es sich handelte.

Meine Konversation mit der Mannschaft war auch nicht einfach. In der Schule hatte ich Oxford Englisch gelernt, und mit Ausnahme des Kapitäns und des ersten Offiziers, sprach die Mannschaft den merkwürdigen Dialekt der Newcastle-Tyne-side Gegend, den ich natürlich auch später lernen musste. Ich brauchte ungefähr zwei Jahre, bis ich ihn verstand und selber meisterte.

Am Morgen des vierten Tages, klopfte es sehr laut an meiner Tür und eine Stimme rief „Land!"

Ich zog mich schnell an, rannte die Treppen hoch und auf die Brücke, und da konnte ich in der Ferne den ersten Landstreifen meiner neuen Heimat sehen.

Als England langsam und immer deutlicher in Sicht kam, hatte ich gemischte Gefühle. Einerseits freute ich mich auf mein neues Leben und andrerseits wusste ich nicht, ob ich meine Sehnsucht nach Deutschland und nach meiner Mutter, je überwinden würde.

Das Hungerjahr in Hamburg, in dem ich von meiner Familie getrennt war, war sehr schwer für mich und meine Mitmenschen gewesen, aber der Gedanke, Deutschland und alles, was ich liebte und kannte für sehr lange Zeit verlassen zu müssen, war mir doch unvorstellbar. Es war gut, dass ich damals nicht wusste, dass ich nie wieder in Deutschland leben würde und dass die Sehnsucht nach Deutschland mich niemals verlassen würde.

Ich war immer noch auf der Brücke, als wir langsam in den Hafen von Sunderland einliefen. Da waren viele Dockarbeiter auf der Landungsbrücke, die alle auf das einlaufende Schiff warteten; aber dann sah ich einen Mann ganz alleine stehen, und ich wusste sofort, dass das mein Vater war.

Die Hitlerjahre aus der Sicht eines Kindes

Ich war fünf Jahre alt, als wir ihn verließen, und ich hatte seitdem nie mehr ein Bild von ihm gesehen, und doch wusste ich sofort, dass es mein Vater sein musste. Ich ging auf die Schiffseite, von der die Leute von Bord gehen würden, und als dieser Mann durch die Schiffstür kam, ging ich auf ihn zu. Ich dachte, dass er mich umarmen würde, so wie ich das von Mutti und meiner Großmutter gewohnt war, aber er nahm nur meine rechte Hand und sagte auf Englisch „Welcome in England" „Willkommen in England".

Für meinen Vater war dieses erste Treffen nach 15 Jahren wahrscheinlich seelisch viel schwerer, als es für mich war. Ich war ein kleines Kind, als wir ihn verließen, und war jetzt eine erwachsene junge Frau, die sehr viel durchgemacht hatte und zudem ihre Mutter vergötterte, während er für mich mein unveränderter, immer zurückhaltender Vater war, an den ich mich kaum erinnerte.

Auch England empfing mich nicht gerade mit offenen Armen.

Genau wie Dr. Swanson gesagt hatte, war mein mir so kostbares Stück Papier, das Military Exit Permit, nur eine Ausreisegenehmigung von der Militärregierung der britischen Zone, kein Visum und kein Pass.

Daher wusste die Harbour Authority, die Hafenautorität in Sunderland, wirklich nicht, was sie mit mir anfangen sollte, denn an Land kommen durfte ich unter diesen Umständen nicht.

Und wieder kamen die beachtlichen Verbindungen meines Vaters zur Rettung.

Als staatlicher Angestellter war er der Leiter der Tuberkuloseabteilung im Gesundheitsamt in South Shields. Auf diese Weise hatte mein Vater fast täglichen Kontakt zur Landesregierung, und kannte daher das Ratsmitglied für South Shields, Mr. Chuter Eade, sehr gut kannte.

Dieser war kürzlich befördert worden und nun der der Home Secretary, (der Innenminister), des Parliaments.

Ein Telefongespräch mit dem Home Office, dem Innenministerium, brachte sofort fast die gleiche Antwort, wie ich sie in Hamburg bekommen hatte.

„Lasst sie erstmal an Land kommen, und dann soll sie sich innerhalb einer Woche beim Wohnungsamt melden und eine Aufenthaltsgenehmigung beantragen".

Die Briten hatten offenbar dieselben Gesetze für ihr eigenes Land wie für ihr ganzes Imperium. Danach war alles ganz einfach.

Ich schüttelte die Hände der ganzen Mannschaft, die des ersten Offiziers und die des Kapitäns, und bedankte mich für die Tage auf der Brücke und das wunderbare Essen. Dann gingen mein Vater und ich von Bord, und ich winkte, so lange ich noch das Schiff und seine Mannschaft sehen konnte.

Es war eine denkwürdige Überfahrt für uns alle gewesen.

Mein Vater hatte eine Taxe bestellt, und dann fuhren wir die etwa 20 km nordwärts nach South Shields.

Ich erinnere mich, dass ich einen furchtbaren Schreck bekam, als ein riesenhafter Doppeldeckerbus uns auf der, meiner Ansicht nach, verkehrten Straßenseite entgegenkam. Da wurde mir auf einmal klar, dass man in England wohl auf der linken Straßenseite fuhr, und dass ich in einer neuen, mir unbekannten, Welt war, und dass ich noch viel zu lernen hatte.

Mein Vater saß neben mir und sagte nichts, und was für Gedanken mir wohl gekommen wären, hätte ich damals schon gewusst, dass er die nächsten zwanzig Jahre kein Wort Deutsch mit mir sprechen würde.

Da war viel Verkehr auf der Straße von Sunderland nach South Shields und ich war mit meinen Gedanken allein.

Ich dachte an Deutschland, an meine Mutter, an meine Familie und all die Freunde und Bekannten, die ich zurückgelassen hatte.

Die Niederlage Deutschlands und die Erinnerung an die grausame Nazizeit hatte natürlich furchtbare Folgen für das Land und die Menschen.

Die englischen Zeitungen, die Kinos und das Radio ließen uns besonders in England die Gräueltaten der Naziregierung nicht vergessen. Bei meinem Vater musste ich jeden Abend die Radionachrichten hören, und so blieb mir weiterhin keine Einzelheit der Grausamkeiten erspart.

Ich hatte ein Deutschland verlassen, in dem die Menschen hungerten und froren, die Frauen auf ihre Männer warteten, die meist in Russland vermisst waren, während auf mich eine neue Welt wartete.

Ich war dankbar und war bereit, mein neues Leben, das neue Land und die neue Sprache mit offenen Armen zu begrüßen.

Danksagung

Mein Dank gilt meiner Editorin Ruth Anne „Sam" Uhl von dem Verlag „Mountain Page Press", die mir nicht nur mit dieser Ausgabe des Buches sondern auch mit der amerikanischen Ausgabe „The Hitler Years through the Eyes of a Child" große Hilfe geleistet hat.

Auch danke ich meiner Schulfreundin Maria Lüth und meiner Nichte Dr. Kathrin Günther, die mir beide sehr bei der Übersetzung geholfen haben.

Bernhard Sorger möchte ich besonders für sein sorgfältiges Korrekturlesen danken und meinem Enkel Christopher Alexakis gilt mein herzlicher Dank für die Gestaltung des Buchumschlags.

Lob für
Die Hitlerjahre
aus der Sicht eines Kindes

Das Buch „Die Hitlerjahre aus der Sicht eines Kindes" erinnert uns daran, dass manche Menschen wirklich aus härterem Holz geschnitzt sind–aus Kraft, Ausdauer, Aufrichtigkeit und Ehre. Charlotte ist eine von ihnen.

Sie gibt denen eine Stimme, die selten gehört werden, und sie gibt meinen Erfahrungen mit den Veteranen des Großen Krieges eine persönliche Perspektive. Hier ist die Geschichte von Charlotte und ihrer Mutter, die versuchten, die Lebenssituation vieler Menschen während der Hitlerzeit zu ändern und verbessern.

Fred Nace ist Nachrichtenoffizier im Ruhestand der Amerikanischen Armee.

Er war an friedenserhaltenden Missionen und an militärischen Einsätzen in Europa und Südwest Asien beteiligt.

§

Zwei mal in ihrem Leben war Charlotte Flüchtling und zwei mal war sie Einwanderin. Sie weiß, wie es sich anfühlt, verfolgt und hungrig zu sein und hat großes Mitgefühl für Menschen, die fliehen, um Verfolgung oder Schlimmerem zu entgehen. Oft sagt sie „Liebe und Güte, oft fremder Menschen, haben mich in solchen Situationen wieder aufgebaut und ich fühle aus tiefem Herzen, dass es jeder Flüchtling verdient, mit offenen Armen empfangen zu werden".

Jack J. Prather ist Autor der Bücher "Six Notable Women of North Carolina" und "Twelve Notables of Western North Carolina."

§

Charlottes Erinnerungen geben einen tiefen Einblick in das Leben durchschnittlicher Deutscher während des Albtraums der Hitler Diktatur, der es nicht gelang, deren Anständigkeit zu zerstören. Ihre Geschichte gibt uns sehr persönliche Einsichten und wirft ein Licht auf die Herzen und Seelen vieler Deutscher, die Hitler verabscheuten und zu verhindern versuchten, ihm dienen zu müssen.

Dr. Richard Kugler, Ph.D. des Massachusetts Institute of Technology (MIT) ist ein Amerikanischer Stratege und Autor von zwanzig Büchern zur Amerikanischen nationalen Sicherheitspolitik und Verteidigungsstrategie. Er war Berater des Amerikanischen Verteidigungsministeriums.

www.ingramcontent.com/pod-product-compliance
Lightning Source LLC
Chambersburg PA
CBHW071953110526
44592CB00012B/1075